The Practice of Airline Establishment

항공사 설립 실무

Preface

　우리나라 항공운송산업은 1969년 대한항공의 민영화와 1988년 제 2민항 설립으로 전 세계에서 괄목할만한 성장을 이루며 국내 항공산업을 성장·발전시켜 왔습니다.

　2005년 제주항공의 설립이후 모두 6개의 저비용 항공사가 설립되었으나 대한항공과 아시아나항공의 자회사를 제외하고 설립초기 항공사 설립절차에 대한 이해부족과 참고자료 미비로 항공사 설립과정에서 값비싼 시행착오를 겪어야만 하였습니다.

　저자 역시 국제항공운송사업을 추진하면서 선발항공사들의 실패사례를 분석하고 시행착오를 줄이는 방안을 연구하였으며, 특히 최근에 항공운송사업을 추진하는 항공사들의 사업추진과정에 많은 오류를 지켜보며 좀 더 계획적이고 체계적으로 추진함으로서 시간과 비용의 낭비를 줄이는데 도움을 주고자 사업추진에 필요한 지식과 과정을 정리하였습니다.

　사업추진과정에서 항공전문가 확보, 항공기 기종선정, 취항노선선정과 전산시스템구축 등이 중요한 과제이며, 추진과제별 우선순위를 정하는 것이 매우 중요하며 업무경험과 관리능력이 부족한 인재를 채용하는 경우 회사 운용효율은 떨어지고 비행안전이 위협받을 수 있으며 비용지출이 증가하게 되는 어려움을 겪을 수 있습니다.

저자는 항공사 근무경험과 항공사 설립경험을 바탕으로 항공사 설립의 중요요소를 정리하여 새로 항공사 설립을 추진하거나 관련업무 종사자에게 다소라도 기여할 수 있기를 바라는 마음으로 정리하였고, 현재 또는 향후 국내에서 항공사를 설립하려고 하는 기업, 단체 그리고 기존 및 신생항공사를 운영하는 임 · 직원들에게 이론, 실전적 측면에서 큰 도움이 되시기를 바라며 우리나라 항공운송사업의 무궁한 발전을 기원합니다.

2018년 9월
저자 김성년

Contents

Air Transport Business

항공운송사업 관련법령

항공운송사업이란 국내항공운송사업, 국제항공운송사업 및 소형항공운송사업과 같이 항공사업의 형태를 말하며 항공사업이란 항공운송사업법에 따라 국토교통부장관의 면허, 허가 또는 인가를 받거나 국토교통부장관에게 등록 또는 신고하여 경영하는 사업을 말한다.

항공운송사업 관련법규

　　항공운송사업이란 국내항공운송사업, 국제항공운송사업 및 소형항공운송사업과 같이 항공사업의 형태를 말하며 항공사업이란 항공운송사업법에 따라 국토교통부장관의 면허, 허가 또는 인가를 받거나 국토교통부장관에게 등록 또는 신고하여 경영하는 사업을 말한다.

　　항공사업은 항공사업법, 항공사업법 시행령 및 항공사업법 시행규칙에 따라 면허 또는 등록절차를 거쳐야 한다.

	국제·국내항공운송사업	소형항공운송사업
사업구분	법 제 7조	법 제 10조
면허신청	법 제 8조	
결격사유	법 제 9조	법 제 9조
면허기준	시행령 제 12조	시행령 제 13조
면허신청서	시행규칙 제 8조	시행규칙 제 12조

✈ 항공사업법

[법률 제15325호, 2017.12.26., 일부개정]

제1조(목적) 이 법은 항공정책의 수립 및 항공사업에 관하여 필요한 사항을 정하여 대한민국 항공사업의 체계적인 성장과 경쟁력 강화 기반을 마련하는 한편, 항공사업의 질서 유지 및 건전한 발전을 도모하고 이용자의 편의를 향상시켜 국민경제의 발전과 공공복리의 증진에 이바지함을 목적으로 한다.

제2조(정의) 이 법에서 사용하는 용어의 뜻은 다음과 같다. 〈개정 2017. 1. 17.〉

1. "항공사업"이란 이 법에 따라 국토교통부장관의 면허, 허가 또는 인가를 받거나 국토교통부장관에게 등록 또는 신고하여 경영하는 사업을 말한다.

2. "항공기"란 「항공안전법」 제2조 제1호에 따른 항공기를 말한다.

7. "항공운송사업"이란 국내항공운송사업, 국제항공운송사업 및 소형항공운송사업을 말한다.

9. "국내항공운송사업"이란 타인의 수요에 맞추어 항공기를 사용하여 유상으로 여객이나 화물을 운송하는 사업으로서 국토교통부령으로 정하는 일정 규모 이상의 항공기를 이용하여 다음 각 목의 어느 하나에 해당하는 운항을 하는 사업을 말한다.

　가. 국내 정기편 운항 : 국내공항과 국내공항 사이에 일정한 노선을 정하고 정기적인 운항계획에 따라 운항하는 항공기 운항

　나. 국내 부정기편 운항 : 국내에서 이루어지는 가목 외의 항공기 운항

10. "국내항공운송사업자"란 제7조 제1항에 따라 국토교통부장관으로부터 국내항공운송사업의 면허를 받은 자를 말한다.

11. "국제항공운송사업"이란 타인의 수요에 맞추어 항공기를 사용하여 유상으로 여객이나 화물을 운송하는 사업으로서 국토교통부령으로 정하는 일정 규모 이상의 항공기를 이용하여 다음 각 목의 어느 하나에 해당하는 운항을 하는 사업을 말한다.

　가. 국제 정기편 운항 : 국내공항과 외국공항 사이 또는 외국공항과 외국공항 사

이에 일정한 노선을 정하고 정기적인 운항계획에 따라 운항하는 항공기 운항

나. 국제 부정기편 운항 : 국내공항과 외국공항 사이 또는 외국공항과 외국공항 사이에 이루어지는 가목 외의 항공기 운항

12. "국제항공운송사업자"란 제7조 제1항에 따라 국토교통부장관으로부터 국제항공운송사업의 면허를 받은 자를 말한다.

13. "소형항공운송사업"이란 타인의 수요에 맞추어 항공기를 사용하여 유상으로 여객이나 화물을 운송하는 사업으로서 국내항공운송사업 및 국제항공운송사업 외의 항공운송사업을 말한다.

14. "소형항공운송사업자"란 제10조 제1항에 따라 국토교통부장관에게 소형항공운송사업을 등록한 자를 말한다.

1. 국내항공운송사업과 국제항공운송사업 관련법령

다음은 국내항공운송사업과 국제항공운송사업 추진에 관한 항공운송사업 법령(법, 시행령, 시행규칙)을 정리하였다.

(1) 국내항공운송사업과 국제항공운송사업 면허신청 근거

법 제7조(국내항공운송사업과 국제항공운송사업) ① 국내항공운송사업 또는 국제항공운송사업을 경영하려는 자는 국토교통부장관의 면허를 받아야 한다. 다만, 국제항공운송사업의 면허를 받은 경우에는 국내항공운송사업의 면허를 받은 것으로 본다.

② 제1항에 따른 면허를 받은 자가 정기편 운항을 하려면 노선별로 국토교통부장관의 허가를 받아야 한다.

③ 제1항에 따른 면허를 받은 자가 부정기편 운항을 하려면 국토교통부장관의 허가를 받아야 한다.

④ 제1항에 따른 면허를 받으려는 자는 신청서에 사업운영계획서를 첨부하여 국토교통부장관에게 제출하여야 하며, 제2항에 따른 허가를 받으려는 자는 신청서에 사업계획서를 첨부하여 국토교통부장관에게 제출하여야 한다.

⑤ 국토교통부장관은 제1항에 따라 면허를 발급하거나 제28조에 따라 면허를 취소하려는 경우에는 관련 전문가 및 이해관계인의 의견을 들어 결정하여야 한다.

⑥ 제1항부터 제3항까지의 규정에 따른 면허 또는 허가를 받은 자가 그 내용 중 국토교통부령으로 정하는 중요한 사항을 변경하려면 변경면허 또는 변경허가를 받아야 한다.

⑦ 제1항부터 제6항까지의 규정에 따른 면허, 허가, 변경면허 및 변경허가의 절차, 면허 등 관련 서류 제출, 의견수렴에 필요한 사항 등에 관한 사항은 국토교통부령으로 정한다.

국내항공운송사업 또는 국제항공운송사업 면허신청의 근거

규칙 제8조(국내항공운송사업 또는 국제항공운송사업의 면허 등) ① 법 제7조 제1항에 따라 국내항공운송사업 또는 국제항공운송사업의 면허를 받으려는 자는 별지 제1호서식의 면허신청서에 다음 각 호의 서류를 첨부하여 국토교통부장관에게 제출하여야 한다.

1. 다음 각 목의 사항을 포함하는 사업운영계획서
   가. 취항 예정 노선, 운항계획, 영업소와 그 밖의 사업소 (이하 "사업소"라 한다) 등 개략적 사업계획
   나. 사용 예정 항공기의 수(도입계획을 포함한다) 및 각 항공기의 형식
   다. 신청인이 다른 사업을 하고 있는 경우에는 그 사업의 개요와 해당 사업의 재무제표 및 손익계산서
   라. 주주총회의 의결사항(「상법」상 주식회사인 경우만 해당한다)

2. 해당 신청이 법 제8조에 따른 면허기준을 충족함을 증명하거나 설명하는 서류로서 다음 각 목의 사항을 포함하는 서류
   가. 안전관련 조직과 인력의 확보계획 및 교육훈련계획
   나. 정비시설 및 운항관리시설의 개요
   다. 최근 10년간 항공기 사고, 항공기 준사고, 항공안전장애 내용 및 소비자 피해구제 접수 건수(신청인이 항공운송사업자인 경우만 해당한다)
   라. 임원과 항공종사자의 「항공사업법」, 「항공안전법」, 「공항시설법」, 「항공보안법」 또는 「항공·철도 사고조사에 관한 법률」 위반 내용

    마. 소비자 피해구제 계획의 개요

    바. 「항공사업법」 제2조 제37호에 따른 항공보험 가입 여부 및 가입 계획

    사. 법 제19조 제1항에 따른 운항개시예정일(이하 "운항개시예정일"이라 한다)부터 2년 동안 사업운영계획서에 따라 항공운송사업을 운영하였을 경우에 예상되는 운영비 등의 비용 명세, 해당 기간 동안의 자금조달 계획 및 확보 자금 증빙서류

    아. 해당 국내항공운송사업 또는 국제항공운송사업을 경영하기 위하여 필요한 자금의 명세(자본금의 증감 내용을 포함한다)와 자금조달방법

    자. 예상 사업수지 및 그 산출 기초

3. 신청인이 법 제9조 각 호에 따른 결격사유에 해당하지 아니함을 증명하는 서류

4. 법 제11조 제1항에 따른 항공기사고 시 지원계획서

② 국토교통부장관은 제1항에 따른 면허 신청을 받은 경우에는 법 제8조에 따른 면허기준을 충족하는지와 법 제9조에 따른 결격사유에 해당하는지를 심사한 후 신청내용이 적합하다고 인정하는 경우에는 별지 제2호서식의 면허대장에 그 사실을 적고 별지 제3호서식의 면허증을 발급하여야 한다.

면허신청서에 첨부할 서류

규칙 제9조(면허 관련 의견수렴) ① 국토교통부장관은 법 제7조 제1항에 따라 면허 신청을 받거나 법 제28조에 따라 면허를 취소하려는 경우에는 법 제7조 제5항에 따라 관계기관과 이해관계자의 의견을 청취하여야 한다.

② 국토교통부장관은 제1항에 따른 의견청취가 완료된 후 변호사와 공인회계사를 포함한 민간 전문가가 과반수 이상 포함된 자문회의를 구성하여 자문회의의 의견을 들어야 한다.

③ 국토교통부장관은 제2항에 따른 자문회의에 면허의 발급 또는 취소 여부를 판단하기 위하여 필요한 자료와 제1항에 따른 의견청취 결과를 제공하여야 한다.

④ 제1항부터 제3항까지의 규정에 따른 의견청취, 자문회의의 구성 및 운영, 그 밖에 면허의 발급 또는 취소와 관련된 의견수렴에 필요한 세부사항은 국토교통부장관이 정한다.

국토교통부장관은 면허신청을 받을 경우 관계기관과 이해관계자의 의견 청취

(2) 국내항공운송사업과 국제항공운송사업 면허의 기준

법 제8조(국내항공운송사업과 국제항공운송사업 면허의 기준) ① 국내항공운송사업 또는 국제항공운송사업의 면허기준은 다음 각 호와 같다.

1. 해당 사업이 항공교통의 안전에 지장을 줄 염려가 없을 것

2. 사업자 간 과당경쟁의 우려가 없고 해당 사업이 이용자의 편의에 적합할 것

3. 면허를 받으려는 자는 일정 기간 동안의 운영비 등 대통령령으로 정하는 기준에 따라 해당 사업을 수행할 수 있는 재무능력을 갖출 것

4. 다음 각 목의 요건에 적합할 것

　가. 자본금 50억원 이상으로서 대통령령으로 정하는 금액 이상일 것

　나. 항공기 1대 이상 등 대통령령으로 정하는 기준에 적합할 것

　다. 그 밖에 사업 수행에 필요한 요건으로서 국토교통부령으로 정하는 요건을 갖출 것

② 국내항공운송사업자 또는 국제항공운송사업자는 제7조 제1항에 따라 면허를 받은 후 최초 운항 전까지 제1항에 따른 면허기준을 충족하여야 하며, 그 이후에도 계속적으로 유지하여야 한다.

③ 국토교통부장관은 제2항에 따른 면허기준의 준수 여부를 확인하기 위하여 국토교통부령으로 정하는 바에 따라 필요한 자료의 제출을 요구할 수 있다.

④ 국내항공운송사업자 또는 국제항공운송사업자는 제9조 각 호의 어느 하나에 해당하는 사유가 발생하였거나, 대주주 변경 등 국토교통부령으로 정하는 경영상 중대한 변화가 발생하는 경우에는 즉시 국토교통부장관에게 알려야 한다.

시행령 제12조(국내항공운송사업 또는 국제항공운송사업의 면허기준) 법 제8조 제1항 제3호, 같은 항 제4호가목 및 나목에 따른 국내항공운송사업 또는 국제항공운송사업의 면허기준은 별표 1과 같다.

규칙 제8조(국내항공운송사업 또는 국제항공운송사업의 면허 등) ① 법 제7조 제1항에 따

라 국내항공운송사업 또는 국제항공운송사업의 면허를 받으려는 자는 별지 제1호서식의 면허신청서에 다음 각 호의 서류를 첨부하여 국토교통부장관에게 제출하여야 한다. 이 경우 담당 공무원은 「전자정부법」 제36조 제1항에 따른 행정정보의 공동이용을 통하여 법인 등기사항증명서를 확인하여야 한다.

1. 다음 각 목의 사항을 포함하는 사업운영계획서
   가. 취항 예정 노선, 운항계획, 영업소와 그 밖의 사업소(이하 "사업소"라 한다) 등 개략적 사업계획
   나. 사용 예정 항공기의 수(도입계획을 포함한다) 및 각 항공기의 형식
   다. 신청인이 다른 사업을 하고 있는 경우에는 그 사업의 개요와 해당 사업의 재무제표 및 손익계산서
   라. 주주총회의 의결사항(「상법」상 주식회사인 경우만 해당한다)

2. 해당 신청이 법 제8조에 따른 면허기준을 충족함을 증명하거나 설명하는 서류로서 다음 각 목의 사항을 포함하는 서류
   가. 안전 관련 조직과 인력의 확보계획 및 교육훈련 계획
   나. 정비시설 및 운항관리시설의 개요
   다. 최근 10년간 항공기 사고, 항공기 준사고, 항공안전장애 내용 및 소비자 피해구제 접수 건수(신청인이 항공운송사업자인 경우만 해당한다)
   라. 임원과 항공종사자의 「항공사업법」, 「항공안전법」, 「공항시설법」, 「항공보안법」 또는 「항공·철도 사고조사에 관한 법률」 위반 내용
   마. 소비자 피해구제 계획의 개요
   바. 「항공사업법」 제2조 제37호에 따른 항공보험 가입 여부 및 가입 계획
   사. 법 제19조 제1항에 따른 운항개시예정일(이하 "운항개시예정일"이라 한다)부터 2년 동안 사업운영계획서에 따라 항공운송사업을 운영하였을 경우에 예상되는 운영비 등의 비용 명세, 해당 기간 동안의 자금조달 계획 및 확보 자금 증빙서류
   아. 해당 국내항공운송사업 또는 국제항공운송사업을 경영하기 위하여 필요한 자금의 명세(자본금의 증감 내용을 포함한다)와 자금조달방법
   자. 예상 사업수지 및 그 산출 기초

3. 신청인이 법 제9조 각 호에 따른 결격사유에 해당하지 아니함을 증명하는 서류

4. 법 제11조 제1항에 따른 항공기사고 시 지원계획서

② 국토교통부장관은 제1항에 따른 면허 신청을 받은 경우에는 법 제8조에 따른 면허 기준을 충족하는지와 법 제9조에 따른 결격사유에 해당하는지를 심사한 후 신청내용이 적합하다고 인정하는 경우에는 별지 제2호서식의 면허대장에 그 사실을 적고 별지 제3호서식의 면허증을 발급하여야 한다.

③ 제2항에 따라 국내항공운송사업 또는 국제항공운송사업의 면허를 받은 자가 법 제7조 제2항에 따른 정기편 운항을 위한 노선허가(이하 이 조에서 "정기편 노선허가"라 한다) 또는 법 제7조 제3항에 따른 부정기편 운항을 위한 허가(이하 이 조에서 "부정기편 운항허가"라 한다)를 받으려는 경우에는 별지 제4호서식의 신청서에 다음 각 호의 서류를 첨부하여 국토교통부장관 또는 지방항공청장에게 제출하여야 한다. 다만, 부정기편 운항허가를 신청하는 경우에는 제3호 가목·다목 및 사목의 내용이 포함된 사업계획서만 제출한다.

1. 해당 정기편 운항으로 해당 노선의 안전에 지장을 줄 염려가 없다는 것을 증명하는 서류

2. 해당 정기편 운항이 이용자 편의에 적합함을 증명하는 서류

3. 다음 각 목의 사항을 포함하는 사업계획서

　　가. 해당 정기편 노선 또는 부정기편 운항의 기점·기항지 및 종점

　　나. 신청 당시 사용하고 있는 항공기의 수와 해당 정기편 운항으로 항공기의 수 또는 형식이 변경된 경우에는 그 내용

　　다. 해당 정기편 운항 또는 부정기편 운항의 운항 횟수, 출발·도착 일시 및 운항기간

　　라. 해당 정기편 운항을 위하여 필요한 자금의 명세와 조달방법

　　마. 해당 정기편 운항으로 정비시설 또는 운항관리시설이 변경된 경우에는 그 내용

　　바. 해당 정기편 운항으로 자격별 항공종사자의 수가 변경된 경우에는 그 내용

　　사. 해당 정기편 운항 또는 부정기편 운항에서의 여객·화물의 취급 예정 수량(공급 좌석 수 또는 톤 수를 말한다)

　　아. 해당 정기편 운항에 따른 예상 사업수지 및 그 산출기초

④ 국토교통부장관 또는 지방항공청장은 제3항에 따른 신청을 받으면 정기편 노선허가에 대해서는 제3항제1호 및 제2호에 따라 적합 여부를 심사한 후 그 신청 내용이 적합하다고 인정하는 경우 별지 제2호서식의 노선허가 대장에 그 노선허가 내용을 적고

별지 제5호서식의 허가증을 발급하여야 하며, 부정기편 운항허가에 대해서는 신청 내용이 적합하면 허가를 하였음을 신청인에게 통지하여야 한다.

⑤ 제2항에 따라 국내항공운송사업 또는 국제항공운송사업의 면허를 받은 자가 「항공안전법」 제5조 및 같은 법 시행령 제4조 제4호에 따른 외국 국적의 항공기를 이용하여 정기편 운항 또는 부정기편 운항을 하려면 다음 각 호의 요건을 모두 갖추어야 한다.

1. 항공기의 유지·관리를 포함한 항공기 운항의 책임이 임차계약서에 명시될 것

2. 항공기 운항에 따른 사고의 배상책임 소재가 계약에 명시될 것

3. 임차인의 운항코드와 편명이 명시될 것

4. 항공기의 등록증명·감항증명·소음증명 및 승무원의 자격증명은 국제민간항공기구(ICAO)의 기준에 따라 항공기 등록국에서 받을 것

5. 그 밖에 취항하려는 국가와 체결한 항공협정에서 정하고 있는 요건을 충족할 것

⑥ 제2항에 따른 면허대장이나 제4항에 따른 노선허가 대장은 전자적 처리가 불가능한 특별한 사유가 없으면 전자적 처리가 가능한 방법으로 작성·관리하여야 한다.

⑦ 국내항공운송사업 또는 국제항공운송사업의 면허를 받은 자가 법 제7조 제6항에 따라 다음 각 호의 면허내용을 변경하려는 경우에는 별지 제6호서식의 변경면허 신청서에 그 변경 내용을 증명하는 서류를 첨부하여 국토교통부장관에게 제출하여야 한다. 이 경우 담당 공무원은 「전자정부법」 제36조 제1항에 따른 행정정보의 공동이용을 통하여 법인 등기사항증명서(신청인이 법인인 경우만 해당한다)를 확인하여야 한다.

1. 상호(법인인 경우만 해당한다)

2. 대표자

3. 주소(소재지)

4. 사업범위

⑧ 정기편 노선허가 또는 부정기편 운항허가를 받은 자가 법 제7조 제6항에 따라 허가받은 내용을 변경하려는 경우에는 별지 제7호서식의 변경허가 신청서에 그 변경 내용을 증명하는 서류를 첨부하여 국토교통부장관 또는 지방항공청장에게 제출하여야 한다. 다만, 제3항제3호 각 목의 어느 하나에 해당하는 내용을 변경하는 경우는 제외한다.

⑨ 국토교통부장관은 제7항에 따른 변경면허의 신청을 받은 경우에는 법 제8조에 따른 면허기준을 충족하는지와 법 제9조에 따른 결격사유에 해당하는지를 심사한 후 신청내용이 적합하다고 인정하는 경우에는 별지 제2호서식의 면허대장에 그 사실을 적

고 별지 제3호서식의 면허증을 새로 발급하여야 한다.

⑩ 국토교통부장관 또는 지방항공청장은 제8항에 따른 변경허가 신청을 받으면 정기편 노선 변경허가에 대해서는 제3항제1호 및 제2호에 따라 적합 여부를 심사한 후 그 신청 내용이 적합하다고 인정하는 경우 별지 제2호서식의 노선허가 대장에 그 노선 변경허가 내용을 적고 별지 제5호서식의 허가증을 재발급하여야 하며, 부정기편 운항 변경허가에 대해서는 신청 내용이 적합하면 변경허가를 하였음을 신청인에게 통지하여야 한다.

국내항공운송사업과 국제항공운송사업 면허의 기준이며
1. 해당 사업이 항공교통의 안전에 지장을 줄 염려가 없을 것
2. 사업자 간 과당경쟁의 우려가 없고 해당 사업이 이용자의 편의에 적합할 것
등 여러 가지의 기준 중에서 위의 2가지 기준은 객관적으로 판단하기 곤란하며 자의적 해석으로 사업면허 인가의 독소조항으로 개선이 필요합니다.

법 제9조(국내항공운송사업과 국제항공운송사업 면허의 결격사유 등) 국토교통부장관은 다음 각 호의 어느 하나에 해당하는 자에게는 국내항공운송사업 또는 국제항공운송사업의 면허를 해서는 아니 된다. 〈개정 2017. 12. 26.〉
1. 「항공안전법」 제10조 제1항 각 호의 어느 하나에 해당하는 자

항공안전법 제10조(항공기 등록의 제한) ① 다음 각 호의 어느 하나에 해당하는 자가 소유하거나 임차한 항공기는 등록할 수 없다. 다만, 대한민국의 국민 또는 법인이 임차하여 사용할 수 있는 권리가 있는 항공기는 그러하지 아니하다.
1. 대한민국 국민이 아닌 사람
2. 외국정부 또는 외국의 공공단체
3. 외국의 법인 또는 단체
4. 제1호부터 제3호까지의 어느 하나에 해당하는 자가 주식이나 지분의 2분의 1 이상을 소유하거나 그 사업을 사실상 지배하는 법인

> 5. 외국인이 법인 등기사항증명서상의 대표자이거나 외국인이 법인 등기사항증
>   명서상의 임원 수의 2분의 1 이상을 차지하는 법인
> ② 제1항 단서에도 불구하고 외국 국적을 가진 항공기는 등록할 수 없다.

2. 피성년후견인, 피한정후견인 또는 파산선고를 받고 복권되지 아니한 사람
3. 이 법, 「항공안전법」, 「공항시설법」, 「항공보안법」, 「항공·철도 사고조사에 관한 법률」을 위반하여 금고 이상의 실형을 선고받고 그 집행이 끝난 날 또는 집행을 받지 아니하기로 확정된 날부터 3년이 지나지 아니한 사람
4. 이 법, 「항공안전법」, 「공항시설법」, 「항공보안법」, 「항공·철도 사고조사에 관한 법률」을 위반하여 금고 이상의 형의 집행유예를 선고받고 그 유예기간 중에 있는 사람
5. 국내항공운송사업, 국제항공운송사업, 소형항공운송사업 또는 항공기사용사업의 면허 또는 등록의 취소처분을 받은 후 2년이 지나지 아니한 자. 다만, 제2호에 해당하여 제28조 제1항 제4호 또는 제40조 제1항 제4호에 따라 면허 또는 등록이 취소된 경우는 제외한다.
6. 임원 중에 제1호부터 제5호까지의 어느 하나에 해당하는 사람이 있는 법인

외국인을 등기이사로 할 경우 면허결격사유에 해당 됨

2. 소형항공운송사업 관련법령

다음은 소형항공운송사업 법령(법, 시행령, 시행규칙)을 정리하였다.

법 제10조(소형항공운송사업) ① 소형항공운송사업을 경영하려는 자는 국토교통부령으로 정하는 바에 따라 국토교통부장관에게 등록하여야 한다.
② 제1항에 따른 소형항공운송사업을 등록하려는 자는 다음 각 호의 요건을 갖추어야 한다.

1. 자본금 또는 자산평가액이 7억원 이상으로서 대통령령으로 정하는 금액 이상일 것

2. 항공기 1대 이상 등 대통령령으로 정하는 기준에 적합할 것

3. 그 밖에 사업 수행에 필요한 요건으로서 국토교통부령으로 정하는 요건을 갖출 것

③ 제1항에 따라 소형항공운송사업을 등록한 자가 정기편 운항을 하려면 노선별로 국토교통부장관의 허가를 받아야 하며, 부정기편 운항을 하려면 국토교통부장관에게 신고하여야 한다.

④ 제1항 및 제3항에 따라 등록 또는 신고를 하거나허가를 받으려는 자는 국토교통부령으로 정하는 바에 따라 운항개시예정일 등을 적은 신청서에 사업계획서와 그 밖에 국토교통부령으로 정하는 서류를 첨부하여 국토교통부장관에게 제출하여야 한다.

⑤ 제1항 및 제3항에 따라 등록 또는 신고를 하거나 허가를 받으려는 자가 그 내용 중 국토교통부령으로 정하는 중요한 사항을 변경하려면 국토교통부장관에게 변경등록 또는 변경신고를 하거나 변경허가를 받아야 한다.

⑥ 제1항부터 제5항까지의 규정에 따른 등록, 신고, 허가, 변경등록, 변경신고 및 변경허가의 절차 등에 관한 사항은 국토교통부령으로 정한다.

⑦ 소형항공운송사업 등록의 결격사유에 관하여는 제9조를 준용한다.

소형항공운송사업 면허신청의 근거

시행령 제13조(소형항공운송사업의 등록요건) 법 제10조 제2항 제1호 및 제2호에 따른 소형항공운송사업의 등록요건은 별표 2와 같다.

소형항공운송사업 면허의 등록요건

규칙 제12조(소형항공운송사업의 등록) ① 법 제10조에 따른 소형항공운송사업을 하려는 자는 별지 제8호 서식의 등록신청서(전자문서로 된 신청서를 포함한다)에 다음 각 호의 서류(전자문서를 포함한다)를 첨부하여 지방항공청장에게 제출하여야 한다. 이 경우 지방항공청장은 「전자정부법」 제36조 제1항에 따른 행정정보의 공동이용을 통하여

법인 등기사항증명서(신청인이 법인인 경우에만 해당한다)를 확인하여야 한다.

1. 해당 신청이 법 제10조 제2항의 등록요건을 충족함을 증명하는 서류
2. 다음 각 목의 사항을 포함하는 사업계획서

　　가. 정기편 또는 제3조에 따른 부정기편 운항 구분

　　나. 사업활동을 하는 주된 지역. 다만, 국제선 운항의 경우에는 다음의 서류 또는
　　　사항을 사업계획서에 포함시켜야 한다.

　　　　1) 외국에서 사업을 하는 경우에는 「국제민간항공조약」 및 해당 국가의 관계 법
　　　　　령 등에 어긋나지 아니하고 계약 체결 등 영업이 가능함을 증명하는 서류

　　　　2) 지점 간 운항의 경우에는 기점·기항지·종점 및 비행로와 각 지점 간의 거리
　　　　　에 관한 사항

　　　　3) 관광비행의 경우에는 출발지 및 비행로에 관한 사항

　　다. 사용 예정 항공기의 수 및 각 항공기의 형식(지점 간 운항 및 관광비행인 경우에
　　　는 노선별 또는 관광 비행구역별 사용 예정 항공기의 수 및 각 항공기의 형식)

　　라. 해당 운항과 관련된 사업을 경영하기 위하여 필요한 자금의 명세와 조달방법

　　마. 여객·화물의 취급 예정 수량 및 그 산출근거와 예상 사업수지

　　바. 도급사업별 취급 예정 수량 및 그 산출근거와 예상 사업수지

　　사. 신청인이 다른 사업을 하고 있는 경우에는 그 사업의 개요

3. 운항하려는 공항 또는 비행장시설의 이용이 가능함을 증명하는 서류(비행기를 이용
　　하는 경우만 해당하며, 전세운송의 경우는 제외한다)
4. 법 제11조 제1항에 따른 항공기사고 시 지원계획서
5. 해당 사업의 경영을 위하여 항공종사자 또는 항공기정비업자, 공항 또는 비행장 시
　　설·설비의 소유자 또는 운영자, 헬기장 및 관련 시설의 소유자 또는 운영자, 항공
　　기의 소유자 등과 계약한 서류 사본

② 지방항공청장은 제1항에 따른 등록신청서의 내용이 명확하지 아니하거나 그 첨부
서류가 미비한 경우에는 7일 이내에 보완을 요구하여야 한다.

③ 지방항공청장은 제1항에 따른 등록 신청을 받은 경우에는 법 제10조 제2항에 따른
소형항공운송사업의 등록을 충족하는지 심사한 후 신청내용이 적합하다고 인정되면
별지 제9호서식의 등록대장에 적고 별지 제10호서식의 등록증을 발급하여야 한다.

④ 지방항공청장은 제3항에 따른 등록 신청 내용을 심사하는 경우 제1항 제5호에 따른

계약의 이행이 가능한지를 확인하기 위하여 …… 계약 당사자의 의견을 들을 수 있다.

1. 소형항공운송사업 면허 등록 신청서 등
2. 소형항공운송사업의 등록은 본사 관할 지방항공청으로 신청

법 제11조(항공기사고 시 지원계획서) ① 제7조 제1항에 따라 국내항공운송사업 및 국제항공운송사업의 면허를 받으려는 자 또는 제10조 제1항에 따라 소형항공운송사업 등록을 하려는 자는 면허 또는 등록을 신청할 때 국토교통부령으로 정하는 바에 따라 「항공안전법」 제2조 제6호에 따른 항공기사고와 관련된 탑승자 및 그 가족의 지원에 관한 계획서(이하 "항공기사고 시 지원계획서"라 한다)를 첨부하여야 한다.

② 항공기사고 시 지원계획서에는 다음 각 호의 사항이 포함되어야 한다.

　　1. 항공기사고대책본부의 설치 및 운영에 관한 사항

　　2. 피해자의 구호 및 보상절차에 관한 사항

　　3. 유해(遺骸) 및 유품(遺品)의 식별·확인·관리·인도에 관한 사항

　　4. 피해자 가족에 대한 통지 및 지원에 관한 사항

　　5. 그 밖에 국토교통부령으로 정하는 사항

③ 국토교통부장관은 항공기사고 시 지원계획서의 내용이 신속한 사고 수습을 위하여 적절하지 못하다고 인정하는 경우에는 그 내용의 보완 또는 변경을 명할 수 있다.

④ 항공운송사업자는 「항공안전법」 제2조 제6호에 따른 항공기사고가 발생하면 항공기사고 시 지원계획서에 포함된 사항을 지체 없이 이행하여야 한다.

⑤ 국토교통부장관은 항공기사고 시 지원계획서를 제출하지 아니하거나 제3항에 따른 보완 또는 변경 명령을 이행하지 아니한 자에게는 제7조 제1항에 따른 면허 또는 제10조 제1항에 따른 등록을 해서는 아니 된다.

국내항공운송사업과 국제항공운송사업 및 소형항공운송사업을 하려는 자는 면허 또는 등록을 신청할 때는 "항공기사고 시 지원계획서"를 첨부하여야 하며 포함사항을 명시

법 제18조(항공기 운항시각의 배분 등) ① 국토교통부장관은 「인천국제공항공사법」 제10조 제1항 제1호에 따른 인천국제공항 등 국토교통부령으로 정하는 공항의 효율적인 운영과 항공기의 원활한 운항을 위하여 항공기의 출발 또는 도착시각(이하 "운항시각"이라 한다)을 항공운송사업자의 신청을 받아 배분 또는 조정할 수 있다.

② 국토교통부장관은 제1항에 따라 운항시각을 배분하는 경우에는 공항시설의 규모, 여객수용능력 등을 고려하여야 한다.

③ 국토교통부장관은 운항시각의 활용도를 높이기 위하여 제1항에 따라 배분된 운항시각의 전부 또는 일부가 사용되지 아니하는 경우에는 배분한 운항시각을 회수할 수 있다.

④ 제1항부터 제3항까지의 규정에 따른 운항시각의 배분신청, 배분·조정·회수의 기준 및 방법과 그 밖에 필요한 사항은 국토교통부령으로 정한다.

국내항공운송사업과 국제항공운송사업 및 소형항공운송사업자는 취항 공항의 운항을 위하여 항공기의 출발 또는 도착시각을 지방항공청장으로부터 배정받아야 한다. 상세한 내용은 "SLOT 조정업무"를 참고하여야 한다.

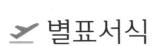 별표서식

[별표 1]

국내항공운송사업 및 국제항공운송사업의 면허기준(법 제12조 관련)

구 분	국내(여객), 국내(화물), 국제(화물)	국제(여객)
1. 재무능력	법 제19조 제1항에 따른 운항개시 예정일(이하 "운항개시 예정일"이라 한다.)부터 2년 동안 법 제7조 제4항에 따른 사업운영계획서에 따라 항공운송사업을 운영하였을 경우에 예상되는 운영비 등의 비용을 충당할 수 있는 재무능력(해당기간동안 예상되는 영업수입을 포함한다)을 갖출 것. 다만, 운항개시예정일부터 3개월 동안은 영업수입을 제외하고도 해당기간에 예상되는 운영비 등의 비용을 충당할 수 있는 재무능력을 갖추어야 한다.	
2. 자본금 또는 자산평가액	법인: 납입자본금 50억원 이상일 것 개인: 자산평가액 75억원 이상일 것	법인: 납입자본금 150억원 이상일 것 2. 개인: 자산평가액 200억원 이상일 것
3. 항공기	가. 항공기 대수 : 1대 이상 나. 항공기 성능 　1) 계기비행능력을 갖출 것 　2) 雙發 이상의 항공기 일 것 　3) 여객을 운송하는 경우에는 항공기의 조종실과 객실이, 화물을 운송하는 경우에는 항공기의 조종실과 화물칸이 분리된 구조일 것 　4) 항공기의 위치를 자동으로 확인할 수 있는 기능을 갖출 것 다. 승객의 좌석수가 51석 이상일 것(여객을 운송하는 경우만 해당한다) 라. 항공기의 최대이륙중량이 25,000kg을 초과할 것(화물을 운송하는 경우만 해당한다)	가. 항공기 대수 : 3대 이상 나. 항공기 성능 　1) 계기비행능력을 갖출 것 　2) 雙發 이상의 항공기 일 것 　3) 조종실과 객실이 분리된 구조일 것 　4) 항공기의 위치를 자동으로 확인할 수 있는 기능을 갖출 것 다. 승객의 좌석수가 51석 이상일 것

[별표 2]

소형항공운송사업의 등록요건(제13조 관련)

구 분	기 준

1. 자본금 또는 자산평가액	가. 승객 좌석 수가 10석 이상 50석 이하의 항고기(화물운송전용의 경우 최대이륙중량이 5,700킬로그램 초과 2만5천킬로그램 이하의 항공기)
	  1) 법인 : 납입자본금 15억원 이상
	  2) 개인 : 자산평가액 22억5천만원 이상
	나. 승객 좌석 수가 9석 이하의 항공기(화물운송전용의 경우 최대이륙중량이 5,700킬로그램 이하의 항공기)
	  1) 법인 : 납입자본금 7억5천만원 이상
	  2) 개인 : 자산평가액 11억2,500만원 이상

2. 항공기 가. 대수 나. 능력	1대 이상 1) 항공기의 위치를 자동으로 확인할 수 있는 기능을 갖출 것(해상비행 및 국제선 운항인 경우에만 해당한다.) 2) 계기비행능력을 갖출 것
3. 기술인력 가. 조종사 나. 정비사	항공기 1대당 「항공안전법」에 따른 운송용 조종사(해당 항공기의 비행교범에 따라 1명의 조종사가 필요한 항공기인 경우와 비행선인 항공기의 경우에는 「항공안전법」에 따른 사업용 조종사를 말한다. 다) 자격증명을 받은 사람 1명 이상 항공기 1대당 「항공안전법」에 따른 항공정비사 자격증명을 받은 사람 1명 이상. 다만, 보유 항공기에 대한 정비능력이 있는 항공기정비업자에게 항공기 정비업무 전체를 위탁하는 경우에는 정비사를 두지 않을 수 있다.
4. 대기실 등 이용객 편의시설	가. 대기실, 화장실, 세면장 등 이용객 편의시설(공항 또는 비행장의 대기실에 시설을 확보한 경우에는 제외한다.)을 갖출 것 나. 이용객 안내시설
5. 보험가입	보유 항공기마다 여객보험(화물운송 전용인 경우 여객보험은 제외한다), 기체보험, 화물보험, 전쟁보험(국제선 운항만 해당한다), 제3자보험 및 승무원보험. 다만, 여객보험, 기체보험, 화물보험 및 전쟁보험은 「항공안전법」 제90조에 따른 운항증명 완료 전까지 가입할 수 있다.

■ 항공사업법 [별지 제1호서식]

【 　】 국내항공운송사업
【 　】 국제항공운송사업 면허신청서

※색상이 어두운 난은 신청인이 작성하지 아니하며, 【 　】에는 해당하는 곳에 √ 표시를 합니다.　　(앞쪽)

접수번호	접수일시	발급일	처리기간 25일

신청인	상호(법인명)		성명(대표자)		생년월일(법인등록번호)
	주소(소재지)				전화번호
					팩스번호

신청내용	자본금
	사업범위　　[　] 국내(여객)　　　[　] 국내(화물)　　　[　] 국제(여객)　　　[　] 국제(화물)
	운항예정노선 또는 사업구역
	운항개시예정일
	임원의 명단

「항공사업법」 제7조제1항 및 같은 법 시행규칙 제8조제1항에 따라

[　] 국내항공운송사업
[　] 국제항공운송사업　　면허를 신청합니다.

　　　　　　　　　　　　　　　　　　　　　　　　　　　년　　　　월　　　　일

　　　　　　　신청인　　　　　　　　　　　　　　　　　　　　　(서명 또는 인)

국토교통부장관　　귀하

신청인 제출서류	1. 「항공사업법 시행규칙」 제8조제1항제1호 각 목의 사항을 포함하는 사업운영계획서 2. 해당 신청이 「항공사업법」 제8조에 따른 면허기준을 충족함을 증명하거나 설명하는 서류로서 「항공사업법 시행규칙」 제8조제1항제2호 각 목의 서류를 포함하는 서류 3. 신청인이 「항공사업법」 제9조 각 호에 따른 결격사유에 해당하지 않음을 증명하는 서류 4. 「항공사업법」 제11조제1항에 따른 항공기사고 시 지원계획서	수수료 「항공사업법 시행규칙」 제71조
담당공무원 확인사항	법인 등기사항증명서(법인인 경우만 해당합니다)	

유의사항

1. 면허를 받으신 후 사업개시 전까지 다음 각 목의 사항에 대하여 증명 또는 인가를 받거나 신고를 하여야 합니다.
　가. 운항증명(「항공안전법」 제90조)
　나. 운항규정 및 정비규정의 인가(「항공안전법」 제93조)
　다. 운임 및 요금의 인가 및 신고(「항공사업법」 제14조, 국제항공운송사업만 해당합니다)
2. 면허신청서에 적은 운항개시예정일까지 사업을 개시하여야 합니다.
3. 그 밖에 필요한 사항은 국토교통부 항공산업과(전화번호 044-201-4228)로 문의하시기 바랍니다.

210mm×297mm[백상지(80g/m²) 또는 중질지(80g/m²)]

■ 항공사업법 시행규칙 [별지 제8호서식]

$$\left[\begin{array}{c}\text{【　】소형항공운송사업}\\\text{【　】항공기사용사업}\end{array}\right]\text{등록신청서}$$

※색상이 어두운 난은 신청인이 작성하지 아니하며, 【 】에는 해당하는 곳에 √ 표시를 합니다.　　(앞쪽)

접수번호		접수일시	발급일	처리기간　25일(소형항공운송사업) 20일(항공기사용사업)
신청인	상호(법인명)	성명(대표자)		생년월일(법인등록번호)
	주소(소재지)			전화번호
				팩스번호
신청내용	자본금			
	사업범위 　　　　[ ] 소형(여객)　　　[ ] 소형(화물)　　　[ ] 항공기사용사업			
	운항예정노선 또는 사업구역			
	운항개시예정일			
	임원의 명단			
	기타 사업소의 명칭 및 소재지			

「항공사업법」 제10조제1항, 제30조제1항 및 같은 법 시행규칙 제12조제1항, 제32조제1항에 따라

$$\left[\begin{array}{c}\text{[ ] 소형항공운송사업}\\\text{[ ] 항공기사용사업}\end{array}\right]\text{등록을 신청합니다.}$$

년　　　월　　　일

신청인 (서명 또는 인)

지방항공청장　귀하

신청인 제출서류	1. 「항공사업법」 제10조제2항 또는 법 제30조제2항에 따른 등록요건을 충족함을 증명하는 서류 2. 「항공사업법 시행규칙」 제12조제1항제2호 및 제32조제1항제2호 각 목의 사항을 포함하는 사업계획서 3. 운항하려는 공항 또는 비행장시설의 이용이 가능함을 증명하는 서류(비행기를 이용하는 경우만 해당하며, 전세 운송의 경우는 제외합니다) 4. 「항공사업법」 제11조에 따른 항공기사고 시 지원계획서(소형항공운송사업의 경우에만 제출합니다) 5. 해당 사업의 경영을 위해 항공종사자 또는 항공기정비업자, 공항 또는 비행장 시설·설비의 소유자 또는 운영자, 헬기장 및 관련 시설의 소유자 또는 운영자, 항공기의 소유자 등과 계약한 서류 사본	수수료 「항공사업 법 시행규 칙」 제71조
담당공무원 확인사항	법인 등기사항증명서(법인인 경우만 해당합니다)	

유의사항
1. 등록을 하신 후 사업개시 전까지 다음 각 목의 사항에 대하여 증명 또는 인가를 받아야 합니다. 　가. 운항증명(「항공안전법」 제90조) 　나. 운항규정 및 정비규정의 인가(「항공안전법」 제93조) 2. 등록신청서에 적은 운항개시예정일까지 사업을 개시하여야 합니다. 3. 그 밖에 필요한 사항은 국토교통부 서울지방항공청 항공안전과(전화번호 032-740-2147), 부산지방항공청 항공운항과(전화번호 051-974-2154)에 문의하시기 바랍니다.

210mm×297mm[백상지(80g/㎡) 또는 중질지(80g/㎡)]

(뒤쪽)

처리절차

이 신청서는 아래와 같이 처리됩니다.

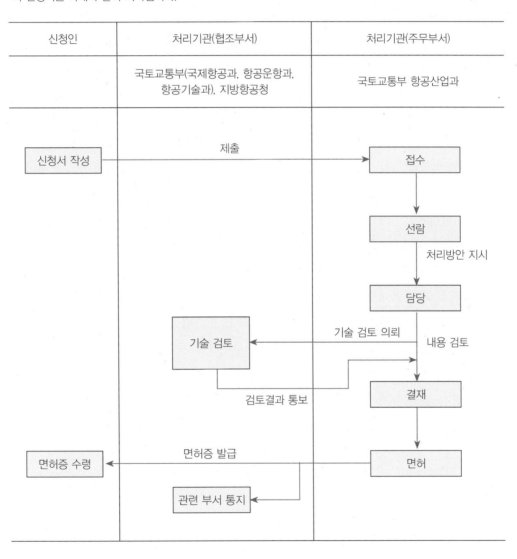

신청인	처리기관(협조부서)	처리기관(주무부서)
	국토교통부(국제항공과, 항공운항과, 항공기술과), 지방항공청	국토교통부 항공산업과

✈ 국제항공운수권 및 영공통과 이용권 배분 등에 관한 규칙

[시행 2017.3.30.] [국토교통부령 제411호, 2017.3.30.] 국토교통부(국제항공과) 044-201-4211

항공운수권은 항공사가 취항노선권(국제항공운수권)을 정부로부터 인가받다는 것을 말한다. 노선권은 국가간의 권익으로 쌍방의 이익을 위하여 항공협정으로 정하고 여기서 합의된 노선권을 항공사에 배분하는 것을 말한다.

우리나라는 1988년 제 2민항이 탄생한 후 양 항공사 간에 배분하는 기준을 정한 후 LCC 설립이후 계속 개정되어 왔다.

1976년 미국 카터 대통령 재임시절 전 세계에 OPEN SKY정책(노선권을 없애고 항공사의 능력대로 자유로이 운항하자는 정책)을 발표하였으나 아직까지 많은 국가에서는 노선권을 유지하는 정책을 유지하고 있으나 미국, 일본 등 동남아 국가는 완전자유화 정책으로 전환하였고 중국은 부분자유화를 유지하고 있으며, 유럽의 많은 국가는 노선권제도를 고수하고 있다. LCC 설립 시 운항노선을 결정할 때 이와 같은 노선권 유지 여부를 감안하여 노선을 결정하여야 한다.

현재 우리나라 제 1위의 LCC와 같이 노선확대를 위한 많은 인내와 노력이 필요하다.

제1장 총칙

제1조(목적) 이 규칙은 「항공사업법」 제16조 제1항 및 제17조 제1항에 따른 운수권 및 영공통과 이용권 배분의 기준·절차·방법과 배분된 운수권 및 영공통과 이용권 회수의 기준·절차·방법 등에 관하여 필요한 사항을 정함을 목적으로 한다. 〈개정 2016.12.5., 2017.3.30.〉

제2조(정의) 이 규칙에서 사용하는 용어의 뜻은 다음과 같다. 〈개정 2013.3.23., 2017.3.30.〉

1. "신규 운수권"이란 「항공사업법」(이하 "법"이라 한다) 제7조 제1항에 따라 국제항공 운송사업 면허를 받은 자(이하 "항공사"라 한다)가 운항을 할 수 없던 외국지역에 대하여 국토교통부장관이 해당국과의 항공회담을 통해 새로 확보한 운수권을 말한다.

2. "증대 운수권"이란 항공사가 운항을 할 수 있던 외국지역에 대하여 해당국과의 항공회담을 통해 추가로 확보한 운수권을 말한다.

제3조(적용 범위 및 항공회담과의 관계) ① 이 규칙은 외국과의 항공회담에 따라 항공사가 외국으로 일정한 횟수 이내에서만 운항할 수 있는 지역 또는 항공로에만 적용한다.

② 외국과의 항공회담에 따른 합의사항과 이 규칙에 다른 규정이 있는 경우에는 항공회담에 따른 합의사항의 규정이 우선한다.

제3조의 2(운수권 적용기준) ① 신규 운수권 및 증대 운수권은 주당 운항횟수를 기준으로 하여 이 규칙을 적용한다. 이 경우 외국과의 항공회담에 따라 항공기의 좌석수 또는 화물중량 등의 형식으로 운수권을 합의하는 경우에는 다음 각 호의 기준에 따라 산정된 주당 운항횟수를 기준으로 이 규칙을 적용할 수 있다.

1. 신규 운수권의 경우에는 해당 노선과 운항거리가 동일하거나 유사한 노선에 대표적으로 운항 중인 항공기의 좌석수 또는 화물중량 등을 기준으로 주당 운항횟수를 산정할 것

2. 증대 운수권의 경우에는 해당 노선에 대표적으로 운항 중인 항공기의 좌석수 또는 화물중량 등을 기준으로 주당 운항횟수를 산정할 것

② 제1항 후단에 따라 산정된 주당 운항횟수가 1회 미만인 경우에는 항공기의 좌석수 또는 화물중량 등을 기준으로 신규 운수권 또는 증대 운수권을 배분하거나 회수할 수 있다.

제2장 배분의 기준 및 방법 등

제1절 신규 운수권

제4조(배분대상 항공사 수) ① 국토교통부장관은 운항횟수가 여객 또는 여객·화물 공용(共用)을 대상으로 주당 5회 이하, 화물만을 대상으로 주당 1회인 신규 운수권은 1개의 항공사에게만 해당 운수권을 배분한다. 다만, 항공사가 배분을 신청한 횟수가 신규 운수권의 횟수보다 적은 경우에는 2개 이상의 항공사에 배분할 수 있다.

② 국토교통부장관은 운항횟수가 여객 또는 여객·화물 공용을 대상으로 주당 6회 이상, 화물만을 대상으로 주당 2회 이상인 신규 운수권은 해당 노선의 시장상황과 배분 희망 내용 등을 고려하여 2개 이상의 항공사에 배분한다. 다만, 1개의 항공사만이 배분신청을 한 경우에는 1개 항공사에만 배분할 수 있다.

제5조(배분대상 항공사 선정) ① 국토교통부장관은 제 4조에 따른 배분대상 항공사 수보다 배분을 신청한 항공사 수가 적거나 그 수가 같은 경우에는 배분을 신청한 모든 항공사에 해당 운수권을 배분할 수 있다.

② 국토교통부장관은 제 4조에 따른 배분대상 항공사 수보다 배분을 신청한 항공사의 수가 많은 경우에는 별표의 평가지표에 따른 평가결과(이하 "평가결과"라 한다)에서 높은 점수를 획득한 항공사 순서로 배분대상 항공사를 선정한다. 평가결과가 동점인 경우에는 별표의 평가지표 중 정량평가 항목에서 획득한 점수의 합이 높은 순서로 항공사를 선정한다.

③ 국토교통부장관은 경합되는 배분노선이 2개 이상이고 2개 이상의 항공사의 평가결과가 동점인 경우에는 항공사의 노선별 선호도를 조사하여 항공사를 선정할 수 있다.

제6조(배분횟수) ① 국토교통부장관은 제4조 제1항에 따른 신규 운수권은 제5조에 따라 선정된 항공사가 신청한 횟수 내에서 배분한다.

② 국토교통부장관은 제4조 제2항 본문에 따른 신규 운수권의 경우 제5조에 따라 선정된 항공사에 균등한 횟수를 배분하고, 나머지 운수권이 있는 경우에는 평가결과에서 높은 점수를 획득한 항공사 순서로 주당 1회씩 운수권을 배분한다.

③ 국토교통부장관은 여객 또는 여객·화물 공용을 대상으로 한 운수권의 경우에는 제5조에 따라 선정된 항공사가 주당 3회 미만을 신청한 경우를 제외하고는 가능한 최소 주당 3회를 배분하도록 한다.

④ 국토교통부장관은 제1항부터 제3항까지의 규정에도 불구하고 항공사의 신청 내용이 해당 신규 운수권 횟수의 범위 내에 있는 경우에는 신청한 대로 배분할 수 있다. 다만, 제4조 제2항 단서에 해당하는 경우에는 향후 시장상황의 변동가능성 및 경쟁체제의 도입 필요성 등을 고려하여 신청한 대로 배분하지 않을 수 있다.

제2절 증대 운수권

제7조(배분대상 항공사 수) ① 국토교통부장관은 1개의 항공사가 취항하는 기존 노선에서 이미 확보한 운수권과 증대 운수권의 합이 여객 또는 여객·화물 공용을 대상으로 주당 6회 이상, 화물만을 대상으로 주당 2회 이상이 된 경우에는 해당 노선의 시장상황, 배분신청 내용 등을 고려하여 증대 운수권을 추가로 1개 이상의 항공사에 배분한다. 다만, 기존 노선을 운항하고 있는 항공사만이 배분신청을 한 경우에는 해당 항공사에게 배분할 수 있다.

② 국토교통부장관은 2개 이상 항공사가 취항하는 기존 노선에서 증대 운수권이 발생한 경우에는 해당 노선의 시장상황, 배분희망내용 등을 고려하여 증대 운수권을 추가로 1개 이상의 항공사에게 배분할 수 있다.

제8조(배분대상 항공사 선정) ① 국토교통부장관은 제7조에 따라 결정한 배분대상 항공사 수보다 배분을 신청한 항공사 수가 같거나 적은 경우에는 배분을 신청한 모든 항공사에 해당 운수권을 배분할 수 있다.

② 국토교통부장관은 제7조에 따른 배분대상 항공사 수보다 배분을 신청한 항공사의 수가 많은 경우에는 평가결과에서 높은 점수를 획득한 항공사 순서로 배분대상 항공사를 선정한다. 평가결과가 동점인 경우에는 별표의 평가지표 중 정량평가 항목에서 획득한 점수의 합이 높은 순서로 항공사를 선정한다.

③ 국토교통부장관은 경합되는 배분노선이 2개 이상이고 2개 이상의 항공사의 평가결과가 동점인 경우에는 항공사의 노선별 선호도를 조사하여 항공사를 선정할 수 있다.

제9조(배분횟수) ① 국토교통부장관은 제8조에 따라 새로 선정된 항공사에 대해서는 다음 각 호의 기준에 따라 산정된 증대 운수권을 우선 배분하고, 나머지 증대 운수권은 평가결과에서 높은 점수를 획득한 항공사의 순서로 주당 1회씩 배분한다. 다만, 새로 선정된 항공사가 없는 경우에는 평가결과에서 높은 점수를 획득한 항공사의 순서로 주당 1회씩 배분한다.

1. 기존 노선을 운항하던 항공사 중 가장 적은 운수권을 보유한 항공사(이하 이 조에서 "기존 최소 운수권 보유 항공사"라 한다)의 운수권이 주당 2회 이하인 경우: 주당 1회

2. 기존 최소 운수권 보유 항공사의 운수권이 주당 3회 이상 6회 이하인 경우: 주당 3회

3. 기존 최소 운수권 보유 항공사의 운수권이 주당 7회 이상 12회 이하인 경우: 기존 최소 운수권 보유 항공사 운수권의 100분의 50(소수점 이하는 반올림 한다)에 해당하는 운수권

4. 기존 최소 운수권 보유 항공사의 운수권이 주당 13회 이상인 경우: 주당 7회

② 국토교통부장관은 증대 운수권의 부족에 따라 제1항 각 호의 기준에 따른 운수권을 모두 배분할 수 없는 경우에는 제1항에 따른 배분기준에도 불구하고 증대 운수권의 다음 배분시 1차에 한하여 그 부족분에 상당하는 운수권을 해당 항공사에 우선 배분할 수 있다.

③ 국토교통부장관은 제1항에도 불구하고 항공사의 신청 내용이 해당 신규 운수권 횟수의 범위 내에 있는 경우에는 신청한 대로 배분할 수 있다. 다만, 제7조 제1항 단서에 해당하는 경우에는 향후 시장상황의 변동가능성 및 경쟁체제의 도입 필요성 등을 고려하여 신청한 대로 배분하지 않을 수 있다.

제3절 영공통과 이용권

제10조(배분대상) 법 제17조 제1항에 따른 영공통과 이용권은 그 권리를 사용하여 운항할 수 있는 외국지역의 운수권을 보유한 항공사에 배분한다.

제11조(배분횟수) ① 국토교통부장관은 법 제12조에 따른 사업계획에 근거하여 산정한 항공사별 최대 사용가능 횟수에 비례하여 영공통과 이용권을 항공사별로 배분한다.

② 국토교통부장관은 제1항에도 불구하고 항공사가 신청한 항공로별 영공통과 이용권 횟수의 합이 배분하려는 해당 영공통과 이용권의 횟수보다 적거나 그 수가 같은 경우에는 신청 내용대로 배분할 수 있다. 〈개정 2013.3.23.〉

제3장 배분절차

제12조(통보) 국토교통부장관은 운수권 또는 영공통과 이용권의 배분이 필요한 경우에는

대상노선 또는 항공로, 배분희망횟수, 자료제출기한 등을 항공사에 통보한다.

제13조(배분신청) 운수권 또는 영공통과 이용권을 배분받으려는 항공사는 운수권의 노선 및 횟수를 적은 별지 제1호 서식의 신청서 또는 영공통과 이용권 대상 항공로 및 배분 희망횟수 등을 적은 별지 제2호 서식의 신청서를 제12조에 따라 통보받은 자료제출기 한까지 국토교통부장관에게 제출해야 한다.

제14조(서류검토 및 추가자료 제출) 국토교통부장관은 제13조에 따라 제출된 자료를 검 토하여 경합이 발생한 노선에 대해서는 별표의 평가지표에 따른 평가에 필요한 자료를 추가로 제출하도록 항공사에 요청하고, 제5조 제3항 및 제8조 제3항에 따라 노선별 선호도를 별지 제3호서식에 따라 제출하게 할 수 있다.

제15조(배분내용 결정 등) ① 국토교통부장관은 제13조 또는 제14조에 따라 제출된 자료 를 검토한 후 제4조부터 제11조까지의 규정에 따라 배분대상 항공사 수, 배분대상 항 공사 및 항공사별 배분횟수 등(이하 "배분내용"이라 한다)을 결정한다.

② 국토교통부장관은 제1항에 따라 배분내용을 결정할 때에는 항공교통에 관한 전문 가 등이 참여하는 항공교통심의위원회를 구성하여 심의를 거칠 수 있다.

③ 항공교통심의위원회의 구성·기능·운영과 그 밖에 필요한 사항은 국토교통부장관이 정한다.

제16조(배분결과 통보) 국토교통부장관은 제15조에 따라 결정된 배분내용을 해당 항공사 에 통보한다.

제4장 회수 및 재 배분

제17조(전부 또는 일부를 사용하지 않은 운수권 및 영공통과 이용권) ① 국토교통부장관은 법 제16조 제3항 제3호에 따라 항공사가 운수권을 배분받은 1년 이내에 취항하지 않거 나 취항한 후 매년 1월 1일부터 같은 해 12월 31일까지의 기간 동안 20주 이상 운수권 의 전부 또는 일부를 사용하지 않는 경우에는 해당 미사용 운수권을 회수할 수 있다.

② 국토교통부장관은 법 제17조 제3항에 따라 항공사가 매년 1월 1일부터 같은 해 12월 31일까지의 기간 동안 배분받은 영공통과 이용권의 100분의 50 이상을 20주 이상 사용하지 않는 경우에는 해당 미사용 영공통과 이용권을 회수할 수 있다.

③ 국토교통부장관은 제1항 및 제2항에도 불구하고 천재지변, 전쟁, 해당공항의 폐

쇄, 안전 및 보안문제 등 불가항력적인 사유가 있다고 인정되는 경우에는 해당 미사용 운수권 또는 영공통과 이용권을 회수하지 않을 수 있다.

제18조(회수방법) 국토교통부장관은 법 제16조 제3항 각 호, 법 제17조 제3항 또는 제20조 제2항 중 어느 하나에 해당하여 운수권 또는 영공통과 이용권의 전부 또는 일부를 회수하는 경우에는 회수대상 운수권 또는 영공통과 이용권의 노선, 항공로, 회수범위, 사유 등을 구체적으로 밝혀 해당 항공사에 통보하여야 한다.

제19조(운수권 또는 영공통과 이용권의 재배분 등) ① 국토교통부장관은 제18조에 따라 회수된 운수권 및 영공통과 이용권을 제4조부터 제16조까지의 규정에 따른 배분의 기준과 방법 및 절차에 따라 재배분한다. 다만, 운수권 또는 영공통과 이용권이 회수된 항공사는 해당 운수권 또는 영공통과 이용권의 재배분 대상에서 제외한다.

② 제1항 단서에도 불구하고 다음 각 호의 어느 하나에 해당하는 경우에는 해당 운수권 또는 영공통과 이용권이 회수된 항공사도 재배분 대상에 포함시킬 수 있다.

1. 제1항에 따른 운수권 또는 영공통과 이용권에 대한 재배분의 신청이 없는 경우

2. 제20조 제2항에 따라 재배분된 운수권 또는 영공통과 이용권이 회수된 경우

제20조(운수권 또는 영공통과 이용권을 재 배분받은 항공사의 의무) ① 제19조 제1항에 따라 운수권 또는 영공통과 이용권을 재 배분받은 항공사는 해당 운수권 또는 영공통과 이용권의 재 배분 통보일로부터 6개월 이내에 최초 운항을 하고, 그 시점부터 4주간 연속으로 운항하여야 한다.

② 국토교통부장관은 제1항에 따른 의무를 이행하지 않은 항공사에 대하여 재 배분된 해당 운수권 또는 영공통과 이용권을 회수할 수 있다.

부칙 〈국토교통부령 제411호, 2017.3.30.〉 (항공사업법 시행규칙)

제1조(시행일) 이 규칙은 2017년 3월 30일부터 시행한다.

[별표]평가지표(제5조제2항, 제6조제2항, 제8조제2항, 제9조제1항 및 제14조 관련)

[별지 제1호서식] 국제항공운수권 배분신청서

[별지 제2호서식] 영공통과 이용권 배분신청서

[별지 제3호서식] 노선선호도

✈ 평가지표

[별표]평가지표(제5조제2항, 제6조제2항, 제8조제2항, 제9조제1항 및 제14조 관련)

평가기준	평가항목	배점	평가방법	비고
1. 안전성 및 보안성	가. 「항공법」에 따른 과징금 부과 건수 및 「항공보안법」에 따른 벌금·과태료 부과 건수	5.0	○ 배분계획 통보일의 전년도부터 계산하여 이전 3년간 10만회 운항 대비 「항공법」에 따른 안전규정 위반 및 항공기사고·항공기준사고에 따라 전체 항공사에 부과된 과징금의 총 건수 중 해당 항공사가 받은 건수가 차지하는 비율과 「항공보안법」 위반에 따라 전체 항공사에 부과된 벌금 및 과태료의 총 건수 중 해당 항공사가 받은 건수가 차지하는 비율의 합에 1.5를 곱한 값을 5.0점에서 뺀 점수를 준다. 다만, 운항 실적이 1년 미만인 항공사에는 2.0점을 준다. ○ 계산식: $5 - 1.5 \times (a_i / \sum_{j=1}^{n} a_i + b_i / \sum_{j=1}^{n} b_i)$ • a_i는 해당 항공사의 10만회 운항 대비 「항공법」 위반에 따른 과징금 부과 건수 • $\sum_{j=1}^{n} a_i$는 전체 항공사의 10만회 운항 대비 「항공법」 위반에 따른 과징금 부과 건수의 합(i : 항공사의 수) • b_i는 해당 항공사의 10만회 운항 대비 「항공보안법」 위반에 따른 벌금 및 과태료 부과 건수 • $\sum_{j=1}^{n} b_i$는 전체 항공사의 10만회 운항 대비 「항공보안법」 위반에 따른 벌금 및 과태료 부과 건수의 합(i : 항공사의 수) ※ a_i 및 b_i는 배분계획 통보일의 전년도부터 계산하여 이전 3년간을 기준으로 한다.	정량 평가
	나. 「항공법」에 따른 과징금 부과 금액	5.0	○ 배분계획 통보일의 전년도부터 계산하여 이전 3년간 10만회 운항 대비 「항공법」에 따른 안전규정 위반 및 항공기사고·항공기준사고에 따라 전체 항공사에 부과된 총 과징금액 중 해당 항공사에 부과된 과징금액이 차지하는 비율에 4를 곱한 값을 5.0점에서 뺀 점수를 준다. 다만, 운항 실적이 1년 미만인 항공사에는 1.0점을 준다. ○ 계산식: $5 - 4 \times (a_i / \sum_{j=1}^{n} a_i)$ • a_i는 해당 항공사의 10만회 운항 대비 「항공법」 위반에 따른 과징금액	정량 평가

평가기준	평가항목	배점	평가방법	비고
			• $\sum\limits_{i=1}^{n} a_i$는 전체 항공사의 10만회 운항 대비 「항공법」위반에 따른 과징금액의 합(i : 항공사의 수) ※ a_i는 배분계획 통보일의 전년도부터 계산하여 이전 3년간을 기준으로 한다.	
	다. 「항공·철도 사고조사에 관한 법률」에 따른 항공·철도사고조사위원회에서 발표한 항공기 사고에 따른 사망자 수. 다만, 항공사의 귀책사유에 따른 항공기사고만 해당한다.	7.0	○ 배분계획 통보일의 전년도부터 계산하여 이전 3년간 10만회 운항 대비 항공기사고에 따른 총 사망자 수 중 해당 항공사의 항공기사고에 따른 사망자 수가 차지하는 비율에 5를 곱한 값을 7.0점에서 뺀 점수를 준다. 다만, 운항 실적이 1년 미만인 항공사에는 2.0점을 준다. ○ 계산식: $7 - 5 \times (a_i / \sum\limits_{i=1}^{n} a_i)$ • a_i는 해당 항공사의 10만회 운항 대비 항공기사고에 따른 사망자 수 • $\sum\limits_{i=1}^{n} a_i$는 전체 항공사의 10만회 운항 대비 항공기 사고에 따른 사망자 수의 합(i : 항공사의 수) ※ a_i는 배분계획 통보일의 전년도부터 계산하여 이전 3년간을 기준으로 한다.	정량 평가
	라. 「항공·철도 사고조사에 관한 법률」에 따른 항공·철도사고조사위원회에서 발표한 항공기사고 및 항공기준사고 건수. 다만, 항공사의 귀책사유에 따른 항공기사고 및 항공기준사고만 해당한다.	5.0	○ 배분계획 통보일의 전년도부터 계산하여 이전 3년간 10만회 운항 대비 총 항공기사고 및 항공기준사고 건수 중 해당 항공사의 항공기사고 및 항공기준사고 건수가 차지하는 비율에 3을 곱한 값을 5.0점에서 뺀 점수를 준다. 다만, 운항 실적이 1년 미만인 항공사에는 2.0점을 준다. ○ 계산식: $5 - 3 \times (a_i / \sum\limits_{i=1}^{n} a_i)$ • a_i는 해당 항공사의 10만회 운항 대비 항공기사고 및 항공기준사고 건수 • $\sum\limits_{i=1}^{n} a_i$는 전체 항공사의 10만회 운항 대비 항공기사고 및 항공기준사고 건수의 합(i : 항공사의 수) ※ a_i는 배분계획 통보일의 전년도부터 계산하여 이전 3년간을 기준으로 한다.	정량 평가

평가기준	평가항목	배점	평가방법	비고
	마. 「항공법」에 따른 항공안전장애 건수(항공사의 귀책사유로 발생한 경우만 해당하며, 「항공법」 제49조의4에 따른 경미한 항공안전장애는 제외한다)	5.0	○ 배분계획 통보일의 전년도부터 계산하여 이전 3년간 1만회 운항 대비 「항공법」에 따른 총 항공안전장애 건수 중 해당 항공사의 항공안전장애 건수가 차지하는 비율에 3을 곱한 값을 5.0점에서 뺀 점수를 준다. 다만, 운항 실적이 1년 미만인 항공사에게는 2.0점을 준다. ○ 계산식: $5 - 3 \times (a_i / \sum_{i=1}^{n} a_i)$ 　• a_i는 해당 항공사의 1만회 운항 대비 항공안전장애 건수 　• $\sum_{i=1}^{n} a_i$는 전체 항공사의 1만회 운항 대비 항공안전장애 발생 건수의 합(i : 항공사의 수) 　※ a_i는 배분계획 통보일의 전년도부터 계산하여 이전 3년간을 기준으로 한다. ○ 다만, 배분계획 통보일의 전년도부터 계산하여 이전 3년간 「항공법」에 따른 항공사 안전감독 과정에서 국토교통부장관에게 보고되지 않은 항공안전장애가 확인될 경우, 해당 항공사에 최저점(2.0점)을 부여할 수 있다.	정량 평가
	바. 「항공보안법」에 따른 보안점검에 따른 시정명령 건수	3.0	○ 배분계획 통보일의 전년도부터 계산하여 이전 3년간 10만회 운항대비 「항공보안법」에 따른 항공사 보안점검에 따른 총 시정명령 건수 중 해당 항공사가 받은 시정명령 건수가 차지하는 비율에 2를 곱한 값을 3.0점에서 뺀 점수를 준다. 다만, 운항 실적이 1년 미만인 항공사에게는 1.0점을 준다. ○ 계산식: $3 - 2 \times (a_i / \sum_{i=1}^{n} a_i)$ 　• a_i는 해당 항공사의 10만회 운항 대비 보안점검에 따른 시정명령 건수 　• $\sum_{i=1}^{n} a_i$는 전체 항공사의 10만회 운항 대비 보안점검에 따른 시정명령 건수의 합(i : 항공사의 수) 　※ a_i는 배분계획 통보일의 전년도부터 계산하여 이전 3년간을 기준으로 한다.	정량 평가
	사. 항공사의 안전관리를 위한 노력과 투자 정도	5.0	○ 항공법 등 국토교통부장관의 안전권고 사항(조종사 및 정비사 적정보유기준) 충족여부를 검토하여 이를 충족하는 항공사에 1.5점을 주고, 나머지 항공사에는 그 달성도에 따라 0.5점 차이의 범위에서 소수점 첫째자리까지 점수를 준다. 다만, 운항 실적이 1년 미만인 항공사에는 1점을 준다.	정성 평가

평가기준	평가항목	배점	평가방법	비고
			○ 국제민간항공기구(ICAO)에서 권고한 항공사의 안전관리 및 품질관리 인력 적정보유기준의 충족 여부를 검토하여 이를 충족하는 항공사에 1.0점을 주고, 나머지 항공사에는 그 달성도에 따라 0.5점 차이의 범위에서 소수점 첫째자리까지 점수를 준다. 다만, 운항 실적이 1년 미만인 항공사에는 0.5점을 준다. ○ 배분계획 통보일의 전년도부터 계산하여 이전 2년간 「항공법」에 따른 항공안전보고제도 운영으로 발견된 위해 요인에 대한 자체 개선활동 실적, 조종사 비행자료분석프로그램 운영 성과 등 항공사의 자발적 안전관리 노력과 효과를 검토하여 가장 우수한 항공사에 2.5점을 주고, 나머지 항공사에는 그 수준에 따라 1.0점 차이의 범위에서 소수점 첫째자리까지 점수를 준다. 다만, 운항 실적이 1년 미만인 항공사에는 1.5점을 준다. ○ 다만, 상기 지표에 대한 검토를 위해 항공사에서 제출한 자료가 「항공법」에 따른 안전감독 과정에서 사실과 다름이 확인될 경우, 차기 심사에서 해당 항공사에 최저점을 부여할 수 있다.	
2. 이용자 편의성	가. 해당 항공사의 운항에 따른 운임 인하 및 인상제한 효과	7.5	○ 항공사의 운항에 따라 발생하는 운임 인하 및 인상제한 효과에 기여도가 가장 높은 항공사에 7.5점을 주고, 나머지 항공사에는 그 기여도에 따라 4.0점 차이의 범위에서 소수점 첫째자리까지 점수를 준다.	정성 평가
	나. 해당 항공사의 운항에 따른 서비스 선택의 다양성 제고 효과	5.0	○ 항공사의 운항에 따라 운항일정과 서비스 측면에서 소비자에게 다양한 선택의 기회를 제공할 수 있는 효과에 기여도가 가장 높은 항공사에 5.0점을 주고, 나머지 항공사에는 그 기여도에 따라 3.0점 차이의 범위에서 소수점 첫째자리까지 점수를 준다.	정성 평가
	다. 「소비자 기본법」에 따라 한국소비자원에 항공사 관련 피해구제가 신청되어 그 처리가 이루어진 건수. 다만, 항공사의 귀책사유에 따른 처리만 해당한다.	7.5	○ 배분계획 통보일의 전년도부터 계산하여 이전 3년간 연 100만명 운송 대비 「소비자기본법」에 따라 한국소비자원에 전체 항공사 관련 피해구제가 신청되어 그 처리가 이루어진 건수 중 해당 항공사 관련 피해구제가 신청되어 그 처리가 이루어진 건수가 차지하는 비율에 3을 곱한 값을 7.5점에서 뺀 점수를 준다. 다만, 운항 실적이 1년 미만인 항공사에는 4.5점을 준다. ○ 계산식: $7.5 - 3 \times (a_i / \sum_{i=1}^{n} a_i)$	정량 평가

평가기준	평가항목	배점	평가방법	비고
			• a_i는 연 100만명 운송 대비「소비자 기본법」에 따라 한국소비자원에 해당 항공사 관련 피해구제가 신청되어 그 처리가 이루어진 건수 • $\sum_{j=1}^{n} a_i$는 연 100만명 운송 대비「소비자 기본법」에 따라 한국소비자원에 전체 항공사 관련 피해구제가 신청되어 그 처리가 이루어진 건수의 합(i : 항공사의 수) ※ a_i는 배분계획 통보일의 전년도부터 계산하여 이전 3년간을 기준으로 한다.	
	라. 운수권의 활용도	5.0	○ 배분계획 통보일의 전년도부터 계산하여 이전 3년간 회수된 운수권의 총 주당 운항횟수 중 해당 항공사의 주당 운항횟수가 차지하는 비율에 2를 곱한 값을 5.0점에서 뺀 점수를 준다. 다만, 운항 실적이 1년 미만인 항공사에는 3.0점을 준다. ○ 계산식: $5 - 2 \times (a_i / \sum_{j=1}^{n} a_i)$ • a_i는 해당 항공사의 회수된 운수권의 총 주당 운항횟수 • $\sum_{j=1}^{n} a_i$는 전체 항공사의 회수된 운수권의 총 주당 운항횟수의 합(i : 항공사의 수) ※ a_i는 배분계획 통보일의 전년도부터 계산하여 이전 3년간을 기준으로 한다.	정량 평가
3. 시장개척 노력 및 운항 적정성	가. 해당 노선에 대한 시장개척 기여도	5.0	○ 해당 노선에 대한 부정기편 운항 실적, 영업소 설치 현황, 해당 노선 운항을 위한 인력·항공기 투입계획, 해당 노선 운항이 국내선 감편에 미치는 영향 등을 검토하여 시장개척 기여도가 가장 우수한 항공사에 5.0점을 주고, 나머지 항공사에는 그 기여도에 따라 2.0점 차이의 범위에서 소수점 첫째자리까지 점수를 준다.	정성 평가
	나. 해당 노선에 대한 노선 활용도	5.0	○ 해당 노선에 대한 좌석공급, 수익구조개선, 항공사의 운항경쟁력 등에 미치는 효과를 검토하여 노선활용도가 가장 우수한 항공사에 5.0점을 주고, 나머지 항공사에는 그 노선활용도에 따라 2.0점 차이의 범위에서 소수점 첫째자리까지 점수를 준다.	정성 평가
	다. 국제항공운송시장 개척 기여도	5.0	○ 배분계획 통보일의 전년도부터 계산하여 이전 3년간 정기노선 신규 취항실적과 국제항공운수권이 설정되어 있지 않은 지역에 대한 부정기	정성 평가

평가기준	평가항목	배점	평가방법	비고
			편 취항실적 등을 검토하여 국제항공운송시장 개척 및 확대 노력이 가장 우수한 항공사에 5점을 주고, 나머지 항공사에는 2점 차이의 범위에서 소수점 첫째자리까지 점수를 준다. 다만, 운항 실적이 1년 미만인 항공사에는 3.0점을 준다.	
4. 지방 공항 활성화 노력	가. 지방공항에서 유치한 여객수	5.0	○ 배분계획 통보일의 전년도부터 계산하여 이전 3년간 전체 항공사별 여객수 중 지방공항별 운항횟수에 따른 가중치를 적용한 여객수가 차지하는 비율의 합 대비 해당 항공사의 여객수 중 지방공항별 운항횟수에 따른 가중치를 적용한 여객수가 차지하는 비율에 2를 곱한 값을 3점에 더한 점수를 준다. 다만, 운항 실적이 1년 미만인 항공사에는 3.0점을 준다. ○ 계산식: $3 + 2 \times (a_i / \sum_{i=1}^{n} a_i)$ • a_i는 해당 항공사의 전체 여객수 중에서 지방공항별 운항횟수에 따라 가중치를 적용한 지방공항 여객수가 차지하는 비율 • $\sum_{i=1}^{n} a_i$는 전체 항공사의 전체 여객수 중에서 지방공항별 운항횟수에 따라 가중치를 적용한 지방공항 여객수가 차지하는 비율의 합(i : 항공사의 수) • $a_i = \sum_{i=1}^{n} b_k \times c_k^i / (i$항공사의 최근 3년간 전체 여객수) 주 : b_k는 지방공항 k의 가중치, c_k^i는 i항공사의 지방공항 k에 대한 여객수를 의미한다.(k : 공항) ※가중치: 1/(해당 공항의 3년간 운항횟수/전체공항 3년간 운항횟수)	정량 평가
	나. 지방공항에 개설한 국제노선 수	5.0	○ 배분계획 통보일의 전년도부터 계산하여 이전 3년간 전체 항공사별 신규개설 국제선 여객노선 수 중 지방공항별 운항횟수에 따른 가중치를 적용한 지방공항 신규개설 국제선 여객노선수가 차지하는 비율의 합 대비 해당 항공사의 신규개설 국제선 여객노선수 중 지방공항별 운항횟수에 따른 가중치를 적용한 지방공항 신규개설 국제선 여객노선수가 차지하는 비율에 2를 곱한 값을 3점에 더한 점수를 준다. 다만, 운항실적이 1년 미만의 항공사에게는 3.0점을 준다. ○ 계산식: $3 + 2 \times (a_i / \sum_{i=1}^{n} a_i)$	정량 평가

평가기준	평가항목	배점	평가방법	비고
			• a_i는 해당 항공사의 전체 신규개설 국제선 여객노선수 중에서 지방공항별 운항횟수에 따라 가중치를 적용한 지방공항 신규개설 국제선 여객 노선수가 차지하는 비율 • $\sum_{j=1}^{n} a_i$는 전체 항공사의 전체 신규개설 국제선 여객노선수 중에서 지방공항별 운항횟수에 따라 가중치를 적용한 지방공항 신규개설 국제선 여객노선수가 차지하는 비율의 합(i : 항공사의 수) • $a_i = \sum_{j=1}^{n} b_k \times c_k^i /$ (i항공사의 최근 3년간 전체 신규개설 국제선 여객노선수) 주 : b_k는 지방공항 k의 가중치, c_k^i는 i항공사의 지방공항 k에 대한 신규개설 국제선 여객노선수를 의미한다(k : 공항). ※가중치: 1/(해당 공항의 3년간 운항횟수/전체공항 3년간 운항횟수) ※월 4회 이상 부정기편을 운항한 실적이 있는 경우에는 1개의 신규노선을 개설한 것으로 본다.	
	다. 지방공항별 국내선 운항횟수	5.0	○ 배분계획 통보일의 전년도부터 계산하여 이전 3년간 전체 항공사별 국내선 운항횟수 중 지방공항별 운항횟수에 따른 가중치를 적용한 국내선 운항횟수가 차지하는 비율의 합에서 해당 항공사의 국내선 운항횟수 중 지방공항별 운항횟수에 따른 가중치를 적용한 국내선 운항횟수가 차지하는 비율로 산정된 비율에 2를 곱한 값을 3.0점에 더한 점수를 준다. 다만, 운항 실적이 1년 미만인 항공사에는 3.0점을 준다. ○ 계산식: $3 + 2 \times (a_i / \sum_{j=1}^{n} a_i)$ • a_i는 해당 항공사의 전체 국내선 운항횟수 중에서 지방공항별 운항횟수에 따라 가중치를 적용한 국내선 운항횟수가 차지하는 비율 • $\sum_{j=1}^{n} a_i$는 전체 항공사의 전체 국내노선 운항횟수 중에서 지방공항별 운항횟수에 따라 가중치를 적용한 국내선 운항횟수가 차지하는 비율의 합(i : 항공사의 수) ※가중치: 1/(해당 공항의 3년간 운항횟수/전체공항 3년간 운항횟수) • $a_i = \sum_{j,i=1}^{n} b_j \times c_k \times d_{jk}^i /$ (항공사의 최근 3년간 전체 국내선 운항횟수)	정량 평가

평가기준	평가항목	배점	평가방법	비고
			주 : b_j는 출발공항 j의 가중치, c_k는 도착공항 k의 가중치, d_{jk}^i는 i항공사 $j-k$ 노선 운항횟수를 의미한다(j, k : 공항). ※ a_i는 배분계획 통보일의 전년도부터 계산하여 이전 3년간을 기준으로 한다.	
5. 항공운송 사업 연료 효율 개선	항공온실가스 감축 노력	5.0	○ 배분계획 통보일 이전 연간 검증이 수행된 최근년도에 해당하는 온실가스 감축협약 이행 결과에 따라 • 전체 항공사의 연료효율 값[수송실적(RTK) 대비 연료소비량 값을 말한다. 이하 같다] 중 최저조값과 최우수값의 차에 대한 전체 항공사의 연료효율 최저조값과 해당 항공사의 연료효율 값의 차가 차지하는 비율에 0.6을 곱한 값, • 전체 항공사의 연료효율 개선율 값(기준년도 대비 이행년도 연료효율 개선 비율 값을 말한다. 이하 같다) 중 최대값과 최소값의 차에 대한 해당 항공사의 연료효율 개선율 값과 전체 항공사의 연료효율 개선율 값의 최소값의 차가 차지하는 비율에 0.4를 곱한 값, • 전체 항공사의 연료효율 목표설정율 값 중 최대값에 대한 해당 항공사의 이행년도 연료효율 목표설정율 값이 차지하는 비율에 0.2를 곱한 값, • 이행년도에 연료효율 목표를 달성한 해당 항공사는 0.2점을 더하고 목표를 미달성한 항공사는 0점을 더한 값, • 전체 항공사의 연료절감율 값(연료소비량 대비 연료절감량의 비율 값을 말한다. 이하 같다) 중 최대값과 최소값의 차에 대한 해당 항공사의 연료절감율 값과 전체 항공사의 연료절감율의 최소값의 차가 차지하는 비율에 0.6을 곱한 값을 모두 더한 값에 3.0점을 더한 값을 준다. • 다만, 항공온실가스 자발적 감축협약에 참여하지 않은 항공사에는 3.0점을 준다. ○ 계산식: $3 + \{0.6 \times (a_k i / a_k) + 0.4 \times (b_k i / b_k) + 0.2 \times (ci / c_{max}) + 0.2 \times (d_k i) + 0.6 \times (e_k i / e_k)\}$ • $a_k i = a_{min} - ai$ (ai는 해당 항공사의 이행년도 연료효율 값) • $ak = a_{min} - a_{max}$ (a_{max}는 전체 항공사의 연료효율 최우수값, a_{min}는 전체 항공사의 연료효율 최저조값)	정량 평가

평가기준	평가항목	배점	평가방법	비고
			• $b_k i$는 $bi - b_{min}$(bi는 해당 항공사의 연료효율 개선율 값) • bk는 $b_{max} - b_{min}$(b_{max}는 연료효율 개선율 최대값, b_{min}는 연료효율 개선율 최소값) • ci는 해당 항공사의 이행년도 연료효율 목표설정율 값 • c_{max}는 전체 항공사의 연료효율 목표설정율 최대값 • $d_k i$는 해당 항공사의 이행년도 연료효율 목표 달성 여부(목표 달성시 "1", 목표 미달성 시 "0") • $e_k i$는 $ei - e_{min}$(ei는 해당 항공사의 이행년도 연료절감율 값) • ek는 $e_{max} - e_{min}$(e_{max}는 전체 항공사의 연료절감율 최대값, e_{min}는 전체 항공사의 연료절감율 최소값) ※ $a_k i$, a_k, $b_k i$, b_k, ci, $d_k i$, $e_k i$ 및 e_k는 배분계획 통보일 이전 연간 검증이 수행된 최근년도 실적을 기준으로 한다.	
6. 항공사의 안정성	항공사의 재무건전성 및 수익성	5.0	○ 배분계획 통보일의 전년도부터 계산하여 이전 3년간 전체 항공사의 자기자본비율 평균값의 합 중 해당 항공사의 자기자본비율의 평균값이 차지하는 비율에서 전체 항공사의 부채비율 평균값의 합 중 해당 항공사의 부채비율 평균값이 차지하는 비율을 뺀 값에 0.5를 곱한 값을 2점에 더한 점수를 준다. 다만, 해당 기간 중에 자기자본이 0미만인 적이 있었던 항공사에는 1.5점을 준다. ○ 계산식: $2 + 0.5 \times (a_i / \sum_{j=1}^{n} a_i - b_i / \sum_{j=1}^{n} b_i)$ • a_i는 해당 항공사의 자기자본비율의 평균값 • $\sum_{j=1}^{n} a_i$는 전체 항공사의 자기자본비율 평균값의 합(i : 항공사의 수) • b_i는 해당 항공사의 부채비율의 평균값 • $\sum_{j=1}^{n} b_i$는 전체 항공사의 부채비율 평균값의 합(i : 항공사의 수) ※ a_i 및 b_i는 배분계획 통보일의 전년도부터 계산하여 이전 3년간을 기준으로 한다. ○ 배분계획 통보일의 전년도부터 계산하여 이전 3년간 전체 항공사의 영업이익율 평균값의 합 중 해당 항공사의 영업이익율의 평균값이 차지하는 비율에 전체 항공사의 당기순이익율 평균	정량 평가

평가기준	평가항목	배점	평가방법	비고
			값의 합 중 해당 항공사의 당기순이익율 평균 값이 차지하는 비율을 더한 값에 0.5를 곱한 값을 1.5점에 더한 점수를 준다. 이 경우 해당 기간 동안 항공사의 영업이익율 또는 당기순이익율의 평균값이 0이하인 경우에는 0으로 본다. ○ 계산식: $1.5 + 0.5 \times (a_i / \sum_{i=1}^{n} a_i + b_i / \sum_{i=1}^{n} b_i)$ 　• a_i는 해당 항공사의 영업이익율의 평균값 　• $\sum_{i=1}^{n} a_i$는 전체 항공사의 영업이익율 평균값의 합(i : 항공사의 수) 　• b_i는 해당 항공사의 당기순이익율의 평균값 　• $\sum_{i=1}^{n} b_i$는 전체 항공사의 당기순이익율 평균값의 합(i : 항공사의 수) 　※ a_i 및 b_i는 배분계획 통보일의 전년도부터 계산하여 이전 3년간을 기준으로 한다.	
7. 인천공항 환승기여도(인천공항 출도착 국제항공노선 배분시 적용한다.)	가. 항공사별 환승여객 대상 공급력 제공 노력	4.0	○ 배분계획 통보일의 전년도부터 계산하여 이전 3년간 해당 항공사의 인천공항 국제선 여객수 중 환승여객 수(통과 여객 및 내항기를 통한 환승여객은 제외한다)가 차지하는 비율의 연도별 합에 2를 곱한 값에 1.0을 더한 값을 준다. 다만, 그 값이 4.0을 초과할 경우에는 4.0점을 주고 운항 실적이 1년 미만인 항공사에는 1.0점을 준다. ○ 계산식 : $1 + 2 \times \sum_{k=배분년도-3}^{배분년도-1} (a_{ik}/b_{ik})$ 　• a_{ik}는 특정년도(k년도) 해당 항공사(i 국적항공사)의 환승여객 수[*] 　 * 통과 여객 및 내항기를 통한 환승여객은 제외 　• b_{ik}는 특정년도(k년도) 해당 항공사(i 국적항공사)의 인천공항 국제선 여객수 　• 다만, $2 \times \sum_{k=배분년도-3}^{배분년도-1} (a_{ik}/b_{ik})$의 값이 3.0보다 클 경우 3.0을 적용	정량 평가
	나. 환승여객 증가량 및 증가율	4.0	○ 배분계획 통보일의 전년도부터 계산하여 이전 3년간 전체 항공사의 전년 대비 인천공항 환승여객(외국항공사 환승여객, 통과여객, 내항기를 통한 환승여객은 제외한다. 이하 같다) 증가량 대비 개별 항공사 환승여객 증가량이 차지하는 비율의 3개년 산술 평균값과 전체 항공사의 전년대비 인천공항 환승여객 증가율 중 해당 항공사의 환승여객 증가율이 차지하는 비중	정량 평가

평가기준	평가항목	배점	평가방법	비고
			의 3개년 산술 평균값을 합한 후 2.0을 더한 값을 준다. 다만, 운항 실적이 1년 미만인 항공사에는 2.0을 준다. ○ 계산식 : $2 + \dfrac{1}{3} \displaystyle\sum_{k=배분년도-3}^{배분년도-1} (a_{ik}/\sum_{i=1}^{n} a_{ik}) + \dfrac{1}{3}$ $\displaystyle\sum_{k=배분년도-3}^{배분년도-1} (b_{ik}/\sum_{i=1}^{n} b_{ik})$ • a_{ik}는 특정년도(k년도) 해당 항공사의 전년대비 인천공항 환승여객 증가량 • $\sum_{i=1}^{n} a_{ik}$는 전체 항공사의 전년대비 인천공항 환승여객 증가량 • b_{ik}는 특정년도(k년도) 해당 항공사의 전년대비 인천공항 환승여객 증가율 • $\sum_{i=1}^{n} b_{ik}$는 전체 항공사의 전년대비 인천공항 환승여객 증가율 • 개별항공사의 a_{ik}, b_{ik}가 각각 (−)인 경우 각각 $a_{ik} = 0$, $b_{ik} = 0$으로 적용	
	다. 인천공항 환승 증대 노력도	2.0	○ 인천공항 환승상품 개발, 항공사간 연계 협력 강화, 환승 항공권 가격경쟁력 확보 방안 등 인천공항 환승여객 증대를 위한 노력도를 검토하여 가장 우수한 항공사에 2.0점을 주고 나머지 항공사에는 1.0점 차이의 범위에서 소수점 첫째자리까지 점수를 준다.	정성 평가
총점		110.0		

[별지 제1호서식] 〈개정 2013.3.23〉

국제항공운수권 배분신청서

항공사명 :

일련번호	노선명	배분희망횟수	비고
1			
2			
3			
4			
5			
6			
7			
8			
9			
10			
	이 하	여 백	

「국제항공운수권 및 영공통과 이용권 배분 등에 관한 규칙」 제13조에 따라 위와 같이 국제항공운수권 배분을 신청합니다.

년   월   일

신청인   (서명 또는 인)

국토교통부장관 귀하

210mm×297mm(보존용지(1종) 70g/m²)

[별지 제2호서식] 〈개정 2013.3.23〉

영공통과 이용권 배분신청서

항공사명:

일련번호	항공로	배분희망횟수	사용기간	비고
1				
2				
3				
4				
5				
6				
7				
8				
9				
10				
	이 하 여 백			

「국제항공운수권 및 영공통과 이용권 배분 등에 관한 규칙」 제13조에 따라 위와 같이 영공통과 이용권 배분을 신청합니다.

년   월   일

신청인   (서명 또는 인)

국토교통부장관 귀하

210mm×297mm(보존용지(1종) 70g/m²)

[별지 제3호서식] 〈개정 2013.3.23〉

노선선호도

항공사명:

순위	노선명	비고
1		
2		
3		
4		
5		
6		
7		
8		
9		
10		
	이 하 여 백	

「국제항공운수권 및 영공통과 이용권 배분 등에 관한 규칙」 제14조에 따라 위와 같이 배분대상 국제항공운수권에 대한 노선별 선호도를 신청합니다.

년   월   일

신청인   (서명 또는 인)

국토교통부장관 귀하

210mm×297mm(보존용지(1종) 70g/m²)

✈ SLOT 배정절차

공항슬롯(SLOT)이란 운항노선에 취항할 수 있는 시간대를 배정받는 것으로 SLOT을 원하는 시간대에 받지 못하는 경우 ;

1. 항공기 가동에 영향을 미치게 되어 가동율이 저하될 수 있으며
2. 영업수익이 감소할 수 있으므로 항공사에는 중요한 핵심가치이다.

정부는 항공수요 예측과 SLOT 부족현상 해소를 위하여 공항의 신설, 확장을 추진하고, 공항운영자는 효율적인 공항운영을 위하여 제한된 공공자원의 효과적 배분 노력을 하게 된다.

항공운송사업자는 사업면허, 항공기 확보, 전문인력 확보와 더불어 취항공항 SLOT확보가 용이한 취항노선 선정에 최선을 다하여야 한다.

여기서 소개하는 SLOT 배정절차는 신규로 진입하는 항공사가 언제부터 어떻게 어떤 업무를 추진하여야 하는지를 인지하고 적기에 SLOT을 배정받아 항공기 가동율을 높이고 수익을 창출하는데 참고하기를 바란다.

공항 슬롯조정 개요

1. 공항 슬롯의 의의

항공수요가 지속적으로 증가하는 오늘날 전 세계 주요 공항에서 경쟁력 있는 시간대의 슬롯부족(초과수요)은 공통적인 현상이다.

항공사에게 공항슬롯은 수익실현을 위한 항공기 운항의 중요한 핵심가치로서, 경쟁력 있는 슬롯시간대 확보가 주요 관심 대상이다.

공항운영자 입장에서 공항슬롯은 공항의 효율적인 운영을 위한 제한된 공공자원

으로서, 슬롯의 효과적 배분이 핵심이다.

2. 슬롯조정의 필요성

혼잡한 공항에서 항공사 선호시간대 초과수요를 슬롯용량 이내로 제한 조정하는 것이 슬롯조정 업무의 본질이며 전 세계 약 176개 공항이 국제항공운송협회(IATA)에서 제시한 가이드라인 및 국내규정에 따라서 슬롯조정 절차를 수행하고 있다.

슬롯용량은 공역/활주로/주기장/체크인/보안검색/출입국/세관 등 시설용량 및 투입인력/Curfew/서비스수준 등 운영제약 사항을 종합적으로 고려하여 설정된 시간당 처리가능 용량(항공기/여객)이다.

슬롯조정은 용량부족이 근본적으로 해소될 때까지 혼잡한 공항운영에 있어 필수적이고 효과적인 운영 수단이다.

- Worldwide Slot Guideline(WSG) : IATA에서 제시한 슬롯 국제 가이드라인
- WSG에 따르면 혼잡 수준으로 공항을 분류(1~3종)하고 3종 공항은 상시 수요가 용량을 초과하여 반드시 슬롯조정이 필요한 공항을 말한다.
- 전 세계 176개 공항(유럽 102, 미주 14, 중동·아프리카 10, 아·태 50)
- 우리나라는 3개 공항(인천, 김포, 제주)

우리나라 슬롯조정 운영제도

1. 슬롯조정 대상 공항

운항시각 조정·배분 등에 관한 규칙(국토부령)에서 슬롯조정 업무의 적용을 인천, 김포, 제주 국제공항 및 기타 필요한 국내공항으로 정하고 있다.

인천, 김포, 제주공항은 서울지방항공청 감독하에 KASO에서 담당하고 김해 등 이외의 국내공항은 해당 지방항공청에서 담당한다.

2. 인천·김포·제주공항 슬롯운영 제도

정부관할 하에 공항·항공사가 참여하여 슬롯조정 업무 수행

- (관련규정) 운항시각 조정·배분 등에 관한 규칙(국토부령) 및 항공기 운항시각 조정업무 세부운영 지침 (서항청 훈령)
  * (IATA 국제기준) Worldwide Slot Guidelines 준용
- (협 의 체) 스케줄협의회(서항청, 공항공사, 항공사 임원 구성)
- (수행기관) 서항청 산하 한국공항스케줄사무소(KASO)

* 공항공사 및 국적사 등 총 8명 내부파견 슬롯조정업무(분장) 수행
- (슬롯배정자) 국적항공사(KE, OZ, 7C, LJ, TW, ZE) 6명
  – 슬롯배정 전담 : 공항별(인천, 김포, 제주) 구분, 시즌 계획 및 운영 구분
- (운영조정자) 인천공항공사 1명, 한국공항공사 1명
  – 기득권 부여, 스케줄분석, 배정 확인 및 항공사 통보, 오남용 모니터링
  * 월 평균 1,000여건의 슬롯신청 접수 및 조정업무 수행

3. 인천공항 슬롯조정기준(슬롯용량기준)

- 슬롯용량

슬롯용량기준은 공역, 활주로, 주기장 등 에어사이드 용량을 감안한 항공기 운항횟수와 체크인, 보안검색, 출입국심사 등 터미널 용량을 감안한 처리 가능 여객수로 설정한다.

- 운항횟수는 시간당 처리 가능한 전체횟수, 이륙횟수, 착륙횟수로 구분
- 여객수는 시간당 처리 가능한 도착 여객수, 출발여객수로 구분

슬롯조정업무 수행 시 기준 이내로만 슬롯을 배정하며, 초과 시에는 기준 이내 배정이 가능한 인접시간대로 조정 제안한다.

- 현행 인천공 슬롯조정기준

구 분	슬롯조정기준(슬롯용량)	비 고
ATC(항공기 운항횟수)	전체 63회/시간	* 정시대(05분~00분) 및 30분대 (35분~30분) 각각 적용
	이륙 40회/시간	
	착륙 39회/시간	
CIQ(여객수)	출발 9,600명/시간	* 여객수는 공급석 탑승율 75% 적용
	도착 7,285명/시간	

* 용량기준은 시간당 수용 기준이며, 슬롯은 매 시간대별 5분 단위로 배정한다.

- 노선별 슬롯조정기준(이륙 운항편만 적용)

노선별 운항시각조정 이륙횟수

노선	항공로	배정횟수(15분당)	비 고
중국(북경방향)유럽 (러시아 포함)중동	G597 (AGAVO)	6회(시간당 총 20회 가능)	기존 36회 시간당
동남아 (인도 포함) 상해방향	Y711 (BOPTA)	7회(시간당 총 25회 가능)	기존 40회 시간당
미주, 일본 (하와이 포함)	G597 (KARBU)	8회(시간당 총 30회 가능)	기존 60회 시간당
대양주 (괌, 사이판 포함),	A582 (OSPOT)	8회(시간당 총 30회 가능)	기존 28회 시간당

* 원활한 항로관제를 위해 노선그룹별로 15분당 최대 이륙횟수 별도 설정

4. 슬롯조정 절차

● 운항스케줄 생성 절차

항공사는 운항스케줄을 시즌별(하·동계)로 국토부 사업계획 인가를 받아서 해당 시즌 항공기를 운항하게 되며, 국토부의 인가를 받기 위해서는 해당 공항의 슬롯을 먼저 배정 받는다.

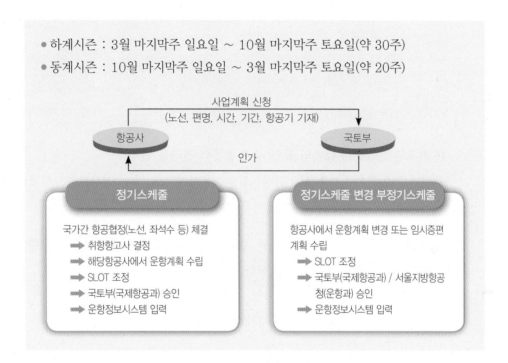

● 하계시즌 : 3월 마지막주 일요일 ~ 10월 마지막주 토요일(약 30주)
● 동계시즌 : 10월 마지막주 일요일 ~ 3월 마지막주 토요일(약 20주)

사업계획 신청
(노선, 편명, 시간, 기간, 항공기 기재)

항공사 → 국토부

인가

정기스케줄

국가간 항공협정(노선, 좌석수 등) 체결
➡ 취항항고사 결정
➡ 해당항공사에서 운항계획 수립
➡ SLOT 조정
➡ 국토부(국제항공과) 승인
➡ 운항정보시스템 입력

정기스케줄 변경 부정기스케줄

항공사에서 운항계획 변경 또는 임시증편 계획 수립
➡ SLOT 조정
➡ 국토부(국제항공과) / 서울지방항공청(운항과) 승인
➡ 운항정보시스템 입력

● 시즌 계획 슬롯조정 절차

차기 시즌 운항스케줄 인가를 위하여 공항 슬롯을 배정받는 절차

슬롯조정업무 주요절차

기득권 부여 (KASO) → 슬롯신청 (항공사) → 슬롯배정 (KASO) → 슬롯조정 (KASO, 항공사) *슬롯회의 및 전문교류 → 슬롯확정 (스케줄 협의회) → 인가신청 (항공사) → 스케줄 인가 (국토부)

슬롯조정 일정		
주요 일정	하계시즌	동계시즌
기득권 확정	9월 말	5월 초
항공사 슬롯 신청	10월 초	5월 중
최초 슬롯배정 및 항공사 통보	10월 말	6월 초
IATA 슬롯조정 회의(슬롯조정 시작)	11월 중	6월 말
슬롯조정 계속	~	~
슬롯확정(국토부 인가대상 취합)	2월 말	9월 말
운항스케줄 국토부 인가	3월 중	10월 중
시즌 운영 개시	3월 마지막주 일요일	10월 마지막주 일요일

1) 기득권 : 해당 운항편의 동일 시즌 슬롯의 권리를 인정

   전년도 동일시즌과 노선, 편명, 요일, 운항시간이 같은 경우로, 요일별로 5주 이상 이행실적이 80% 이상인 경우에 한하여 인정한다.

2) 항공사 슬롯신청 : 슬롯기득권 부여 이후 항공사에서 해당시즌의 운항계획에 따라 운항편별로 슬롯을 신청한다.

   - 운항편별로 기득권 유지, 변경, 신규 신청 등 다양
   - 항공사 신청분 합산시 첨두시간대는 슬롯용량기준 초과 발생

3) 슬롯배정 : 슬롯배정자가 신청분을 슬롯용량기준 이내로 배정

   - (주요배정순위) ①기득권, ②기득권변경, ③신규신청
   * 전략슬롯(인천공항)은 기득권 배정 이후 기득권 변경분 고려하여 우선 배정

4) (슬롯조정) 최초 슬롯배정 이후 항공사와 협의 조정

   - IATA 슬롯조정회의 개최(연 2회, 하계 및 동계)
   - IATA SSIM(표준스케줄정보매뉴얼) 형식에 근거하여 슬롯조정기관(KASO)와 항공사간에 전문 교류를 통하여 지속 조정

5) 슬롯확정 : 스케줄협의회에서 확정

   - (동계계획) 3분기 스케줄협의회, (하계계획) 1분기 스케줄협의회

– 항공사는 확정슬롯을 기반으로 국토부에 운항스케줄인가 신청

  * KASO에서 항공사별로 신청분을 취합하여 국토부에 전달

6) 스케줄인가 : 국토부 국제항공과(국제선), 항공산업과(국내선)

– 국토부 스케줄인가(연 2회, 하계 및 동계)

● 시즌 운영 슬롯조정 절차

  해당 시즌의 운영이 개시된 이후 현재 운항편 스케줄변경, 부정기편 등 신규 신청을 위한 슬롯 조정

– 운항편별로 신청 순서에 따라 슬롯조정 진행

– 스케줄 변경내용 : 노선, 편명, 요일, 기간, 시간, 항공기 기재

● 슬롯조정업무 흐름도

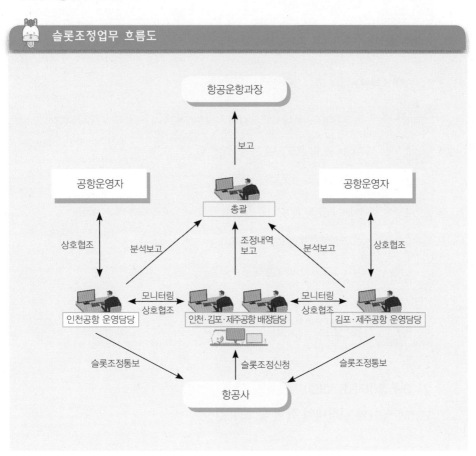

슬롯조정업무 흐름도

- 슬롯조정 신청 예시 (항공사 ←→ 슬롯 조정자)

1) 항공사

  - SITA 및 E-MAIL로 SCR 전문 발송

1.	SCR
2.	W16
3.	29NOV
4.	GMP
5.	N TT201 29NOV29NOV 0200000 189738 0205CJUCJU J
6.	NTT202 29NOV29NOV 0200000 189738 CJUCJU0305 J
7.	SI ALL TIMES IN UTC
8.	GI BRGDS KASO

〈해석〉

1.	IATA 3CODE로 메시지 목적 표시(SCR/SAQ/SAL/SHL/SIQ/SMA/WCR/WIR 등)
2.	해당시즌 및 년도 구분(동계:W, 하계: S로 표기)
3.	전문작성날짜 표기 (DDMMM-표기)
4.	IATA 3CODE 해당 조정 공항 표기(한국은 : ICN/GMP/CJU 해당)
5.	실제 항공사가 필요한 내용 표기
6.	실제 항공사가 필요한 내용 표기
7.	추가정보(SI : Supplementary Information)
8.	일반정보(GI : General Information)

2) 슬롯조정자(KASO)

  - 항공사의 신청내역 확인 및 오류검사

항공사 신청내역 접수

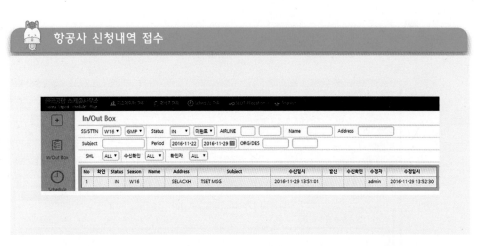

오류내역 검사

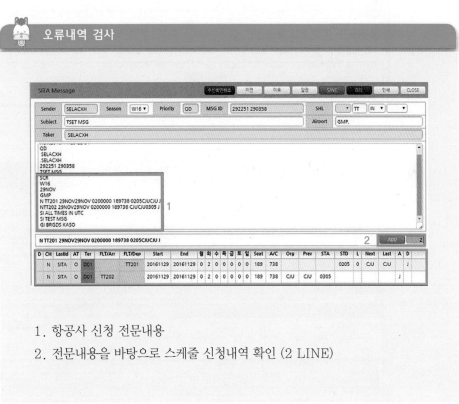

1. 항공사 신청 전문내용
2. 전문내용을 바탕으로 스케줄 신청내역 확인 (2 LINE)

3) 슬롯조정자(KASO)

- 슬롯시스템 적용

슬롯 배정 전

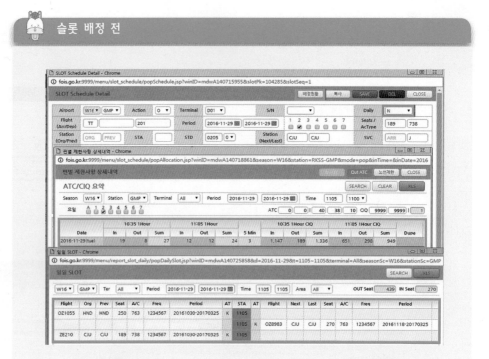

슬롯 배정 후

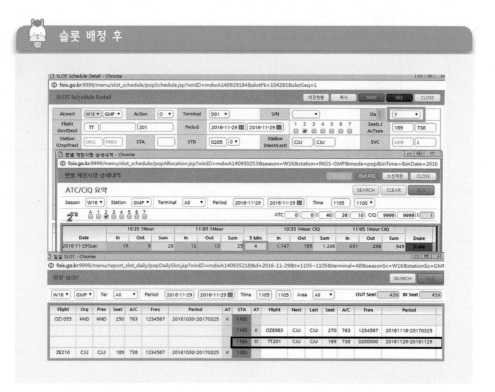

– SCR 전송

1.	SCR
2.	W16
3.	29NOV
4.	GMP
5.	K TT201 29NOV29NOV 0200000 189738 0205CJUCJU J
6.	KTT202 29NOV29NOV 0200000 189738 CJUCJU0305 J
7.	SI ALL TIMES IN UTC
8.	GI BRGDS KASO

☺ ⟨해석⟩

1.	IATA 3CODE로 메시지 목적 표시(SCR/SAQ/SAL/SHL/SIQ/SMA/WCR/WIR 등)
2.	해당시즌 및 년도 구분(동계 : W, 하계 : S로 표기)
3.	전문작성날짜 표기(DDMMM–표기)
4.	IATA 3CODE 해당 조정 공항 표기(한국은 : ICN/GMP/CJU 해당)
5.	실제 항공사가 필요한 내용 가능
6.	실제 항공사가 필요한 내용 가능
7.	추가정보(SI : Supplementary Information)
8.	일반정보(GI : General Information)

※ 항공사 요청 슬롯 불가능시

1.	SCR
2.	W16
3.	29NOV
4.	GMP
5.	U TT201 29NOV29NOV 0200000 189738 0205CJUCJU J
6.	O TT201 29NOV29NOV 0200000 189738 0210CJUCJU J
7.	UTT202 29NOV29NOV 0200000 189738 CJUCJU0305 J

8.	OTT202 29NOV29NOV 0200000 189738 CJUCJU0315 J
9.	SI ALL TIMES IN UTC
10.	GI BRGDS KASO

〈해석〉

1.	IATA 3CODE로 메시지 목적 표시(SCR/SAQ/SAL/SHL/SIQ/SMA/WCR/WIR 등)
2.	해당시즌 및 년도 구분(동계 : W, 하계 : S로 표기)
3.	전문작성날짜 표기(DDMMM-표기)
4.	IATA 3CODE 해당 조정 공항 표기(한국은 : ICN/GMP/CJU 해당)
5.	실제 항공사가 필요한 내용 불가능
6.	실제 항공사가 필요한 내용 제안(5분 뒤)
7.	실제 항공사가 필요한 내용 불가능
8.	실제 항공사가 필요한 내용 제안(10분 뒤)
9.	추가정보(SI : Supplementary Information)
10.	일반정보(GI : General Information)

바. 슬롯조정 메일신청 시 예시 (항공사 ⟷ 슬롯 조정자)

1) 항공사

- E-MAIL로 SCR 전문 발송

2) 슬롯조정자(KASO)

– 해당 이메일 확인후 SITA 로 KASO 에게 전문 발송

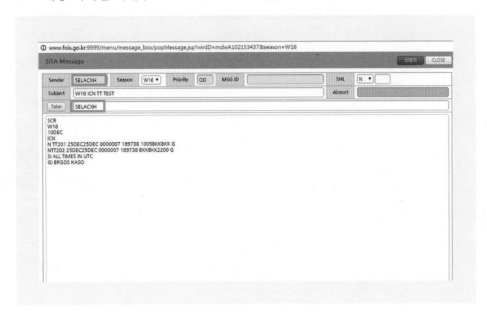

– 슬롯시스템 적용

오류내역 검사

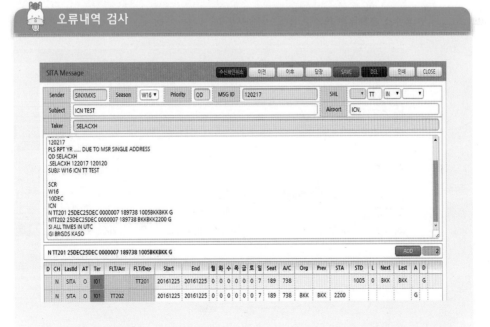

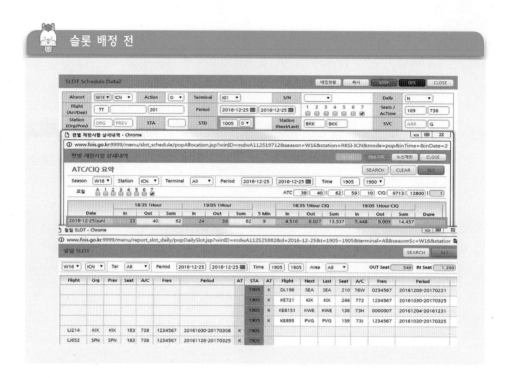

슬롯 배정 전

항공사에서 요청한 시간, b요일에 슬롯이 full이어서, 배정할 수 없음.

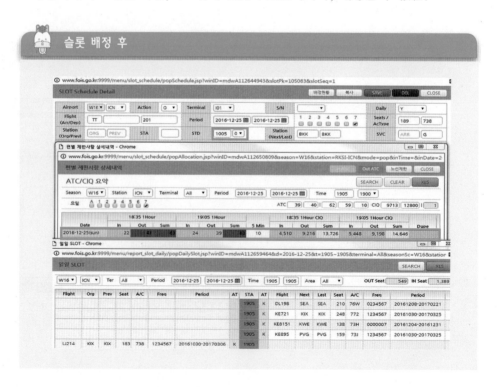

슬롯 배정 후

해당요청 시간보다 더 빠른 시간 혹은 더 늦은 시간으로 OFFER로 배정함.

– SCR 전송

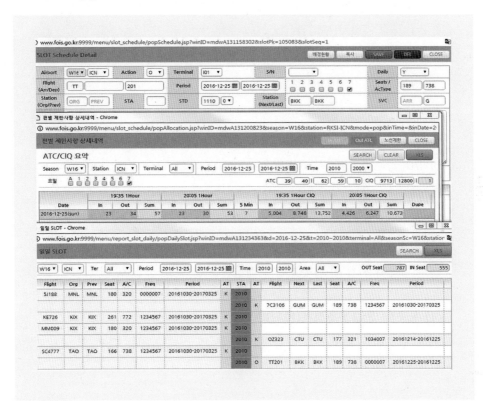

1.	SCR
2.	W16
3.	10DEC
4.	ICN
5.	U TT201 25DEC25DEC 0000007 189738 1005BKKBKK G
6.	O TT201 25DEC25DEC 0000007 189738 1110BKKBKK G
7.	KTT202 25DEC25DEC 0000007 189738 BKKBKK2200 G
8.	SI ALL TIMES IN UTC
9.	GI BRGDS KASO

☞ **〈해석〉**

1.	IATA 3CODE로 메시지 목적 표시(SCR/SAQ/SAL/SHL/SIQ/SMA/WCR/WIR 등)
2.	해당시즌 및 년도 구분(동계 : W, 하계 : S로 표기)
3.	전문작성날짜 표기(DDMMM-표기)
4.	IATA 3CODE 해당 조정 공항 표기(한국은 : ICN/GMP/CJU 해당)
5.	실제 항공사가 필요한 내용 불가능
6.	실제 항공사가 필요한 내용 제안 (1시간 5분 뒤)
7.	실제 항공사가 필요한 내용 가능
8.	추가정보(SI : Supplementary Information)
9.	일반정보(GI : General Information)

3) 공항운영자(KASO-공항공사)

 - 항공사 신청 및 슬롯조정자 배정현황 등 최종 검수 후 전송

4) 항공사 및 슬롯조정자(KASO)

 - '원스탑 민원시스템' 해당 신청 슬롯 및 스케줄 최종 확인 후 국토교통부/지방
   항공청 전달

SLOT신청확인

Season [W16 ▼] Status [All ▼] Airline [ ] 문서번호 [ ] Period [2016-11-22] ~ [2016-11-29 📅]

No	Season	Airline	항공사문서번호	접수일시	SLOT 확인자	SLOT 확인일시
1	W16	JL	일항운 제16-78호	2016-11-29 14:41:55	임승주	2016-11-29 14:43:31
2	W16	CX	KPTC/01/053-16	2016-11-29 14:30:12	임승주	2016-11-29 14:43:15
3	W16	MU	16MU136-CJUAPO	2016-11-29 14:25:32	이준호	2016-11-29 14:41:28
4	W16	HX	HX20161128-001	2016-11-29 14:14:01		
5	W16	KE	대항스케 3022_2016D_1256	2016-11-29 13:57:21	임승주	2016-11-29 14:13:24
6	W16	BX	에어부산 통제 2016-549	2016-11-29 13:55:14	임승주	2016-11-29 14:12:14
7	W16	TW	TWSS2016-235	2016-11-29 13:49:28	임승주	2016-11-29 14:13:01
8	W16	QR	QRF20161129-1	2016-11-29 13:48:37	임승주	2016-11-29 13:50:00
9	W16	OZ	아시아나 통제 제16-1283호	2016-11-29 13:47:22		
10	W16	OZ	아시아나 CP 제16-731호	2016-11-29 13:46:20	김민근	2016-11-29 14:41:07

5) 국토부/지방항공청 담당부서
　– 최종 인·허가 후 해당스케줄 자동 등록(FOIS)

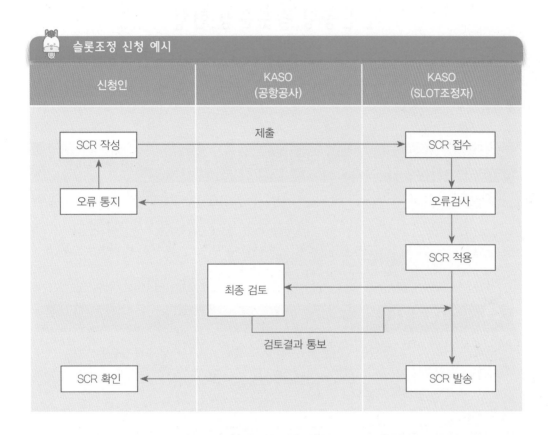

슬롯조정 신청 예시

신청인	KASO (공항공사)	KASO (SLOT조정자)
SCR 작성 → 제출 →		SCR 접수
오류 통지 ←		오류검사
		SCR 적용
	최종 검토 ←	
	검토결과 통보	
SCR 확인 ←		SCR 발송

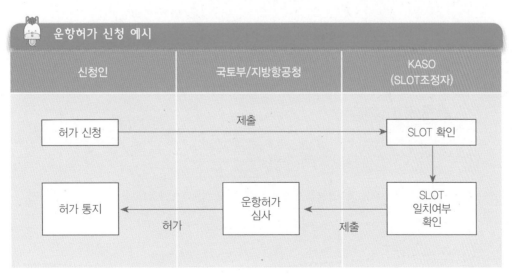

운항허가 신청 예시

신청인	국토부/지방항공청	KASO (SLOT조정자)
허가 신청 → 제출 →		SLOT 확인
허가 통지 ← 허가	운항허가 심사 ← 제출	SLOT 일치여부 확인

참고 1

인천공항 슬롯운영 현황

인천공항 항공기 운항횟수는 '01년 개항이후 연 평균 7% 지속성장, 시간당 처리용량은 한정된 반면 첨두시간대 초과수요 등 운항수요는 지속 증가하여 효율적 슬롯 운영의 중요성 부각됨.

운항실적	'10년	'11년	'12년	'13년	'14년	'15년	'16년 (9월)	'17년 (9월)
일평균 운항 횟수	589	629	694	743	795	837	923	1,087
전년대비 증감율	8.0%	6.9%	10.7%	6.8%	6.9%	5.3%	12%	9.6%

시간대별 운항수요

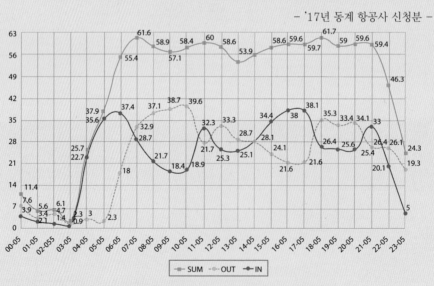

* 첨두시간대 운항수요는 처리용량을 현저히 초과함(용량 이내 분산배정)

슬롯조정기준 변경 현황

년월	슬롯조정기준		비 고
	ATC(운항)	CIQ(여객)	비 고
'01.03	38회/h	(도착여객) 7,285명/h (출발여객) 9,600명/h	▪1단계 개항
'04.10	42회/h	상동	▪항공교통량 증가
'06.09	46회/h	상동	▪항공자유화 협정
'08.06	56회/h(도착39/h,출발40/h)	상동	▪2단계 운영 개시
'08.10	63회/h(도착39/h,출발40/h)	상동	▪항공수요 증대

* 운항횟수는 활주로 시설확장 및 수요증대에 맞춰 단계별 상향조정

Air Transport Business

항공운송 사업면허
신청서류 이해하기

항공운송사업면허 신청을 위한 서류는 면허조건의 충족여부를 확인하는 서류와 사업면허
신청서 및 연관서류 이외에 납입자본금을 증명하는 서류, 법에서 정한 면허결격사유해당여
부와 각종계약서류 및 약관과 절차 등을 포함한다.

항공운송 사업면허 신청서류

항공운송사업 사업면허 신청은 항공운송사업법의 면허요건이나 등록요건이 현재보다 강화되는 조건으로 개정 중이다.

국제항공운송사업을 추진하는 경우 현행 항공사업법의 자본금 요건 150억원에서 300억원으로 강화시킬 계획이나 사업면허 신청 시 300억원보다 많은 자본금을 요구할 것으로 추정된다.

현재의 항공사업법 체계 하에서 국제항공운송사업 추진과정과 항공기 3대의 임대 및 AOC 인가를 받는 기간까지 소요되는 대략의 비용은 200억원 정도 소요되는 것으로 평가되며 항공사업법에서 항공기 확보요건이 3대에서 5대로 증가될 경우 운항개시 까지에 소요되는 비용은 50억원 이상 추가 소요될 것으로 판단된다.

따라서 개정 항공사업법이 확정된 이후의 자본금 규모는 700억원 이상 소요될 것으로 보이며 사업추진 비용을 최소화할 수 있는 면밀한 추진계획이 필요하다.

항공운송사업추진을 위한 TASK TEAM 구성(분야별 전문가로 구성) → 자본금 확보 → 사업면허 신청서류 작성 (항공기 선정, 취항노선 선정, 사업계획서 작성) 등은 반드시 해당분야 전문가로 구성하여 수립되어야 한다.

항공사 설립 후 운영기반 구축에 많은 시간이 소요되는 다음 분야의 대책이 필요하다.
1) 조종사 확보기준, 교육훈련 및 자격획득과 노선훈련 등을 감안하여 채용시기 결정
2) 도입기종에 따라 항공정비사 기종교육과 자격획득 등을 감안하여 채용시기 결정
3) 도입기종에 따라 구매 또는 제작기간이 장기간 소요되는 정비용 장비·공구 등 확보
4) 항공기 도입 이전에 결정되어야 하는 항공기 외부도장을 위한 도면작성 등 CI 결정
5) 항공사 운영 시스템 구축과 홈페이지 구축 등은 사업 진척도에 따라 발주 시기 등을 결정하여야 하고 이들의 의사결정, REQUIREMENT 결정 등 사전검토가 필요하다.

✈ 항공운송 사업면허 신청서류 목록

1. 국제항공운송사업(여객운송) 면허조건

자본금	납입자본금 150억원 이상 (현행 법)	I-1. 은행잔고증명
항공기	항공기 대수 : 3대 이상 (현행 법)	I-2. 항공기 도입계약서

2. 사업면허 신청서류 목록

면허 신청서	별지 101호 서식	II-1. 사업면허신청서
사업 취지서	국제항공 운송사업을 하려는 취지 설명	II-2. 사업취지서
면허 기준	항공안전법 제 10조 결격사유에 비해당 증명	II-3. 결격사유 비해당
사업계획서	노선 기점·기항지, 종점과 지점 간 거리	III-1. 사업계획서
	사용 예정 항공기의 수 및 항공기 형식	
	운항 횟수 및 출발·도착 일시	
	사업 경영자금 명세와 조달방법	
	정비시설 및 운항관리시설의 개요	
	자격별 항공종사자의 수	
	여객·화물의 취급 예정 수량 등	
	영업소와 그 밖의 사업소 현황	
	신청인의 다른 사업에 대한 개요	
	주주총회의 의결사항	
사고 지원계획	항공기사고 지원계획서 (법 제11조)	IV. 절차

3. 첨부서류 목록

구 분	제 목	비 고
납입자본금	V-1. 자본금 납입통장 사본	
	V-2. 은행 자본금 납입확인서	
	V-3. 항공기 임대계약서	
면허결격사유	V-4. 임원의 주민등록 등본	
	V-5. 법인등기부등본	
	V-6. 회사주주명부	
	V-7. 범죄사실 유무 확인서	
사업계획서	V-8. 항공종사자 자격증	
계약서류	V-9. 엔지니어링 지원	
	V-10. 운항승무원 교육	
	V-11. 객실승무원 교육	
	V-12. 중정비 지원	
	V-13. 부품지원	
추가 첨부 서류	V-14. 국내여객 운송약관(한글)	
	V-15. 국내여객 운송약관(영문)	
	V-16. 국제여객 운송약관(한글)	
	V-17. 수하물탑재 및 처리절차	
	V-18. 급유 안전관리규정	

4. 사업계획서의 작성

사업면허 신청을 위한 "사업계획서"는 위 2항에 명시한 내용을 포함하여 작성하며 아래에 사업면허 신청을 위한 사업계획서를 참고하기 바란다.

국제/국내항공운송사업면허와 소형항공운송사업면허를 위한 사업계획서 등 신청서류는 유사하다.

✈ 사업계획서

이 사업계획서는 항공운송사업면허 신청을 위하여 작성된
사업계획서의 SAMPLE이다.

항공운송사업 사업계획서

2018. 8.

SkyAir

INDEX

Ⅰ. 항공산업 전망

1. 정부의 항공정책 변화

우리나라 정부의 항공운송산업에 대한 정책의 변화추이를 정리하고 추진하고자 하는 항공산업의 전략을 수립하여야 한다.

항공운송사업 면허체계의 개편과 자본금 요건의 변화추이를 정리하는 것이 바람직하며 과거 정기와 부정기로 구분하던 항공운송사업 면허체계는 국제, 국내 및 소형항공운송사업으로 개편되었으며, 국제항공운송사업면허를 받을 경우에는 국내항공운송사업면허를 받은 것으로 간주된다.

국제항공운송사업 면허신청을 위한 자본금요건은 200억원에서 150억원으로 감소되었으나 사업초기 자본금 소요를 감안하여 자본금은 150억원에서 300억원으로, 항공기는 3대에서 5대로 증가시키는 항공사업법이 개정진행 중이다.

저비용항공사 사업면허 인가 이후에 자가 성장의 기틀을 마련하기 위한 사업전략이 필요하다. 현재 6개의 LCC 대부분 영업이익을 실현하고 IPO를 통하여 성장기반을 구축하고 있으며 운송분담율이 50%를 초과하고 이익을 실현하며 지속 성장하고 있다.한편 FSC & LCC 모두 이익노선으로의 집중에 따라 국내 지선공항의 발전이 약화되고 있다.

LCC사업을 위하여 주변국가의 항공정책을 살펴보아야 한다. 항공운송사업 초기에는 국제노선에서의 노선면허가 없어 가능한한 항공 자유화(Open Sky) 국가를 확인하거나 부정기노선 개발에 치중하고 노선권을 점진적으로 확보해 나가야 한다.

1978년 미국의 카터대통령은 항공자유화(Open Sky) 정책을 정하고 모든 국가에 항공자유화를 추진하기 시작한 이후 영국, 독일, 프랑스 등은 미국의 거대항공사에 대응하기 위하여 자국 내 복수의 항공사들을 단일화하는 작업을 추진하였으며 그 이후 항공자유화가 점진적으로 확대되고 있는 추세다.

- 여객·화물 항공 자유화 국가의 확대되는 현황을 파악하고
- 포괄적 자유화지역 : EU
- 단계적 자유화 : 중국
- 개별자유화 : ASEAN 등을 파악하여야 한다.

2. 국내 항공운송산업의 변화

우리나라는 미국의 항공자유화로 전세계 국가에서 단일화를 추진하는 가운데 1988년 제 2민항이 허가된 이후 2000년을 전후하여 태동하는 LCC에 의하여 국내여객과 국제여객의 괄목할만한 성장과 역할이 증대되고 있다.

국내 연구기관 등에서 발행하는 통계자료를 인용하여 수송통계와 수지분석을 하는 것이 좋다.

2018년 상반기 통계에 의하면 국제선의 경우 2017년 대비 16.1%의 높은 성장을 실현하였고, 국내선은 2017년 대비 −0.4% 감소하였다.

2018년 상반기 항공사별 여객 운송량 (단위 : 명)

구 분		국제여객			국내여객		
		'17 상반기	'18 상반기	증감(%)	'17 상반기	'18 상반기	증감(%)
FSC	대한항공	9,249,396	996,149	7.7	4,008,284	3,534,395	−11.8
	아시아나	6,486,857	6,885,330	6.1	2,868,434	3,050,382	6.3
	소계	15,736,253	16,845,479	7.0	6,876,718	6,584,777	−4.2
LCC	에어부산	1,349,438	1,784,088	32.2	1,997,393	2,263,757	13.3
	에어서울	337,056	815,788	142.0	−	−	−
	이스타	1,168,512	1,432,767	22.6	1,465,877	151,314	3.0
	제주항공	2,705,844	3,471,588	28.3	2,228,694	2,304,323	3.4
	진에어	2,312,714	2,675,850	15.7	1,880,205	1,765,693	−6.1
	티웨이	1,439,532	2,048,654	42.3	1,460,735	1,413,162	−3.3
	소계	9,313,096	12,228,735	31.3	9,032,904	9,257,249	2.5
국적사 계		25,049,349	29,074,214	16.1	15,909,622	15,842,026	−0.4
외항사 계		12,125,001	13,156,115	8.5	−	−	−
총계		37,174,350	42,230,329	13.6	15,909,622	15,842,026	−0.4

통계에 의하면 금년도 상반기 LCC 점유율은 29%이며 전년에 비하여 3.9%p가 증가하였으며 국내 LCC의 성장세가 이어질 것이라는 전망이 나왔다. 재무구조 면에서도 FSC(대형항공사)를 앞선다는 분석이다.

전문가에 의하면 "단거리 중심의 견조한 출국수요를 기반으로 국내 LCC의 실적 개선이 지속되고 있다"고 말했다.

또한 "전통의 FSC들은 LCC들의 국제선 점유율 상승으로 단거리 노선내의 입지가 적어지고 있는 상황"이라고 설명했다. 올 상반기 LCC들의 국제선 점유율은 29%, FSC는 39.3%를 기록했다. LCC는 1년 사이 점유율이 3.9%포인트 증가했고, FSC는 2.5%포인트 줄었다.

LCC의 성장은 국내 국제선 수요가 단거리에 집중된 영향이 크다. 올 상반기 동남아(1651만명), 일본(1079만명), 중국(757만명) 등 단거리 국제선 여객이 전체의 82.6%를 차지했다. 특히 일본과 동남아는 지난해 같은 기간보다 이용자 수가 각각 19.8%, 14.6% 늘었다.

김 연구원은 "올 1분기를 놓고 보면 주요 LCC의 영업이익률은 19%에 달하지만 FSC는 5%가 안된다"며 "2014년이후 유가급락, LCC의 공급확대, 해외여행에 대한 인식전환으로 인한 출국자 수 증가가 LCC의 성장을 견인하고 있다"고 분석했다.

재무구조면에서도 LCC가 FSC보다 우세하다는 평이다. 대한항공과 아시아나항공의 부채비율은 600%에 육박하고, 제주항공과 진에어, 티웨이항공은 100%대를 유지하고 있다.

"국내 LCC가 회계에서 부채로 잡히지 않는 운영리스를 활용하고 있어 대형 항공사와 직접비교는 어려우나 사채, 차입금이 거의 없는 수준"이라며 "내년 회계기준이 바뀌어 운영리스가 부채로 잡혀도 부채비율 200~300% 수준이 될 것"이라고 전망했다.

그는 "FSC의 높은 부채비율이 국내에서는 큰 문제가 되지 않으나 해외에서는 투자를 꺼리를 요소 중 하나로 꼽힌다"며 "항공기를 외화로 구매해야 돼 부채비율이 높을 수밖에 없으나 일본 등과 비교해도 너무 높은 수준"이라고 지적했다.

특히 FSC는 각각 12조, 4조원의 순부채를 갖고 있는 반면 제주항공과 진에어, 티웨이항공은 순현금을 보유하고 있다. 전문가는 "LCC는 최근 호실적으로 인해

잉여금이 쌓이고, 해매다 재무구조가 개선되는 구조를 갖고 있다"고 설명했다.

출국 수요의 추가 성장 여력이 충분한 만큼 LCC의 고성장세는 지속될 것으로 봤다. 대만의 경우 경제활동인구의 해외여행 침투율(2017년 기준)이 82%이나 한국은 60%에 머물러 있다.

전문가는 "LCC가 항공기를 빠르게 늘리면서 국제선 항공권의 평균판매가격 (ASP)이 46만원까지 떨어졌다"며 "경제활동을 하는 인구들의 해외여행이 아직 많지 않아 수요 증가가 지속될 것으로 보인다."고 밝혔다.

Ⅱ. 항공수요 전망

1. 항공수요 전망

항공수요 전망은 사업 진출의 중요한 지표로서 국내선 및 국제선의 지역과 전체를 파악하는 것이 중요하다. 국제수요전망은 AIRBUS & BOEING에서 발행하는 FORECASTING 자료와 IATA 등에서 발행하는 FORECASTING 자료를 인용하는 것이 좋다.

수송실적자료는 한국항공협회에서 발행하는 항공통계자료를 AIR PORTAL에서 이용할 수 있다.

다음은 2018년 4월 한국항공협회에서 발간한 "항공시장동향" 자료의 목차이다.

I. 우리나라 항공운송시장	II. 글로벌 항공운송시장
1. 항공여객 동향	1. 글로벌 항공여객 동향
1.1 여객운송 동향	1.1 IATA 글로벌 항공운송동향(2월)
1.2 항공사별 실적 현황	1.2 ACI 운항·여객 처리실적(1월)
1.3 주요 공항별 운항·여객 실적	1.3 ICAO 세계 항공 공급력(1월)
1.4 공항별 지연·결항 현황	2. 글로벌 항공화물 동향
1.5 관광통계 분석	2.1 IATA 글로벌 화물운송동향(2월)
2. 항공화물 동향	2.2 ACI 화물 처리실적(1월)
2.1 화물운송 동향	3. 글로벌 정책 동향
2.2 항공사별 실적 현황	3.1 국제기구 동향(4월)
2.3 주요 공항별 화물실적	3.2 항공선진국 동향(4월)
2.4 품목별 화물실적	3.3 항공기업 동향(4월)

2. 항공여객 1천 7만명 … 동월대비 6.1% 증가로 역대 최고치

- 국제여객 8.2% 증가
- 국내여객 0.5% 증가
- 항공 전체 6.1% 증가

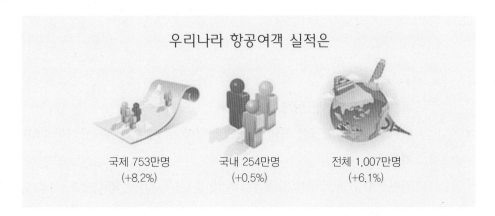

위의 자료는 항공협회에서 발간한 2018년 1월을 기준으로 분석한 자료를 인용한 것이다.

3. 2018년 1월 항공화물 364,757톤 … 동월대비 4.5% 증가

- 국제화물 5.9% 증가
- 국내화물 12.9% 감소
- 항공 전체 4.5% 증가

4. 수송 증가율

● 여객은 2014년 대비 2018년 까지 5년간 63.7% 증가 (연 평균 12.74% 증가)

구 분	2014.1	2015.1	2016.1	2017.1	2018.1
여객 (만명)	642	742	842	949	1007
화물 (만톤)	29	31	32	35	36

● 국제여객은

   – 겨울방학으로 인한 여행수요 증가와

   – 저비용항공사 공급석 확대 등으로 전년 동월 대비 8.2% 증가한 753만 명을 기록

   – 저비용항공사 공급석 확대 : 190만명 ('17.1) → 250만명 ('18.1), 전년 대비 31.7% 증가

● 지역별 실적

   – 중국노선에서 전년 동월대비 22.1% 감소한 반면

   – 일본노선 (22.2%), 동남아노선 (17.5%) 등 대체노선은 두 자릿수 증가

● 노선별 증감율(%)

노선	'18. 4	5	6	7	8	9	10	11	12
중국	-47	-45.6	-44.9	-45.2	-38.8	-31.1	-29.0	-22.3	-16.2
일본						+21.6	+17.8	+27.9	+25.2
동남아						+16.7	+17.8	+21.7	+17.4

   – 중국노선은 2017년 4월부터 12월까지 급격히 감소추세를 보이고 있으며

   – 중국노선의 감소를 일본, 동남아노선에서 증가세를 보이고 있음

● 공항별 실적

   – 양양(391.4%), 대구(64.8%), 김해(15.3%), 무안(10.8%), 인천(8.3%), 김포(2.2%)공항 성장

– 제주(-41.3%), 청주(-28.7%)공항 감소

● 전년 동월대비 부정기 노선 실적
  – 베트남 다낭 7 → 13편, 대만 가오슝 0 → 18편, 러시아 하바롭스크 0 → 8
    편 브라디보스톡 0 → 10편) 등 증편

● 우리나라 항공사와 외국항공사의 수송 분담률(%)

구 분	2014.1	2015.1	2016.1	2017.1	2018.1
국적사 분담률	65.5	62.6	65.7	66.1	69.3

● 우리나라 저비용항공사의 수송 분담률 (%)

구 분	2014.1	2015.1	2016.1	2017.1	2018.1
LCC 분담률	12.5	13.8	18.2	24.1	30

● 국내선 여객수송 추이
  – 국내선 여객은 제주공항의 기상악화로 인한 결항 증가
  – 김포-제주(-3%), 김해-제주(-5.2%)노선의 여객 감소세를 보였으나
  – 지방발 제주노선(광주, 울산, 여수 등) 여객 수요 증가로
  – 전년 동월 대비 0.5% 증가한 254만 명을 기록

구 분	2014.1	2015.1	2016.1	2017.1	2018.1
국내여객 수송	177만명	204만명	221만명	253만명	254만명

● 국내 공항별 증감률
  – 울산 (64.3%), 광주 (18.4%) 공항 등은 두 자릿수 증가율을 보였으나
  – 김해 (-3.9%), 여수 (-3.7%), 김포 (-3.4%) 공항 등은 감소세를 보였음

● 항공사 별 수송실적
  – 대형항공사의 국내여객 수송량은 107만 명으로 전년 동월 대비 1.8% 감소

하였고,

  – 저비용항공사는 147만 명으로 전년 동월 대비 2.2% 증가하였음

  – 저비용항공사의 수송 분담율은 57.8%를 기록하였음

구 분	2014.1	2015.1	2016.1	2017.1	2018.1
분담률(%)	46.7	53.8	56.5	56.8	57.8

● 국제항공화물 수송실적

  – 항공화물은 글로벌 경기 호조에 따른 반도체 관련 물량과 의류 및 화장품 등 전자상거래 수요 증가로 전년 동월 대비 4.5% 상승

구 분	2014.1	2015.1	2016.1	2017.1	2018.1
화물수송(톤)	29,000	31,000	32,000	35,000	36,000

  – 국제화물은 중국 (−1.4%) 및 중동 등 기타노선 (−2.2%)은 감소

  – 동남아 (11.9%)·대양주 (9.1%)·미주 (5.7%) 노선 등 전 지역 노선이 증가

  – 전년 동월 대비 5.9% 증가

● 국내항공화물 수송실적

  – 국내화물은 제주도 농산물 운송 항공기 운항횟수 축소와 소형기 전환으로

  – 제주노선 순화물 감소의 영향으로 전년 동월 대비 12.9% 감소한 2.3만 톤을 기록

구 분	2014.1	2015.1	2016.1	2017.1	2018.1
화물수송(톤)	2,300	2,500	2,500	2,600	2,300

※ 근거 : Air zine 제 2782호 (2018년 2월 28일)

5. 향후 전망

● 국내여건

  – 인천공항 제2여객터미널 개장 ('18. 1. 18)

- 평창동계올림픽 개최 여파
- 항공사의 기재 추가도입 등으로
- 2018년도 및 이후 항공여객은 6.1% 성장할 것으로 전망

- 국제여건
  - 세계경제의 안정
  - 유가의 안정
  - 항공사의 광 DATA활용증가 등으로 5.8% 정도의 여객증가가 예상되며
  - 해외상품 직구확대 등으로 새로운 항공화물 수요창출로 화물수요 증대예상

6. 남북왕래가 시작될 경우 전망

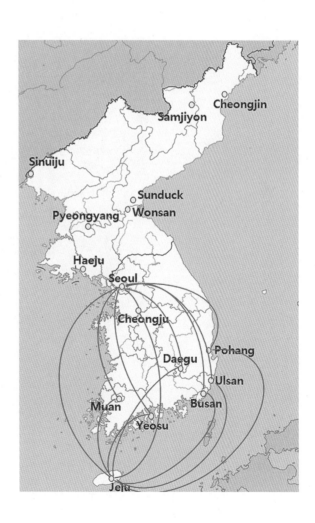

- 남한의 모든 공항과 북한의 모든 공항 간에 연결 노선이 개설 가능하며
- 우리나라 국내선 항공노선은 "부채살" 구조에서 "거미줄" 구조로 변경될 것으로 예상

- 노선구조 : 김포공항을 중심으로 부채를 펼친 모양과 비슷하여 "부채 살"구조라고 함

- 노선의 수는 ;
  1) 김포기점으로 최대 8개 노선과
  2) 제주와 지방공항을 연결하는 최대 7노선을 합하여 최대 15개 노선으로 구성

● 남북한이 통일이 되거나 자유왕래가 될 경우 우리나라 국내항공의 변화는

- 노선구조는 "부채 살"구조에서 "거미줄" 구조로 바뀌게 되며
- 노선의 수는 ;
  1) 남한의 9개 공항과 북한의 7개 공항을 연결하는 63개 이상의 노선이 개설가능하여
  2) 항공수요는 현재보다 4배 이상 성장할 수 있을 것으로 판단됨
     • 문호가 개방되는 시점에서는 일시적으로 항공기가 부족하고
     • 조종사, 항공정비사가 대폭 부족한 상황에 처할 수 있음

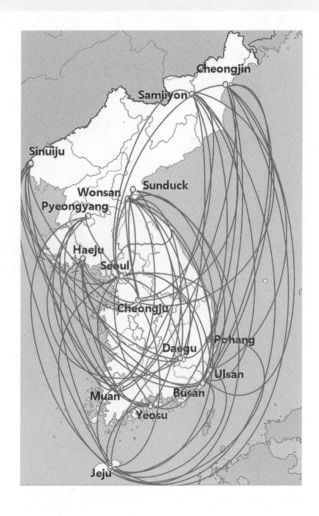

● 부채살 구조의 특징
  - 남한의 모든 공항에서 북한의 모든 공항과 연결노선이 가능함

Ⅲ. 사업계획

1. 사업계획 작성개요

- 추진하고자하는 사업의 개요와 사업전략을 수립하여야 한다.
- 사업에 적합한 항공기 기종선정과 연도별 도입계획을 수립하여야 하고
- 운영노선의 선정을 위한 전략과 기재의 수에 적합한 운영노선을 정하여야 한다.
- 항공사 운영을 위한 조직구성과 시기별로 확보하여야 하는 인력수급계획을 수립하여야 한다
- 인력의 확보는 정부에서 정하는 항공종사자의 수를 충족할 수 있어야 하고, 조종사와 정비사의 확보대책이 매우 중요하다.
- 운영하고자하는 항공기 확보계획과 구매 또는 임대계약서를 포함하여야 한다.
- 사업수지 분석을 위한 투자 및 비용요소 자료를 첨부하여야 한다.
- 운영노선 공항의 사무실 확보현황을 포함하고
- 운영노선의 거리와 소요시간자료를 포함하여야 한다.
- 법에서 정하는 행정서류를 포함하여야 한다.
- 사업추진 일정계획을 수립하여야 한다.

2. 사업개요

- 사업개요는 추진하고자하는 사업의 대강을 아래와 같이 설명할 수 있어야 한다.
- 국내 간선공항과 지선공항의 수요부진 공항을 연결하고 출발 국제항공편이 없는 지방노선을 개발하여 소외된 항공이용객의 편의를 제공
- 소형항공운송사업의 요건에 적합하고 운항안전성이 입증된 ATR72-600 항공기를 도입하여 안전운항을 우선으로 하는 항공사의 입지를 구축
- 모 기지를 서남부에 위치한 여수공항으로 하여 지역주민의 자긍심과 지역주민의 항공편의 제공 및 지역경제 발전에 기여
- 항공기 취항은 조종사, 항공정비사 등 항공종사자의 교육훈련과 안전운항을 위한 제도/절차를 수립하고 운항증명 인가를 획득한 이후 2019년 2/4분기를 목표로 함

3. 항공기 운영계획

- 아래의 항공기 운영계획은 항공기 선정절차에 따라 기종을 선정하고, 도입시기와 항공기 대수 및 성능을 설명하여야 한다.

- 항공기 기종 : ATR72-600

구 분	2018. 11	2019. 3	2019. 6	2020. 6	2021. 6	2022. 6	비고
ATR72-600	1	1	2	2	2	2	
항공기 운영	1	2	4	6	8	10	

- 항공기 확보 조건 : 구매

- 항공기 사양 (ATR72-600)

좌 석	50석	최대무연료중량	21,000kg
항속거리	1,528 km	유상하중	5,300 kg
이륙거리	1,175 m	길이	27.17 m
착륙거리	1,008 m	폭	27.05 m
화물탑재	9.6 m²	높이	7.65 m
최대이륙중량	22,000 kg		

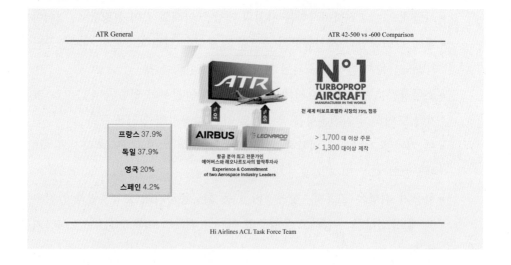

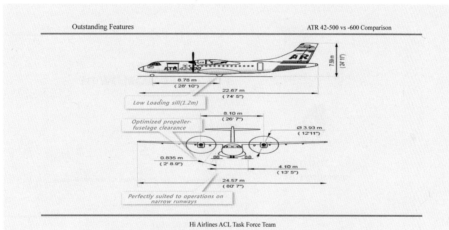

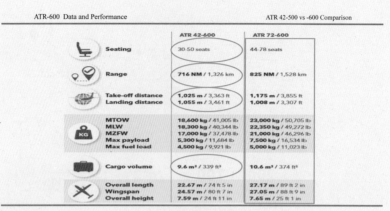

ATR-600 Data and Performance | ATR 42-500 vs -600 Comparison

		ATR 42-600	ATR 72-600
	Seating	30-50 seats	44-78 seats
	Range	716 NM / 1,326 km	825 NM / 1,528 km
	Take-off distance Landing distance	1,025 m / 3,363 ft 1,055 m / 3,461 ft	1,175 m / 3,855 ft 1,008 m / 3,307 ft
	MTOW MLW MZFW Max payload Max fuel load	18,600 kg / 41,005 lb 18,300 kg / 40,344 lb 17,000 kg / 37,478 lb 5,300 kg / 11,684 lb 4,500 kg / 9,921 lb	23,000 kg / 50,705 lb 22,350 kg / 49,272 lb 21,000 kg / 46,296 lb 7,500 kg / 16,534 lb 5,000 kg / 11,023 lb
	Cargo volume	9.6 m² / 339 ft³	10.6 m² / 374 ft³
	Overall length Wingspan Overall height	22.67 m / 74 ft 5 in 24.57 m / 80 ft 7 in 7.59 m / 24 ft 11 in	27.17 m / 89 ft 2 in 27.05 m / 88 ft 9 in 7.65 m / 25 ft 1 in

Hi Airlines ACL Task Force Team

Unbeatable operation cost | ATR 42-500 vs -600 Comparison

ATR 72's savings(1)

$1 million
operating cost

ATR AIRCRAFT ARE RECOGNISED WORLDWIDE
AS THE BEST VALUE FOR MONEY

ATR 72's advantages(2)

40%	20%	10%
Fuel burn advantage	Trip cost advantage	Seat cost advantage

Hi Airlines ACL Task Force Team

Cash DOC and DOC Comparison on 300NM Sector | ATR 42-500 vs -600 Comparison

ATR 42는 터보프롭 및 제트 경쟁 항공기와 비교할 때 운영 비용이 저렴

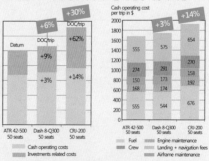

Hi Airlines ACL Task Force Team

Continuous Improvement from 1ˢᵗ generation to -600 serious — ATR 42-500 vs -600 Comparison

Hi Airlines ACL Task Force Team

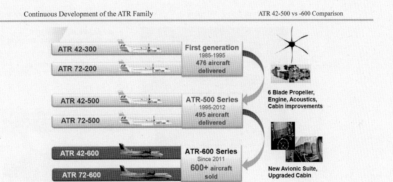

Continuous Development of the ATR Family — ATR 42-500 vs -600 Comparison

Hi Airlines ACL Task Force Team

NEW GENERATION, LIGHT & SLIM SEATS — ATR 42-500 vs -600 Comparison

Hi Airlines ACL Task Force Team

Seat arrangement

Business Class
55 ≒ inch pitch

Premium Economy Class
35 inch pitch

1. All Same Seat Install
2. Forward 4 Seat = Business Class
3. Aft 9 Seat = Premium Economy Class

---

600 Series Improvements vs -500 Series   ATR 42-500 vs -600 Comparison

NEW AVIONICS SUITE
From Analog to Digital Cockpit

To DIGITAL

-600 cockpit

-500 cockpit

From ANALOG

Hi Airlines ACL Task Force Team

Extensive use of Composite Material ATR 42-600   ATR 42-500 vs -600 Comparison

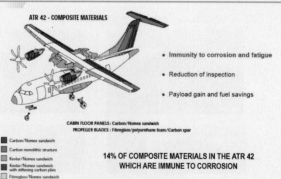

ATR 42 - COMPOSITE MATERIALS

- Immunity to corrosion and fatigue
- Reduction of inspection
- Payload gain and fuel savings

CABIN FLOOR PANELS: Carbon/Nomex sandwich
PROPELLER BLADES : Fibreglass/polyurethane foam/Carbon spar

Carbon/Nomex sandwich
Carbon monolithic structure
Kevlar/Nomex sandwich
Kevlar/Nomex sandwich with stiffening carbon plies
Fibreglass/Nomex sandwich

14% OF COMPOSITE MATERIALS IN THE ATR 42
WHICH ARE IMMUNE TO CORROSION

Hi Airlines ACL Task Force Team

An Efficient, Simple Passive Noise Reduction System　　　　　　ATR 42-500 vs -600 Comparison

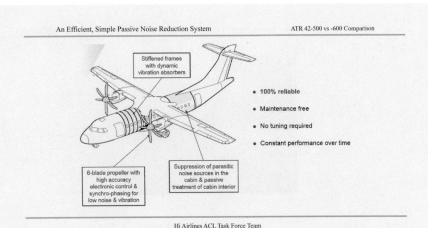

Stiffened frames with dynamic vibration absorbers

6-blade propeller with high accuracy electronic control & synchro-phasing for low noise & vibration

Suppression of parasitic noise sources in the cabin & passive treatment of cabin interior

- 100% reliable
- Maintenance free
- No tuning required
- Constant performance over time

Hi Airlines ACL Task Force Team

ATR the Unique Turboprop Family　　　　　　ATR 42-500 vs -600 Comparison

ATR 42-600
50 seats
Lowest trip cost and seat mile cost
of **50 seater** category

ATR 72-600
70 seats
Lowest trip cost and seat mile cost
of **70 seater** category

- Same Cockpit
- Same Crew (common type rating)
- Same Engines and Propellers
- Same Spare Parts
  (**90% common spares part**)

**Flying a family of aircraft allows airlines to match
capacity to demand and maximise profits**

Hi Airlines ACL Task Force Team

State-of-the-Art Avionics　　　　　　ATR 42-500 vs -600 Comparison

STATE-OF-THE-ART
AVIONICS WITH THE
LATEST TECHNOLOGY

ATR은 항공기 성능을 지속적으로 개선하기 위하여 최첨단기술을 적용하고 있으며 Performance Based Navigation은 비행 경로를 최적화하고 정밀 접근을 통해 연료소모와 엔진 부하 감소

Performance Based Navigation

ATR Advanced Vision System

야간 상태를 고려하여 설계된 ATR-600의 Advanced Vision System은 향상된 합성비전과 결합하여 최적화된 헤드 업 기능을 제공하고 이 시스템은 항공기 지면, 비행경로 전환 및 착륙취소 등을 줄여 항공기 운영효율 향상과 운항비용을 줄이는데 기여

Hi Airlines ACL Task Force Team

A Video is Worth a Thousand Words

ATR 42-500 vs -600 Comparison

Hi Airlines ACL Task Force Team

ATR has the Advantage of Using Satellite based Navigation System

ATR 42-500 vs -600 Comparison

If the airport has ground based system then ATR can do IFR operations

- ILS/VOR
- Autopilot / Flight Director is capable to conduct CAT II approaches

ATR can also use Satellite Based Navigation System

- LNAV
- VNAV
- LPV
- RNP AR

Hi Airlines ACL Task Force Team

ATR's INNOVATIVE SOLUTION FOR ENHANCED OPS Clear Vision TM System

ATR 42-500 vs -600 Comparison

REPLACE NATURAL PILOT VISION BY ENHANCED VISION

Hi Airlines ACL Task Force Team

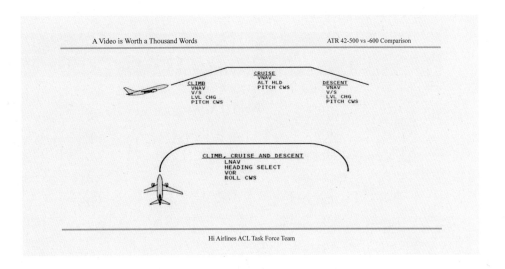

4. 노선운영전략

구 분	2018. 11	2019. 3	2019. 6	2020. 6	2021. 6	2022. 6	비고
ATR72-600	1	1	2	2	2	2	
항공기 운영	1	2	4	6	8	10	

4-1. 노선 운영기준

구 분		2019년	2020년	2021년	2022년	비 고
항공기 보유 대수		4	6	8	10	연말 기준
가용 항공기		3.7	5	7	9	연평균
Daily flight / A/C		7 Flight	8 Flight	9 Flight	10 Flight	Leg
일일 비행시간/ A/C		8.4	9.6	10.8	11.5	1.2 fh/leg
평균 구간거리		407 Km	412 Km	415 Km	415 Km	leg
Flight / year		9,065	14,000	22,050	31,500	
공급 좌석 수	@ 50석	453,250	700,000	1,102,500	1,575,000	
	@ 76석	688,940	1,064,000	1,675,800	2,394,000	
비행시간	월평균	288	306	324	324	
	연간 총 비행시간	11,784	18,200	28,665	40,950	350 day x per A/C

● 참고사항
 1) Flight/Year : 가용항공기 × Daily Flight × 350 day
 2) 비행시간 : Flight × 1.3 (Domestic + International Average)

4-2. 국내노선 취항대상

노선	운항개시	2019년	2020년	2021년	2022년
		왕복	왕복	왕복	왕복
Y – J	2019. 3	2/D	2/D	2/D	2/D
Y – G	2019. 3	2/D	2/D	2/D	2/D
W – J	2019. 3	1/D	2/D	2/D	2/D
G – J	2019. 3	2/D	2/D	2/D	2/D
G – H	2021. 6			3/D	3/D
C – H	2021. 6			1/D	1/D
D – H	2021. 6			2/D	2/D
B – H	2021. 6			2/D	2/D
G – U	2021. 6			3/D	3/D
C – U	2021. 6			1/D	1/D
D – U	2021. 6			2/D	2/D
B – U	2021. 6			2/D	2/D
계		7/D	8/D	24/D	24/D

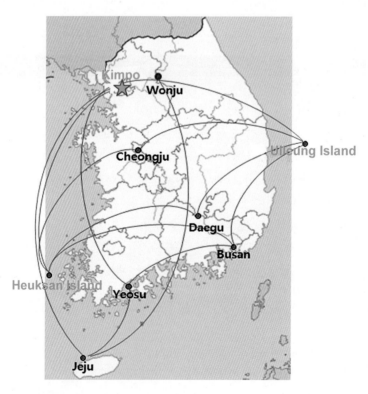

4-3. 한일노선 취항대상

규슈지방 노선선정을 위하여 국내 항공사의 규슈지방 취항현황을 조사하고 경쟁이 적은 노선으로 선정하였다.

노선	운항개시	2019년 왕복	2020년 왕복	2021년 왕복	2022년 왕복
C – O	2019. 6	2/D	2/D	2/D	2/D
C – F	2019. 6	2/D	2/D	2/D	2/D
C – E	2019. 6	1/D	2/D	2/D	2/D
D – O	2020. 6		2/D	2/D	2/D
D – F	2020. 6		2/D	2/D	2/D
M – E	2020. 6		2/D	2/D	2/D
계		5/D	12/D	12/D	12/D

참고 2

우리나라 항공사 규슈지방 취항현황

규슈지방 노선 선정을 위하여 우리나라 항공사의 규슈지방 취항현황을 조사하고 경쟁이 적은 노선을 선정하기 위하여 기존의 노선운영현황을 파악하였다.

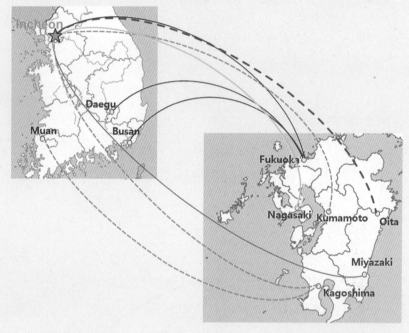

● 규슈지방 취항현황(2018년 4월 현재)

후쿠오카	인천	대한항공, 아시아나, 제주항공, 진에어, 티웨이, 이스타
	부산	대한항공, 제주항공, 에어부산
	대구	티웨이, 에어부산
오이타	인천	티웨이
나가사키	인천	에어서울
구마모토	인천	티웨이, 에어서울
가고시마	인천	대한항공, 이스타
미야자키	인천	아시아나, 이스타
기타큐슈	인천	진에어
	부산	진에어
사가	인천	티웨이

4-4. 한중노선 취항대상

한중노선은 부분적으로 노선권이 개방되어 OPEN SKY 지역을 선택하는 것이 바람직하다.

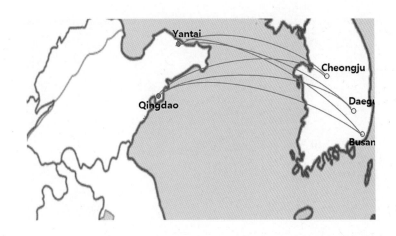

노선	운항개시	2019년	2020년	2021년	2022년
		왕복	왕복	왕복	왕복
C – C	2022. 7.				1/D
C – Y	2022. 7.				2/D
D – C	2022. 7.				1/D
D – Y	2022. 7.				2/D
B – C	2022. 7.				2/D
B – Y	2022. 7.				1/D
계					9/D

4-5. 운항노선 합계

노선	지역	2019년	2020년	2021년	2022년
		왕복	왕복	왕복	왕복
국내선	국내	7/D	8/D	24/D	24/D
국제선	일본	5/D	12/D	12/D	12/D
	중국				9/D
계		12/D	20/D	36/D	45/D

5. 노선별 운항거리 및 소요시간

5-1. 국내노선

노 선	거리 (km)	운항시간 (분)	비 고
여수 – 제주	180	60	
여수 – 김포	312	70	
원주 – 제주	457	80	
김포 – 제주	452	80	
청주 – 흑산도	310	70	
김포 – 흑산도	350	80	
청주 – 울릉도	310	70	
김포 – 울릉도	350	80	
평균	342	73	

5-2. 한일노선

노 선	거리 (km)	운항시간 (분)	비 고
청주 – 오사카	745	120	
청주 – 후쿠오카	439	90	
청주 – 오이타	527	110	
무안 – 오사카	774	120	광주 – 오사카
무안 – 후쿠오카	375	80	광주 – 후쿠오카
무안 – 오이타	488	100	광주 – 오이타
평균	558	105	

5-3. 한중노선

노 선	거리 (km)	운항시간 (분)	비 고
청주 – 칭다오	639	120	
청주 – 옌타이	549	90	
대구 – 칭다오	745	130	
대구 – 옌타이	655	100	
부산 – 칭다오	782	140	
부산 – 옌타이	695	110	
평균	677.5	115	6개 노선의 거리와 소요시간을 산술평균

6. 조직 및 인력

6-1. 조직도

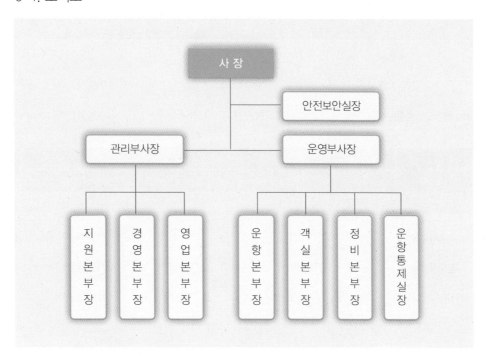

6-2. 조직도 구성기준을 정하고 조직도를 작성하는 것이 바람직하다.

- 항공사의 조직과 운영체계는 안전운항을 기본으로 구성되어야 한다.
- 항공사 운영과 경영의 전문화를 위하여 사장을 보좌할 수 있도록 운영부사장과 관리부사장을 두는 것이 바람직하다.
- 조직은 성장기반을 염두에 두고 구성하는 것이 바람직하다
- 항공안전을 우선으로 할 수 있도록 운영부사장이 안전보안실을 겸직할 수 있다.
- 조직은 향후 확장을 대비하는 조직으로 구성

6-3. 항공사 인력

- 항공종사자 확보기준은 국제 또는 소형항공운송사업에 따라 확보기준이 다르며
- 인력 채용은 항공사 설립추진일정계획에 따라 조정이 가능하고
- 조종사, 정비사, 객실승무원은 항공기 도입시기와 연계하여 채용하여야 하며
- 항공사 시스템개발과 항공기 지상장비 등은 사업추진일정과 연계되어야 한다.
- 아래의 항공사 인력은 소형항공사를 예로 하는 것이다.

- 항공종사자 확보기준

직 종	LCC 확보 기준	소형항공사 확보 기준
조종사	항공기 당 6 set	항공기 당 4 set
항공정비사	항공기 당 12 명	항공기 당 6 명t
객실승무원	항공기 당 20 명t	항공기 당 4 set

구 분	기 간												비 고
	Jul	Aug	Sep	Oct	Nov	Dec	Jan	Feb	Mar	Apr	May	Jun	
항공기 도입					1st				2nd			3–4th	
조종사교육			***1st***				***2nd***			**3–4th**			해외교육
정비사교육			***1st***				***2nd***			**3–4th**			해외교육
객실승무원교육							***1st***			**2–3rd**			국내교육
운항증명	AOC 신청		*********AOC 수검/인가*********							사업개시			

구분		기간												비고
		Jul	Aug	Sep	Oct	Nov	Dec	Jan	Feb	Mar	Apr	May	Jun	
항공기 도입						1st				2nd		3-4th		
운항본부	본부장	1												
	팀장요원	1	1											
	기장			4			4			8				
	부기장			4			4			8				
	관리요원		6	4										
	누계	2	7	12			8			16				
정비본부	본부장	1												
	팀장요원	2	2											
	기술요원	1	6	6	3									
	운항정비 1		4				4			8				외국인
	운항정비 2		2				2			4				내국인
	검사원		2				2			2				
	누계	4	16	6	3		8			14				
객실본부	본부장	1												
	팀장요원	1	1											
	승무요원		2	2			8			16				
	관리요원		6	6										
	누계	2	9	8			8			16				
지원본부	본부장	1												
	팀장요원	1	2											
	관리요원	1	6	6										
	누계	3	8	6										
경영본부	본부장	1												
	팀장요원	1	1											
	관리요원		6	4										
	누계	2	7	4										

구 분		기 간												비 고
		Jul	Aug	Sep	Oct	Nov	Dec	Jan	Feb	Mar	Apr	May	Jun	
항공기 도입						1st				2nd			3~4th	
영업 본부	본부장	1												
	팀장요원	2	1											
	관리요원	2	7	5										
	누계	5	8	5										
안전 보안	본부장	1												
	팀장요원	1	1											
	관리요원	2	3	3										
	누계	4	4	3										
운항 통제	본부장	1												
	팀장요원	2												
	관리요원		3	3										
	누계	3	3	3										
시기별 소요인원		25	62	47	3		24			46				
총 소요 누계		25	87	134	137		161			207	207	207	207	

※ 항공기 중정비 및 여객운송서비스 업무는 위탁운영

6-4. 항공전문가 확보전략

전문가를 확보하기 위한 조건을 정하고 필요한 시기에 인력을 확보하는 것이 바람직하다.

- 해당분야 전문지식을 소지하고 관리능력이 우수한자
- AOC 작성과 직접수검을 받을 수 있는 능력을 소지한자
- AOC 작성과정에서 운항안전성과 업무의 효율성을 추구할 수 있는 능력을 소지한자로 하고
- 전문가 확보를 입증할 수 있도록 4대 보험 가입을 입증하는 서류를 첨부하여야 한다.

6-5. 항공종사자 자격증

- 운항분야, 정비분야, 운항관리 및 안전보안 분야 전문가의 자격증을 첨부하여야 한다.
- 사업면허 신청단계에서는 채용인력을 최소화하여야 함으로 해당분야 책임자로 한정할 수 있다.
- 자격증은 법에 의한 항공종사자 자격증과 해당분야 교관자격이나 안전교육 이수증을 포함한다.

6-6. 항공종사자 이력서

- 이력서 첨부 대상자는 위 6-4항에서 항공종사자 자격증을 제출하는 전문가를 대상으로 한다.
- 대개의 경우 운항본부장, 정비본부장, 안전보안실장과 운항통제실장이 대상이 될 수 있다.

7. 운항관리시설과 영업소

- 취항공항의 운항관리 시설현황을 명시하여야 한다.

공 항	위치 및 규모	비 고
김포공항	국내선청사 내 사무실 30평 임대	
제주공항	공항청사 내 사무실 30평 임대	
국내공항	국내 지상조업사와 일괄계약	
국제공항	각 공항별 지상조업사와 일괄계약	

- 영업소 운영방식에 따라 그 확보현황을 명시하여야 한다.
  - 항공권 판매는 인터넷 판매방식과 여행사에 판매위탁 방식을 채택할 예정임
  - 자체 영업소 : 별도로 두지 않을 예정임

IV. 사업수지 분석

1. 수지분석은 ① 사업초기 투자금 ② 운영비용 ③ 사업수입으로 구분하여 분석한다.
2. 다음의 H 항공사의 사업수지분석 사례이다.

1. 초기투자

구 분		금 액				
		2018년	2019년	2020년	2021년	2022년
항공기 임대 (USD)	A/C 도입	Nov 1	Mar 1 Jun 2	Jun 2	Jun 2	Jun 2
	임대보증금	150,000*6*1 = 900,000	150,000*6*2 = 1,800,000	150,000*3*2 = 900,000	150,000*3*2 = 900,000	150,000*3*2 = 900,000
	임대료	150*2 = 300,000	150*(12+10+14) = 5,400,000	150*(36+14) = 7,500,000	150*(72+14) = 12,900,000	150*(96+14) = 16,500,000
	정비유보비	88*2 = 176,000	88*(12+10+14) = 3,168,000	88*(36+14) = 4,400,000	88*(72+14) = 7,568,000	88*(96+14) = 8,518,400
	소 계	1,376,000	10,368,000	12,800,000	21,368,000	25,918,000
자산 (USD)	예비엔진	0	0	0	0	0
	예비부품	500,000	200,000	200,000	200,000	200,000
	장비·공구	200,000	100,000	100,000	100,000	100,000
	비품	200,000	100,000	100,000	100,000	100,000
	전산시스템	1,500,000	100,000	100,000	100,000	100,000
	정비 SHOP		1,000,000	200,000	200,000	200,000
	소계	2,400,000	1,500,000	700,000	700,000	700,000
합 계 (USD)		3,776,000	11,868,000	13,500,000	22,068,000	26,618,000

Reference ;

- 항공기 임대료 : 150,000$/월, 항공기 정비유보비 : 88,000$/월
- 항공기 임대보증금 : 초기 3대는 월 임대료의 6개월분, 이후 3개월분으로 책정
- 예비엔진은 항공기 운영대수 증가와 연계하여 추후 확보
- 예비부품은 제작사의 Spare Part Provision과 운영경험을 토대로 확대
- 전산시스템은 정부지침과 사업 확장을 고려하여 개발범위와 수준을 결정

2. 운영비용

(단위 : 만원)

구 분		금 액				
		2018년	2019년	2020년	2021년	2022년
운항비용	연료비	10,000	640,000	920,000	1,360,000	1,740,000
	지상조업	2,000	300,000	500,000	700,000	1,000,000
	소 계	12,000	940,000	1,420,000	2,060,000	2,740,000
일반비용	급여	200,000	740,000	920,000	1,200,000	1,540,000
	복리후생비	20,000	74,000	92,000	120,000	154,000
	교육훈련비	50,000	50,000	50,000	50,000	50,000
	제복비	100,000	50,000	50,000	50,000	50,000
	지급임차료	50,000	70,000	100,000	100,000	100,000
	보험료	25,000	120,000	150,000	180,000	200,000
	광고선전비	50,000	50,000	50,000	50,000	50,000
	홍보비	50,000	50,000	50,000	50,000	50,000
	판매관리비		100,000	150,000	240,000	350,000
	기타운영비	100,000	200,000	300,000	500,000	1,000,000
	소 계	545,000	1,504,000	1,912,000	2,540,000	3,544,000
합 계		557,000	2,444,000	3,332,000	4,600,000	6,284,000

☞ 판매관리비 : 판매수수료 + 판촉비 = 매출의 3%

● 산출근거

구 분		2018년	2019년	2020년	2021년	2022년
연료비	비행시간	200	12,787	18,360	27,126	34,876
	시간 당	50만원	50만원	50만원	50만원	50만원
	금액	1억원	64억원	92억원	136억원	174억원
인건비	인원	113명 * 6	200명	240명	300명	350명
	평균임금	3,600만원	3,720만원	3,850만원	4,000만원	4,400만원
	금액	20억원	74.4억원	92.4억원	120억원	154억원

☞ 2018년 인건비 : Jul - Dec 기간 중 월 평균 근무인원 × 평균 300만원

3. 승객수요 및 운송수입

구 분		2019	2020	2021	2022	비 고
수송인원 (명)	@ 50석	453,250	700,000	1,102,500	1,575,000	
	@ 76석	688,940	1,064,000	1,675,800	2,394,000	
운송수입 (억원)	@ 50석	340	525	826	1,181	복합요금 ₩ 75,000
	@ 76석	517	798	1,256	1,795	

☞ 복합요금은 편의상 국내선 60,000원과 국제선 90,000원을 합한 금액을 반으로 나눈 것임

● 항공기 평균 탑승율과 항공요금을 복합하여 연도별로 차등적용

구 분	2019년	2020년	2021년	2022년
조정 Factor	80%	84%	88%	92%
@ 50석	272	441	726	1,086
@ 76석	409	670	1,105	1,651

4. 사업수지분석

구 분		2018년	2019년	2020년	2021년	2022년
수입	@ 50석		272	441	726	1,086
	@ 76석		409	670	1,105	1,651
지출	투자	41	130	148	242	292
	비용	56	244	333	460	628
	소계	97	374	481	702	920
사업수지	@ 50석	− 97	− 102	− 40	+ 24	+ 166
	@ 76석	− 97	+ 35	+ 189	+ 403	+ 731

V. 사업추진 일정

사업추진일정계획은 ① 자본금 확보 ② 전문가 확보가 순조로운 상태에서의 일정이며 ③ 기타의 이유로 지연되는 경우가 있을 수 있다.

구 분	사업추진 기간											
	'18. M-3	May	Jun	Jul	Aug	Sep	Oct	Nov	Dec	'19. Jan	Feb	Mar
회사설립	****											
면허준비	****											
A/C 임대	****											
면허신청		****										
면허인가			****									
사무실 +집기			**	****								
종사자교육						****	****	****				
AOC준비			****	****	****							
AOC신청 & 수검						****	****	****	****	****	****	
항공기계약	****											
CI 개발				****	****							
전산개발				****	****	****	****					
직원채용				****	****	****	****	****				
AOC인가												****
A/C인수								1st				2nd
노선점검									****	****	****	
사업개시												****

✈ 항공 용어

여기에 나열한 항공용어는 전문용어가 아닌 항공사 경영자가 상식적으로 알아두기 바라는 용어를 정리한 것이다.

1. 항공자유화협정(Open Skies Agreement)

전 항공노선에 대한 진입개방, 전 노선에 대한 항공 사수 및 운항 편수를 무제한 허용, 이원권의 자유화, 운임설정의 자유화, 전세기 운항의 자유화, 코드공유운항 기회의 개방 등 국제항로 상에 존재하는 각종 제한을 철폐하여 항공에 대한 수요와 공급을 시장기능에 맡기는 것을 내용으로 한 협정이다.

2. 항공자유화정책(Open Sky Policy)

- 1992년에 미 연방통신위원회(FCC)가 채택한 국내위성통신시장의 자유화정책. 미국 내 통신 전반에 걸쳐 규제를 완화, 민간의 자유로운 경쟁에 맡기기로 한 정책이다.
- 현행 항공협정 상에 존재하는 각종 제한을 철폐하여 항공운수업을 수요 공급에 기초한 시장 기능에 맡기자는 취지의 정책이다.

3. 오픈 스카이(Open Sky)

국가 간 항공편을 개설할 때 정부의 사전 승인 없이 어느 항공사든 신고만 하면 취항할 수 있도록 하는 협정을 뜻한다. 2008년 11월 20일 한국과 캐나다가 항공 자유화협정 (Open Sky Agreement)에 합의한 바 있다.

4. 일방향 항공 자유화

서로 다른 국가 또는 지역을 연결할 때 어느 한쪽만 항공 노선을 자유롭게 개설할 수 있도록 허용하는 제도이다. 일방적 항공자유화를 선언한 제주지역에서 외국항공사는 취항 시 별도의 사유가 없으면 자유롭게 운항허가를 받을 수 있다. 반면 국적 항공사가 항공자유화를 선언하지 않은 외국 지역에 취항하려면 별도의 운수권 및 허가가 필요하다.

5. 항공협정(Air Transport Agreement)

넓은 의미로는 항공기에 의한 국제교통을 규제하는 조약의 일체를 가리키지만 보통은 국제민간 항공운수에 대한 양자간 항공협정([영어] bilateralairtransportagreement)을 말한다. 특히 정기항공업무규제(→국제항공업무)와 항공기의 법적 지위 등의 실무상 중요한 문제에 대해서는 국제민간항공협약에 의한 다자간 규제와 함께 모든 양자간 항공협정에 기초하여 규율되고 있다.

1944년에 서명된 국제민간항공협약은 그 1조에서 각국의 영공 주권을 승인하고, 6조에서 정기 국제항공업무는 체약국의 허가를 받아 그 허가의 조건에 따르지 않으면 그 체약국의 영공을 이용하여 실행할 수 없다고 규정하였다. 따라서 정기 국제항공운송을 실시하기 위해서는 관계국의 허가를 취하는 것이 필요하게 되었다. 정기업무에는 계속성이 요청되기 때문에 포괄적, 안정적인 허가가 필요하며, 그 때문에 국가 간에 체결된 것이 항공협정이다.

항공협정에는 양자 간에만 체결된 양자간 협정과 다수국을 당사자로 하는 다자간 협정이 있다. 오늘의 항공협정은 대부분이 양자간 협정이며 그 대부분이 1946년에 미국과 영국이 체결한 버뮤다협정(제1차)이 모델이었지만 미국에게 유리한 내용이었기 때문에 1976년 영국이 파기하고 다음 해 1977년에 개정되었다(제2차). 보통, 양자간 협정은 본문과 부록표로 나누어진다. 본문은 항공기업의 지정, 수송력, 운임 등의 운송조건과 협정실시에 관한 원칙을 규정하고, 부록표는 양국이 서로 교환한 운영노선을 표기하고 있다. 국제항공업무는 공공성이 높기 때문에 대부분의 협정이 당사국 일방이 협정의 폐기를 통고해도 협정은 1년간 존속하도록 하고 있다.

다자간 항공협정으로서는 1944년에 채택된 국제항공운송협정과 국제항공업무 통과협정이 있지만 현재는 후자만이 유효하게 존속하고 있다. 유럽 및 라틴아메리카 국가 간에 다자간 협정을 작성하는 움직임이 일고 있으며, 지금까지 유럽연합(EU)과 안데스 그룹의 국가 간에 각각 다자간 협정이 체결되어 있다.

6. 양자간 항공협정(Bilateral Air Transport Agreement)

상대국의 지정 항공기업이 자국에 들어오는 것을 서로 인정하는 국가간의 약속을 말한다. 이것에 의해 당사국은 상대국의 항공기업의 항공업무를 허가할 의무를 지며 이 한도에서 자국의 영공 주권은 제한된다.

오늘날의 국제민간항공의 초석인 국제민간항공 협약은 각국의 완전하고 배타적인 영공 주권을 승인하고(1조), 국제정기항공업무는 체약국의 특별한 허가 기타의 허가를 얻고, 그 허가의 조건 에 따르는 경우 외에 그 체약국의 영공의 상공을 통하여 또는 그 영역으로 들어올 수 없다고(6조) 한다. 동 조약과 동 시기에 작성된 국제항공업무 통과협정은 국제상업 항공권의 주요한 내용을 이루는 하늘의 5가지 자유중 제1 및 제2의 자유에 대해 규정하고 있다. 그러나 국제상업항공에서 불가결한 제3 및 제5의 자유에 대해서는 5가지의 자유를 내용으로 하는 국제항공운송협정의 실효성이 없어진 현재 대부분은 다수의 양자간 항공 협정에 의해 이루어지고 있다.

1944년의 국제민간항공회의는 하늘의 5가지의 자유를 내용으로 하는 다자간 조약 성립의 전망이 거의 없어진 것을 감안하여 정기국제항공에 대해서 양국간 항공협정의 표준방식을 체약국에 대한 권고로서 채택하였다. 표준방식은 체약국이 특정의 국가 또는 그 항공기업에 차별적 특권을 부여하는 것을 금지하고, 노선과 운수권의 내용을 특정해야 한다는 것, 항공기업의 지정, 지정 항공기업의 소유와 지배 및 자격심사, 항공사용료 및 항공연료 등에 대한 과세의 내국민대우와 면제, 내공증명 등의 상호인정, 항공기와 여객 등의 출입국규제, 항공기업에 의한 상대국의 국내법 준수의무, 협정의 국제민간항공기구로의 등록, 협정의 개정, 폐기를 규정하고 있다.

1946년, 이 표준방식에 준거하여 선구적으로 미·영간에 양자 간 항공협정 (Bermuda Agreement라고 한다)이 체결되었다. 그 내용은 표준방식에 이어 항공업무의 수송력에 대한 원칙을 정하고 부속서에서 특정노선과 함께 적용운임에 대한 원칙 등을 정하여 표준방식을 보충하고 있다. 이후의 양자 간 항공협정은 오랫동안 이것에 의해 왔지만 1976년에는 영국이 미국에 대해 협정의 폐기통고를 하고, 1977년에 미·영간에 새로운 항공협정(Bermuda II Agreement)이 체결되었다.

7. 하늘의 자유(Freedom of the Air, Libertés de L'air)

조약상 외국 민간항공기에 부여된 특권으로 "상업항공권"(Commercial Aviation Rights)이라고도 한다. 통례,

　① 상공통과의 자유(무착륙횡단비행의 자유),

　② 기술착륙의 자유(운수 이외의 목적에서 착륙의 자유),

　③ 타국으로의 운수의 자유,

　④ 자국으로의 운수의 자유,

　⑤ 상대국·제3국간 운수의 자유의 '5가지의 자유'로 이루어진다.

　① ②를 총칭하여 영공통과권, ③ ④ ⑤를 총칭하여 운수권이라고 한다.

오늘날의 국제항공의 초석으로 되어 있는 국제민간항공협약은 제1차 세계대전 후 널리 인정되어 온 각국의 영공 주권을 승인하고 비정기 비행에 대해서는 동 조약의 준수와 하위국의 착륙요구에 따를 것을 전제로 사전의 허가 없이 제1과 제2의 자유를 다른 체결국이 갖는 것에 동의 하고 있다. 그러나 정기항공에 대해서는 체약국의 특별한 허가 기타의 허가를 얻고, 그 조건에 따르지 않으면 그 국가의 영공을 통과하거나 출입하는 것이 불가능하다. 국제항공의 신장을 도모하기 위해서는 어떠한 범위와 내용의 허가를 외국에서 성립시킬 것인가가 중대한 문제이다.

이 문제를 다자간조약에 의해 해결하고자 한 것이 1944년의 국제민간항공회의 (International Civil Aviation Conference) 이지만 자유주의의 입장에서 하늘의 5개의 자유를 강하게 주장하는 미국과 보호주의의 입장을 취하고 있는 영국이 치열하게 대립하여 국제민간항공협약에서 이 문제를 해결할 수 없어 하늘의

5개의 자유를 내용으로 하는 국제항공운송협정과 제 1과 제 2의 자유만을 내용으로 하는 국제항공업무통과협정의 2가지를 작성하고 그 어느 것에 참가할 것인지는 각국의 선택에 맡기고 있다.

8. 국제민간항공조약(Convention on International Civil Aviation)

1944년 시카고 국제회의에서 채택된 민간항공 운영을 위한 기본조약이다.

일시	1944년
장소	미국 시카고
목적	전후 민간항공 운영을 위한 기본조약
가입국가	연합국과 중립국의 52개국

시카고조약이라고도 한다. 제2차 세계대전 말, 연합국과 중립국의 52개국 대표가 시카고에서 전후 민간항공과 관련된 문제를 협의, 채택한 것으로 전문(前文) 등 4부로 되어 있다.

제1부는 체약국(締約國)의 영공에 대한 배타적 주권 인정을 비롯하여 출입국 규제·항공기 등록·세관출입국 수속·사고조사 등을, 제 2부는 ICAO(국제민간항공기구)의 조직과 임무를, 제3부는 국제항공운송의 원활을 위한 조치를, 제4부는 이 조약이 1919년의 파리조약과 1928년의 아바나조약을 보완 대체하는 것임을 각각 규정하고 있다.

9. 국제항공협정(InternationalAgreementonAviation)

국제민간항공기구의 회의에서 결정을 보지 못한 여객·화물·우편의 운반에 관한 사항을 당사국 사이에 해결하기 위한 협정이며 양국간 협정과 다국간 협정이 있다. 양국간협정의 대표적인 것에는 국제간의 정기항공운송사업을 원활하게하기 위한 쌍무협정이 있다. 한국은 한·미, 한·영, 한·일 간 협정 등을 맺고 있는데, 이러한 쌍무협정은 1946년 영·미 간에 맺어진 버뮤다협정을 모델로 삼고 있다. 다국간 협정의 전형적인 것으로는 국제민간항공조약이 있다. 이것은 국제민간항공기구의 설치 및 국제항공의 발달을 촉진하기 위한 통일과 기회균등의 원칙을 달성할 것을 목적으로 1944년에 체결되었다.

10. 국제민간항공기구(ICAO, InternationalCivilAviationOrganization)

세계 민간항공의 건전한 발전을 도모하기 위하여 1947년에 발족한 국제기구이다.

설립일	1947년
설립목적	세계 민간항공의 건전한 발전
주요활동/업무	항공기, 승무원, 통신, 공항시설, 항법 기술면의 표준화
소재지	캐나다 몬트리올
가입국가	191개국 (2011)

민간항공의 안전과 발전을 주목적으로 하는 정부 차원의 국제협력기구이다. 1944년 시카고에서 52개국 대표가 모여 설립을 결정한 국제민간항공조약(시카고조약)에 의거하여 설립되었다. 1947년 국제연합 경제사회이사회 산하 전문기구가 되었다. 국제민간항공 운송의 발전과 안전의 확보, 능률적이고 경제적인 운송의 실현, 항공기 설계·운항기술 발전 등을 주요 목표로 삼고 있다. 주요 업무는 항공기·승무원·통신·공항시설·항법 등 그 기술면에서의 표준화와 통일을 위해 연구하며 그 결과를 회원국에 제공한다. ICAO의 주요 기관으로는 총회, 이사회, 사무국이 있다.

이사회의 보조기관으로는 항공항행위원회(Air Navigation Commission), 항공운송위원회(Air Transport Commission), 법률위원회(Legal Commission)가 있다.

사무국은 항공항행국(Air Navigation Bureau), 항공운송국(Air Transport Bureau), 기술지원국(Technical Cooperation Bureau), 행정업무국

(Bureau of Administration and Services), 법률국(Legal Bureau)의 5개 국으로 나누어져 있다. 총회는 통상 3년마다 열린다. 우리나라는 1952년에 가입하였으며 2001년 10월 상임이사국이 되었다. 2011년 현재 가입국은 191개국이며, 본부는 캐나다 몬트리올에 있다.

11. 이원권(Beyond Right)

항공협정을 체결한 상대국의 국내지점에서 다시 제3국의 국내지점으로 여객이나 화물을 운송할 수 있는 권리이며 항공협정에 의하여 인정되는 국제항공 운송상의 권리의 하나이다. 즉, A라는 나라에서 B라는 나라의 어느 지점을 경유하여 C라는 나라의 어느 비행장에 여객이나 화물을 운송할 수 있는 권리를 의미하는데, 실제의 경우 AB간의 항공협정만으로는 시행이 불가능하며, AC간의 항공협정이 있어야 한다. 대부분의 경우 국제항공협정은 상호호혜평등의 원칙을 따르게 되므로 위와 같은 경우 A라는 나라에 대해서 B, C 두 나라도 똑같은 권리를 요구하는 것이 통례이다. 따라서 AB, AC, BC라는 3가지 항공협정이 성립되어야만 이원권이 행사되는 A, B, C 간의 항공노선이 개설될 수 있다.

12. NOTAM

항공보안을 위한 시설, 업무방식 등의 설치 또는 변경, 위험의 존재 등에 대해서 운항 관계자에게 국가에서 실시하는 고시로 기상정보와 함께 항공기 운항에 없어서는 안 될 중요한 정보이다. 조종사는 비행에 앞서 반드시 NOTAM을 체크하여 출발의 가부, 코스의 선정 등 비행계획의 자료로 삼고 있다.

NOTAM은 고시방법에 따라 NOTAM CLASS 1과 2로 나눈다. NOTAM CLASS 1은 돌발적 사항 또는 단기적 사항에 대해서 조속히 주지시킬 필요가 있을 때 사용되며, 국제민간항공기구(ICAO) NOTAM 전신부호에 의해 텔레타이프(인쇄전신)로 보내진다. NOTAM CLASS 2는 장기적 사항을 사전에 도식 등을 사용하여 상세하게 주지시킬 경우에 사용되며, 문서로 작성하여 우편으로 배포한다.

13. 국제항공운송협회(IATA, International Air Transport Association)

구 분	국제단체
설립일	1945년
설립목적	항공운송 발전과 문제 연구, 국제항공 운송업자들의 협력
주요활동/업무	국제항공운임 결정, 항공기 양식통일, 연대운임 청산
소재지	캐나다 퀘벡주 몬트리올, 스위스 제네바, 싱가포르
규모	130여 개국, 276개 회원사(2001)

1919년 헤이그에서 설립된 국제항공수송협회를 계승하여 1945년 4월, 쿠바 아바나에서 조직이 탄생했다. 초기에는 주로 유럽지역에서 활동했다. 기술이 급속도로 발전하고 대형 항공기가 개발되는 등 여러 조건의 개선에 힘입어 항공 운송수요가 늘어남에 따라 성장을 했다.

1955년까지 독극물, 가연성 물질, 부식성 물질은 항공운항이 불가능했다. IATA는 위험물질규정을 만들었고 1년에 컨테이너를 500만 개 이상 운송한다. 1965년에는 동물도 항공 운송 할 수 있는 규정을 만들었다. 1979년 10월 조직을 무역과 운임으로 나누었다. 무역 부문에서는 기술, 법률, 재정, 교통 서비스, 기관업무 등을 다루고, 운임 부문에서는 여객운임, 화물운임, 위탁업무 등을 담당한다.

처음에는 유럽과 북아메리카에서 31개국 57개 회원으로 시작했으나 2001년 현재 130여 개국에서 276개사가 회원으로 가입하고 있다. 한국은 대한항공이 1989년 1월 정회원, 아시아나항공이 2002년 5월 정회원으로 가입하였다. 본부는 캐나다 퀘벡주 몬트리올, 스위스 제네바, 싱가포르에 있다.

✈ 시스템구축을 위한 RFP(Request for Proposal)

1. 정의

　　항공사에서 구축하는 시스템은 항공사 운영을 위하여 기본적으로 필요한 업무전산화를 통하여 항공권 판매제고를 위한 고객관리, 항공권예약과 수입금관리, 항공기 안전운항관리를 위한 항공기 및 부품의 비행시간관리, 조종사와 객실승무원의 비행시간관리 등의 시스템 구축과 홈페이지 구축을 통하여 고객과의 소통을 원활히 하는데 있다.

2. 시스템 구축대상

　　2-1. 항공사 운영시스템
　　2-2. 항공사 홈페이지

3. 항공사 운영시스템 구축을 위한 RFP Requirement

분 야	Requirement	비 고
운항분야	1. 조종사 비행시간관리 2. 조종사 스케쥴관리 3. 조종사 수당관리 4. 조종사 자격관리 5. 조종사 훈련관리 6. 운항 Data관리 7. 운항도서관리	
객실분야	1. 객실승무원 비행시간관리 2. 객실승무원 스케쥴관리 3. 객실승무원 수당관리 4. 객실승무원 자격관리 5. 객실승무원 훈련관리	

분 야	Requirement	비 고
정비분야	1. 항공기/엔진/부품 비행시간/Cycle 관리 2. 항공기 생산관리 　■ 항공기/엔진/부품 정비 Schedule관리 　■ 장비/공구관리 3. 항공기 기술관리 　■ AD/SB관리 　■ 기술자료/도서관리 4. 품질보증자료관리 　■ 정비이력자료관리 　■ W&B 자료관리 　■ 시험/분석 자료관리 5. 자재관리 　■ 발주관리 　■ 저장관리 　■ 불출관리 　■ IATA POOLING 가입 　■ VENDOR SOURCE	
수입관리	1. Revenue Accounting System 구축 　■ RFP (Requst for Proposal) 작성 　■ FRS(Functional Requirement Spec.) 작성/확인 　■ Design 　■ Customization & Development 　■ Integration & System Test	
인사분야	1. 인사관리 시스템 2. 급여관리 시스템 3. 자격관리 시스템 4. 채용관리 5. 평가관리 6. 근태관리	
회계분야	1. 회계관리시스템	
예약발권	1. 예약관리 시스템(Computer Reservation System) 2. CRS (Computer Reservation System) ASP 구축 　■ 사전협상대상자 선정(SITA, Cendant) 　■ 우선협상대상자 선정(SITA)	

분 야	Requirement	비 고
	■ ATP(Authority to Proceed) 체결(with SITA) ■ FRS(Functional Requirement Spec.) 작성 ■ Confirmation 3. IBE (Internet Booking Engine) 및 Fare System 구축 ■ 우선협상대상자 선정(Airwiz) & Detail Proposal 접수 ■ FRS(Functional Requirement Spec.) 작성 ■ & Confirmation ■ Design ■ Customization & Development ■ Integration & System Test 4. PG (Payment Gateway) Interface 구축 ■ 국내 PG 사업자 (금융결제원, 유플러스 등) 검토 ■ PG 사업자 2개사 선정 ■ PG 서비스 신청 ■ PG용 서버인증서 발급신청 ■ PG용 S/W 설치 5. FFP (Frequent Flyer System) 구축 ■ RFP(Requst for Proposal) 발송 ■ FRS(Functional Requirement Spec.) 작성/확인 ■ Design ■ Customization & Development ■ Integration & System Test	
Network	1. Local Network 구축방안 확정 ■ Local Network 설치/운용 2. H/W(Hardware) 및 Local Network 구축 ■ H/W 소요량 및 구축방안 확정	
운송관리	Check-in Boarding Arrival Handling Baggage Handling Weight & Balance 수입관리 Interface 운송실적관리	
지상조업	연료공급 Water 공급 Cabin Cleaning	

Ⅰ. 홈페이지개발 RFP

1. 홈페이지 상단

홈페이지 상단은 대개 다음과 같이 구성한다.

1) 항공권 예매

2) 서비스 안내

3) 이벤트 & 새소식

4) 회사소개

5) 고객서비스 센터

2. 홈페이지 메인화면(동영상)

회사 정책에 따라 결정할 수 있다.

3. 항공권예매

항공권 예매는 다음과 같이 구성할 수 있다.

항공권	운항 일정	운임안내	단체항공권 신청
항공권 예매	운항 스케줄	국내선 운임안내	당체항공권 신청
	출도착 조회	국제선 운임안내	

4. 서비스안내

항공권	공항서비스	수화물서비스
항공권 예매	탑승수속안내	무료수하물
	공항카운터 정보	특수 수하물
	셀프체크인 안내	운송제한 물품
	도움이 필요한 고객	유로 아이템
		수하물 배상
		유실물 센터

5. 이벤트 & 새소식

이벤트	새소식
진행중인 이벤트	
종료된 이벤트	

6. 회사소개

CEO 인사말	경영이념	CI소개	연혁	PRESS룸
찾아오시는 길	항공기 소개	안전관리 시스템	연혁	보도자료 뉴스

7. 고객서비스센터

묻고 답하기	자주하는 질문	홈피 이용약관	여객운송약관	개인정보취급방법

8. 경영이념

경영이념에서는 다음과 같은 내용으로 구성한다.

경영이념	
CEO 인사말 경영이념 CI 소개 연혁	PRESS룸 찾아오시는 길 항공기 소개 안전관리 시스템

Ⅱ. 항공예약시스템(CRS)

1. 항공예약시스템의 대표적인 CRS 명칭은 다음과 같다.

Name	Created by	Airlines using	Also used by
Abacus (2015년 Sabre에서 인수)	ANA 등 12 A/L	Air India	▶ Over 450 A/L ▶ Over 80,000 Hotel
Amadeus (1987)	Air France 등 4 A/L	NH 등 93 A/L	See Note 1
Navitaire		Air Asia 등 49 A/L	
Sabre (1960)	American Airlines	AA 등 49 A/L	See Note 2

Note 1

- 144 Airline Customers through 60,000 airline sales offices worldwide
- 90,000 travel agencies worldwide, both offline and online, in 195 countries.
- 440 bookable airlines (including over 60 Low Cost Carriers)
- Over 100,000 unique hotel properties
- 30 Car rental companies representing over 36,000 car rental locations

Note 2

- Online Travel Agencies
- Schedules for 400 airlines
- 380 airline industry customers, including 44 airlines representing all major alliances
- 88,000 hotels
- 180 tour operators
- 24 car rental brands serving 30,000 locations
- 9 limousine vendors providing access to more than 33,500 ground service providers
- 55,000 travel agencies in over 100 countries

2. 상기 항공예약시스템 이외의 CRS는 AirCore, ameliaRES, Avantik PSS, ACCELaero, Axess, KIU, PARS/SHARES by EDS, SkyVantage Airline Software, Travel Technology Interactive, Travel Sky 등이 있다.

Air Transport Business

항공기 계약
도입절차 알아보기

본 절차는 항공기 선정과 신규 제작 항공기 도입 또는 타 항공사에서 사용하던 항공기의
구매 또는 임차도입 및 임대 항공기 도입 시 이와 관련된 제반 업무를 정확하고 신속하게
수행할 수 있는 절차를 규정하는데 있다.

항공기 계약 및 도입

항공기를 확보하는 방법은

1. 항공기 구매(PURCHASE)
2. 항공기 임대(LEASE) &
3. 항공기 임차구매(LEASE PURCHASE)의 3가지 방법이 있다.

신규항공사 설립 시 자본금 여력이 적어 사업 초기에는 대개 임대하는 방식으로 항공기를 확보하는 경우가 대부분이다.

항공기 임대의 경우 신생항공사에게는 과다한 DEPOSIT을 요구하게 되며, 계약의 조건도 까다롭거나 불리한 조항이 많이 숨어 있을 수 있으므로 다음 사항에 유의하여야 한다.

1. TERM SHEET를 주고받는 단계에서는 운영항공사가 어느 나라인지?
   → 이는 어느 나라법이 적용되었는지로 항공기 정비관리 수준을 알 수 있다
2. LOI 체결 전 단계에서 MAINTENANCE DOCUMENT와 항공기 INSPECTION에서
   → DOCUMENT 상 항공기, 엔진 및 주요부품의 점검주기와 다음 점검 시간
   → 항공기 INSPECTION에서 수리흔적, 부식여부, 도장상태, SEAT, GALLEY 상태와 WINDOW PANE, EMERGENCY EQUIPMENT 등 GENERAL INSPECTION 실시
   → ENGINE BORE SCOPE INSPECTION을 실시하여 엔진내부 상태확인 필요
   → ENGINE BSI를 하지 않을 경우 내부 결함이 존재하면 막대한 수리비 부담발생가능
3. LOI 체결 시
   → 임대를 위하여 위에 실시한 DOCUMENT & AIRCRAFT INSPECTION 결과를 토대로
   → 항공기 인도 시 인수조건을 제시하여야 한다.
   → 인수조건에서 항공기, 엔진, 주요부품 등의 차기 정비시간을 최소 1년간 확보될 수 있도록 요청하는 것이 바람직하다.
4. CONTRACT
   → 계약 체결은 위의 사항에 대한 협의가 원만하게 이루어진 상태에서 체결되어야 한다.
   → 계약 체결 시 반드시 항공기 ENGINEERING 경험이 있는 전문가와 변호사의 확인을 받는 것이 RISK를 줄일 수 있다.

✈ 항공기 계약 및 도입절차

1. 일반

　본 절차는 항공기 선정과 신규 제작 항공기 도입 또는 타 항공사에서 사용하던 항공기의 구매 또는 임차도입 및 임대 항공기 도입 시 이와 관련된 제반 업무를 정확하고 신속하게 수행할 수 있는 절차를 규정하는데 있다.

2. 용어 정의

2.1 "항공기 도입"이란 신규 항공기 또는 중고 항공기를 임차 또는 구매한 항공기를 인수하는 행위를 말한다.

2.2 "중고 항공기"란 타 항공사에서 사용했거나 또는 운영 중인 항공기를 말한다.

2.3 "신조기"란 항공기 제작회사에 구매 발주하여 제작하는 항공기를 말한다.

2.4 "C.R"(CHANGE REQUEST)이란 신조기의 STANDARD OPTION ITEM 및 발주 항공기 제작 ENGINEERING 완료 전 CUSTOMER 요구에 의해 변경할 수 있는 SPEC. CHANGE를 말한다.

2.5 "M.C"(MASTER CHANGE)란 BOEING사의 신규 항공기 제작을 위한 ENGINEERING 완료 후 CUSTOMER가 개조/변경을 요구한 항공기 SPECIFICATION CHANGE 사항으로 개조/변경 작업 개요, 가격, WEIGHT CHANGE, 승인 시한 등을 기술한 SPECIFICATION CHANGE를 말한다.

2.6 "R.F.C"(REQUEST FOR CHANGE)란 AIRBUS사의 항공기 제작 SPECIFICATION 또는 기 도입 항공기의 SPECIFICATION 변경을 위하여 CUSTOMER 가 AIRBUS 에 요구하는 SPECIFICATION CHANGE를 말한다.

2.7 "S.C.N"(SPECIFICATION CHANGE NOTICE)란 CUSTOMER 가 요

구한 RFC에 대하여 AIRBUS가 SPECIFICATION 개조/변경 작업 개요, 가격, WEIGHT CHANGE, 승인 시한 등을 기술한 통보 양식을 말한다.

2.8 "B.F.E"(BUYER FURNISHED EQUIPMENT)란 신조기 제작을 위해 CUSTOMER가 항공기 부품을 직접 부품 제작사로부터 구매 후 항공기 제작사에 제공하여 항공기에 장착되는 부품을 말한다.

2.9 "S.F.E"(SELLER FURNISHED EQUIPMENT)란 신조기 제작을 위해 항공기 제작사가 항공기 부품 제작사로부터 직접 부품을 구매하여, 항공기에 장착되는 부품을 말한다.

2.10 "P.R.R"(PRODUCTION REVISION RECORD)이란 항공기 제작과정에서 항공기 장착용 원래L부품을 개선된 부품으로 교환 또는 개선된 항공기 DESIGN CHANGE를 적용하는 것을 말한다.

2.11 "B.D.E"(BUYER DESIGNATED EQUIPMENT)란 신조기 제작을 위해 CUSTOMER 가 부품 사양 및 부품을 제작사로부터 확보하여 항공기에 장착되는 부품을 말한다.

2.12 "R.R"(RAPID REVISION)이란 BOEING 항공기 제작 시 긴급히 장착 부품의 변경 또는 항공기 DESIGN CHANGE가 필요할 경우 요청하는 SPECIFICATION CHANGE로 MC(MASTER CHANGE)에 의한 SPECIFICATION CHANGE가 불가할 경우에 적용하는 것을 말한다.

2.13 "Term Sheet"란 항공기 임대 또는 중고항공기 구매를 위한 각종 조건을 제시하는 것을 말한다.

2.14 "LOI, Letter of Intention"이란 Term Sheet에 의한 조건에 합의하는 경우 항공기의 임대 또는 구매의향서를 체결하는 것을 말한다.

2.15 "Aircraft Physical Inspection"이란 항공기 구매나 임대의 경우 LOI 체결 전에 실시하는 항공기 상태검사이며 이때 항공기 정비이력 등의 자료를 함께 검사하여야 하고, 특히 엔진의 상태를 파악하기 위하여 Engine Bore Scope Inspection을 실시하여야 한다.

2.16 "Lease Contract or Purchase Contract"란 Term Sheet합의, Aircraft Physical Inspection수행 및 LOI 체결 후 임대 또는 구매계약서를 체결하는 것을 말한다.

2.17 "Aircraft Delivery"란 도입하기로 결정된 항공기를 인수하는 행위로서 항공기와 함께 모든 정비서류 및 기술도서를 인수하여야 한다.

2.18 "해외 감항검사"란 항공기를 인수하는 해외에서 감항검사를 받는 것을 말한다.

3. 항공기 확보

1) General

항공기 확보를 위한 계약의 초안 작성과 협상에 도움이 되는 재무 및 법률 기본 사항을 결정하기 전에 옵션을 알아야 합니다. 이 과정에서는 구매, 담보 대출 및 정부지원을 포함하여 항공기 구매 및 운영에 사용할 수 있는 주요리스 및 금융 계획에 대해 이해할 수 있어야 하며 구조 조정 및 협상을 위한 새로운 전략을 통해 효율성, 비용 효율성 및 임대 계약 준수를 극대화하는 방법을 알고 있어야 한다.

2) 항공기를 확보하는 방법은 다음의 3가지로 요약할 수 있다.

① Aircraft Purchase
② Aircraft Lease
③ Aircraft Lease Purchase 의 세 가지 방법으로 크게 구분할 수 있다.

항공사 설립초기에는 사업면허 신청 및 처리기간과 자금여력으로 볼 때 항공기 구매의 경우 결정해야하는 Specification검토와 제작기간이 장기간 소요되어 Aircraft Purchase나 Aircraft Lease Purchase는 거의 불가능하다고 볼 수 있다.

3) 항공기의 임대 또는 구매에서 아래의 내용을 이해하고 관리할 수 있어야 한다.

① 계약서의 구조 및 범주에 대하여 이해할 수 있어야 한다.

② 항공기 및 장비 구매 계약에 대한 중요한 협상 포인트를 파악하고 있어야 한다.

③ 금융 및 임대 시장의 주요 역학을 분석하고 활용할 수 있어야 한다.

④ 신규 또는 중고 항공기 구매 및 임대 계약의 주요 구성요소를 해석할 수 있어야 한다.

⑤ 계약을 선택하고 구조화하고 협상하는데 공통적인 함정을 피할 수 있어야 한다.

⑥ 항공기 System에 대한 기술적인 이해와 Maintenance Document를 이해할 수 있어야 한다.

⑦ 항공기, 엔진 및 주요장비품의 정비이력을 파악하고 인수조건 제시능력이 있어야 한다.

4. 항공기 임대/구매의 경우 검토하여야 하는 업무사항

4.1 구매 또는 임차 항공기 계약서 초안 검토

4.2 도입 항공기 사양 (SPECIFICATION) 결정 또는 확인

4.3 도입 항공기 사전조사 업무확인

4.4 도입 항공기 인수업무 방침결정

4.5 도입 항공기에 대한 기술도서/자료수집 및 DELIVERY DOCUMENTS 확정

4.6 도입 항공기의 주요 COMPONENT 및 항공기 정비방식 검토

4.7 보유 기종과 동일기종의 중고항공기 도입 시 정비방식 상이점 파악 및 추가 요구 작업사항 검토

4.8 신 기종 항공기 도입 시 도입 항공기에 대한 정비방식 설정 및 정비규정 개정 또는 제정

4.9 도입 항공기와 동일 기종 항공기의 최신 SPEC. 현황조사 및 SPEC. 개조/변경에 대한 기술검토

4.10 도입 항공기의 AD, SB, MODIFICATION 현황 및 관련 추가 수행 요구 작업사항 검토

4.11 도입 항공기의 경년항공기(AGING AIRCRAFT) 관련 AD, SB, MOD. 현황 파악 및 검토

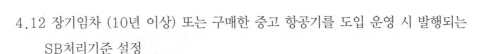

4.12 장기임차 (10년 이상) 또는 구매한 중고 항공기를 도입 운영 시 발행되는 SB처리기준 설정

4.13 도입 항공기 정비작업을 위한 기술자료 및 도서 요구량 검토

4.14 도입 항공기 정비작업에 대한 기술지시서 작성

항공기 임대의 경우 검토하여야 하는 사항은 부록으로 첨부한 계약서를 참고하여 검토할 사항을 확인할 수 있는 전문가의 도움이 필요하다.

계약서 검토에 필요한 전문가는 ;

1. Engineering Background와 계약서 검토경험이 있는 전문가에게 의뢰하는 것이 바람직하다.
2. 이에 추가하여 변호사에게 불리한 조항이 있는지 여부를 함께 검토하는 것이 바람직하다.

---

5. 항공기 선정 시 고려하여야 하는 주요요소

구 분	요 소	사 유	비 고
1. 항공기 성능	항속거리	○ 사업계획 수립 단계에서 취항노선 결정 ○ 동남아 취항 시 Technical Landing을 하거나 승객수를 감소 운영하는 기종선정은 지양 ○ 따라서 취항노선을 직항할 수 있는 기종선정	사업의 주요요소
	좌석수	○ 수요 예측과 공급의 최적화 규모 선택 ○ 공급좌석은 Peak Season 대비 90% 수준이 적정	
2. 운영비용	연료비	○ 기종에 장착된 엔진의 성능에 따라 다소 차이	항공기 선정의 주요요소 는 아님
	정비비	○ 운항정비와 중정비로 나뉘며 기종 간 차이 미미	
	운항비	○ 착륙료, 조명료, 브릿지 사용료 등 차이 미미	
	기타 비용	○ 식음료, 퍼디움 등이며 차이 없음	

구 분	요 소	사 유	비 고
3. CUSTOMER SUPPORT	기술 지원	○ AIRBUS, BOEING, 엔진제작사 모두 국내 상주	항공기 선정의 주요요소는 아님
	부품 지원	○ 제작사별 예비부품 지원기간 및 지원체계 확인	
	부품 가격	○ 주요부품 제작사별 큰 차이는 없음	
4. 정비비	운항정비	○ 항공기 운항을 위한 모기지는 자체정비 수행 ○ 노선별 취항횟수에 따라 위탁정비 가능 ○ 취항노선 공항에 위탁정비회사 지원가능 확인	정비비용 요건
	중정비 업체선정	○ 현재 국내에서는 중정비 업체 없음 ○ 해외 업체 선정 시 M/H Cost Rate, 수리기간 품질, After Service, 인가여부 등 Audit 필요	
5. 항공종사자 인적자원	조종사	○ 기장/부기장 자격 소지자가 많은 기종으로 선정 ○ 조종사 확보는 사업의 관건이 될 수 있음	사업의 주요요건
	정비사	○ 해당기종 자격 소지자가 많은 기종이 유리 ○ 조종사에 비해 정비자원 확보는 용이 ○ 중장기적으로 신입직원의 단계적 채용이 바람직	
	운항관리사	○ 조종사, 정비사에 비해 자원 풍부	
	객실승무원	○ 초기 운영요원 확보 후 자체교육체계 확보 필요	
6. 중고기 선정	구매 경우	○ 항공기 경제수명을 20년으로 가정할 경우 향후 운영예정 기간을 고려하여 기령 선정 ○ 리스사 항공기보다 항공사 운영 항공기가 유리	항공기 선정 주요요소
	부품 가격	○ 임대료는 감안하되 기령이 낮은 항공기 선정 ○ 경년 항공기는 도입승인이 어려울 수 있음	

6. 항공기 도입 절차

6.1 도입대상 항공기 사전조사

도입 검토 기종에 대한 시장조사를 실시하고 각 OFFER사에서 제시한 도입조건, 항공기의 일반적인 SPEC. 과 정비 운영 상태 등 정비이력서류를 검토 후 도입 대상 항공기를 선정하여야 한다.

6.2 사전조사 실시

SURVEY CHECK LIST에 의거 항공기 상태 및 각종 정비이력서류 검사를 실시하고, 운영항공사의 정비방식 파악, 항공기 SPEC. 개조관련 기술사항 및 도입조건 확인 후 상대사와 협의하며, 항공기 도입결정에 필요한 각종 자료를 수집하여야 한다.

6.3 도입항공기 결정

사전 조사에서 수집한 각종 정비/기술자료와 사전조사 보고서를 종합 검토하여 도입항공기 선정 및 결정에 반영하여야 한다.

6.4 도입항공기 SPECIFICATION 결정

항공기 도입 후 효율적인 운영을 위하여 도입항공기 DETAIL SPEC. 을 기준으로 STANDARD OPTION (CR OR RFC)에 대한 객실, 영업, 운송, 운항분야 등 각 부서 요구사항의 반영가능성에 대한 기술검토를 실시하여야 한다.

6.5 도입 계약서 초안 검토

항공기 도입(구매, 임차구매, 임차) 계약서 초안의 항공기 인도상태, 정비 운영, 하자보증 및 DELIVERY DOCUMENTS 등 관련사항을 세부적으로 검토하여 계약 체결 시 반영 조치하여야 한다.

6.6 항공기 인수전 정비작업 사항 확인

중고 항공기 도입 시 운영항공사의 각 주기 점검별 추가 수행요구 작업이나 미수행 또는 추가수행이 요구되는 AD, SB & MODIFICATION, HARD TIME CONTROL ITEM 중 도입 전 교환이나 정비작업이 요구되는 작업, INTERIOR CONFIGURATION 변경/개조 작업, 외부 도장 작업과 기타 필요 요구 작업 중 계약에 미 반영된 작업 등을 검토하고 항공기 도입이전에 작업이 수행될 수 있도록 조치하여야 한다.

7. 항공기 인수 및 감항검사 등

7.1 중고항공기 구매/임대 시의 항공기 감항검사는 현지에서 수검하고 감항증명서를 받는 것이 바람직하다.

- 중요 감항검사 서류 누락 시 확보가 용이하고
- 항공기 Operation Check 수행 중 발생하는 결함의 해소와 부품조달이 용이하며
- 기타 발견될 수 있는 결함에 대한 해소가 용이함

7.2 무선국 검사 및 보안검사는 항공기 도입 후 국내에서 수검신청을 한다.

7.3 항공기 인수

- 도입 계약서의 항공기 및 DOCUMENTS를 확인하여야 한다.
- 계약사항에 위반하여 Engine, Major Component의 교체나 결함 발생여부 등을 확인한다.
- 수령검사 수행 중에 지적한 결함사항이 수정되었는지 재확인하여야 한다.
- MAINTENANCE DOCUMENTS 및 MANUAL등을 수령 한후 인수관련 서류에 서명한다.

7.4 FERRY FLIGHT 실시

- 항공기 출발 전에 FERRY FLIGHT 에 필요한 FUEL, MEAL 및 각종 증명서 부착을 확인한다.
- FERRY FLIGHT 지원용 SPARE PARTS 및 장비/공구의 통관 관련서류 탑재를 확인한다.

7.5 항공기 국내 도착

　항공기가 국내 도착 후 항공기 인수요원은 항공기 인수전 현지에서 수행한 작업현황, 수령검사 및 현지 감항검사 수검결과와 CUSTOMER INSPECTION 결과, FERRY FLIGHT 지원 정비작업 등에 대하여 정비부서(기술부장)에게 보고하여야 한다.

✈ 항공기 SURVEY CHECK LIST

항공기 구매나 임대를 하는 경우 LOI 체결 이전에 실시하는 SURVEY CHECK 는 ① 항공기에 대한 전반적인 육안검사와 ② 항공기에 대한 계획정비와 비 계획정비, 감항성 개선명령의 이행현황 등 항공기 감항성유지를 위하여 실시한 정비문서 확인과 ③ 국제·국내 법령에서 정하는 안전관련 장비의 장착여부 등을 확인하여야 한다.

이에 추가하여 항공기 운영국가의 법령이 어느 국가의 법령을 준수하는지와 항공기 운영환경을 반드시 고려하여야 한다.

경험에 의하면 미국이나 유럽연합 법령하에서 운영된 항공기는 비교적 정비관리가 잘된 것으로 평가되고, 섬 지역에서 운영된 항공기는 염분의 누적으로 항공기 구조물의 부식 가능성이 높다.

과거 대만에서 운영된 B737항공기의 경우 부식으로 인하여 항공기가 공중에서 폭파된 사례가 있었다.

따라서 항공기 PRE-INSPECTION은 ENGINEERING BACKGROUND 와 품질보증업무 경험을 가진 전문가와 해당 항공기 정비경험을 가진 전문가로 구성하는 것이 바람직하다.

항공기 PRE-INSPECTION결과에서 중요한 사항은 실제 항공기 육안검사와 정비문서에서 발견하는 항공기 "C Check", 엔진, 프로펠러, Landing Gear, 주요 장비품의 잔여 정비도래시간을 확인하고 판매자 or 임대자에게 조건을 제시하는 근거를 마련할 수 있어야 한다.

만일 PRE-INSPECTION에서 이를 발견하지 못할 경우 항공기 인수 후에 자체비용으로 정비를 하게 되는 경우에는 비용과 시간의 손실을 볼 수 있다.

1. Survey 출발 전 확인사항

1.1 항공기 General Status 파악
- Survey 대상 항공기 General 상태 파악
- 항공기 및 Documents Check List 와 Survey 시 수집 자료 List 준비
- Spec. 개조 및 Engineering 관련 협의사항 준비

1.2 도입 계약서 초안 검토
- 계약조건 재확인
- Aircraft Delivery Condition
- Aircraft Specification
- 항공기 정비운영 (임차 계약 시 해당)
- 기타 정비 관련 사항

1.3 Survey 일정 계획 수립
- Survey 개시/완료일자 및 출장기간
- Survey 장소 확인

1.4 상대사 Contact Point 확인
- Name, Title, TEL & FAX, e-mail Address

2. SURVEY 실시

2.1 Technical Documents Check

2.1.1 Manuals
① Airplane Flight Manual
② Airplane Operations Manual-Currently Used By Present Operator
③ Manufacturer's Operations Manual

④ Wiring Diagram Manual(Including Wiring Diagram Equip. List)

⑤ Maintenance Manual – Aircraft

⑥ Maintenance Manual – Engine

⑦ Overhaul Manual – Aircraft

⑧ Overhaul Manual – Engine

⑨ Illustrated Parts Catalogue – Airframe

⑩ Illustrated Parts Catalogue – Engine

⑪ Manufacturer's Operations Manual – Engine

⑫ Structural Repair Manual

⑬ Tool & Equipment Catalogue

⑭ Vendor Overhaul Manual

⑮ Ground Equipment Manual

⑯ Maintenance Planning (Schedule) Manual

⑰ Facility Planning Manual

⑱ N.D.T. Manual, Weight & Balance Manual

⑲ Functional Test Requirement Manual

⑳ SB, AD

2.1.2 Maintenance Documents(ALL HISTORICAL RECORDS FOR AIRCRAFT, ENGINE, PROP, APU)

① FLIGHT LOG BOOK

② ENGINE LOG BOOK

③ PROPELLER LOG BOOK

④ APU LOG BOOK

⑤ MAINTENANCE CORRECTION RECORD

⑥ ENGINEERING ORDER

⑦ REPEAT INSPECTION CARDS – AD & INDEX

⑧ CALENDAR INSPECTION WORK SHEETS & INDEX

⑨ "A" CHECK CARD & INDEX

⑩ "B" CHECK CARD & INDEX

⑪ "C" CHECK CARD & INDEX

⑫ "D" CHECK CARD & INDEX

⑬ WEIGHT & BALANCE RECORDS

⑭ LANDING GEAR CHANGE SHEETS

⑮ PROPELLER CHANGE SHEETS

⑯ ENGINE CHANGE SHEETS

⑰ ENGINE REPAIR DOCUMENTS

⑱ DELIVERY DOCUMENTS

⑲ STATUS OF AIRWORTHINESS DIRECTIVES – AIRCRAFT, ENGINE, PROPELLER APPLIANCES

⑳ SB ACCOMPLISHMENT LIST – AIRCRAFT, ENGINE, PROPELLER, APPLIANCES

　(1) MODIFICATION AND/OR ALTERATIONS(INCLUDING STC)

　(2) WEIGHT & BALANCE DOCUMENT(INCLUDING LAST WEIGHING REPORTS)

　(3) CERTIFICATE

　　• CERTIFICATE OF AIRWORTHINESS

　　• CERTIFICATE OF REGISTRATION

　　• AIRCRAFT STATION LICENCE (RADIO)

　　• EXPORT CERTIFICATE OF AIRWORTHINESS

　　• TYPE CERTIFICATION (NOISE CERTIFICATION)

　　• BURN CERTIFICATE FOR SEAT COVER, CURTAIN, CARPET

　(4) REPORTS OF LAST ACCOMPLISHED BENCH FUNCTIONAL OR OPERATIONAL TEST

　(5) INVENTORY LIST OF AIRCRAFT LOOSE EQUIPMENT INCLUDING EMERGENCY EQUIPMENT

　(6) DETAILING ANY MAJOR INCIDENT AND/OR ACCIDENT

　(7) CURRENT INTERIOR ARRANGEMENT DIAGRAM

(8) MINIMUM EQUIPMENT LIST

(9) AIRCRAFT ACCIDENT, INCIDENT STATUS

(10) STRUCTURAL REPAIR STATUS AND FAA FORM 8110-3 OR 8100-9 OR JAA RSA

(11) COMPONENT INSTALLATION STATUS AND FAA FORM 8130-3 OR JAA FORM 1

(12) OTHER ADDITIONAL DOCUMENT CHECK

2.1.3 TIME/CYCLE STATUS CHECK

① AIRFRAME : CURRENTY INSP. & OPERATION TIME STATUS

② AIRCRAFT TOTAL TIME :

③ AIRCRAFT TOTAL CYCLE :

④ CURRENT CHECK STATUS

Check Type	Interval	Inspection Frequency	No. of Phase	Last Inspection Status			Next Inspection Due
A				Date	FH	FC	
B							
C							
D							
ISI							
CPCP							

⑤ ENGINE/APU : BSI RECORD ATTACED

POS	TT/TC	TSO/CSO	TSI/CSI	TTR/CTR	Last Overhaul Date	Remarks (Vendor)

MODULE	TT/TC	TSO/CSO	TSI/CSI	TTR/CTR	REMARKS

⑥ PROPELLER : CURRENT INSP. & OPERATION TIME STATUS

POS	TT/TC	TSO/CSO	TSI/CSI	TTR/CTR	Last Overhaul Date	Remarks (Vendor)

⑦ TIME/CYCLE LIFE CONROLLED ITEMS
  - HARD TIME CONTROL PARTS STATUS
  - LIFE LIMIT PARTS (ENG/APU, L/G, AIRFRAME etc)

3. AIRCRAFT INSPECTION

3.1 AIRCRAFT COMPONENTS INVENTORY
① INSTALLED COMPONENT, Q'TY & CONDITION CHECK
② EMERGENCY & LOOSE EQUIPMENT INVENTORY

3.2 AIRCRAFT GENERAL INSPECTION

3.2.1 COCKPIT & CABIN
① WIND SHIELD CONDITION
② INSTRUMENT & EQUIPMENT LAYOUT
③ CREW OXYGEN SYSTEM & MASKS
④ SEAT OPERATION & CONDITION

⑤ SEAT CONFIGURATION & DRAWING

⑥ MAIN ENTRANCE DOOR & EMERGENCY EXIT CONDITION

⑦ GALLEY OPERATION & GENERAL CONDITION

⑧ TOILET OPERATION & GENERAL CONDITION

⑨ CABIN ATTENDANT SEAT CHECK

⑩ ENTERTAINMENT SYSTEM SPEC. & OPERATION

⑪ CARGO COMPARTMENT

3.2.2 FORWARD FUSELAGE

① EXTERIOR SKIN CORROSION, RIVETING, BONDING CONDITION

② NOSE LANDING GEAR, WHEEL WELL, TIRE & BRAKE SPEC. & CONDITION

③ E & E COMPARTMENT EQUIPMENT CONDITION & P/N, MODEL, Q'TY, VENDOR

3.2.3 REAR FUSELAGE & EMPENNAGE

① EXTERIOR SKIN CORROSION, RIVETING, BONDING CONDITION

② HORIZONTAL STABILIZER CORROSION, RIVETING, BONDING CONDITION

③ ELEVATOR CORROSION, RIVETING, BONDING CONDITION

④ RUDDER CORROSION, RIVETING, BONDING CONDITION

⑤ VERTICAL STABILIZER CORROSION, RIVETING, BONDING CONDITION

⑥ COMPONENTS EXTERIOR CONDITION

3.2.4 WING

① WING SKIN CONDITION

② MAIN LANDING GEAR, WHEEL WELL, TIRE & BRAKE

SPEC. & CONDITION

③ ENGINE COMPONENT CONDITION(INSPECTION WITH COWLING OPEN)

④ FUEL TANK AREA COVER LEAK CHECK

⑤ LEADING EDGE DEVICE CONDITION CHECK

⑥ LEADING EDGE DEVICE CONTROL COMPONENT LEAK CHECK

⑦ TRAILING EDGE FLAP CONDITION CHECK

⑧ AILERON CONDITION CHECK

⑨ AILERON CONTROL SYSTEM CONDITION CHECK

⑩ FUELING SERVICE CONDITION CHECK

3.2.5 SYSTEM COMPONENT GROUND OPERATION CHECK

① MAINTENANCE MANUAL 절차에 의거 COCKPIT에서 POWER ON하여 CHECK

3.3 정비방식 파악

3.3.1 각 주기 점검별 주기 및 작업 개요 파악

① AIRFRAME

구 분	Interval	Work Requirement	M/H	Parts Required	Elapsed Time	Others
A						
B						
C						
D						
ISI						
CPCP						

② ENGINE /APU/PROPELLER

구 분	Interval	Work Requirement	M/H	Parts Required	TAT	Others

③ 상기 정비방식 제정 근거 DOCUMENTS 확인

3.4 정비 자료수집 및 요구

3.4.1 운영 항공기 정비 현황 파악

① 정비 SYSTEM 및 편제

② 정비 시설 능력 및 인원

③ SHOP 수리능력과 보유 장비 현황

3.4.2 SPARE PARTS PROVISIONING 자료

① RECOMMENDED SPARE PARTS LIST(P/N, NOUN, QPA, Q'TY, MTBUR, PRICE, IPC, VENDOR)

② COMPONENT RELIABILITY DATA

③ SALEABLE SPARE PARTS LIST (INCLUDING SPARE ENG.)

④ COMPONENT PARTS LIST

⑤ PECULIAR PARTS LIST (1 SET OF IPC)

3.4.3 무선국 허가 신청자료

① 무선국 허가신청서 작성에 필요한 자료를 발췌할 수 있는 도서나 기술자료

② POWER SYSTEM 계통도

③ 각 ANTENNA LOCATION DRAWING

④ 공중선계의 형식과 크기를 표시하는 도면

⑤ 각 등록 장비별 BLOCK 및 SCHEMATIC DIAGRAM

⑥ EQUIPMENT RACK 장착 도면

3.4.4 보안검사 수검 신청 자료

① EMERGENCY EQUIPMENT 장착 현황(NOUN, P/N, MODEL, Q'TY, VENDOR, LOCATION)

② INTERIOR CONFIGURATION DRAWING(INCLUDING LAYOUT FOR THE EMERGENCY EQUIPMENT)

③ SURVEY 항공기의 보안 사고 유무

④ LOANED (RENTAL) EQUIPMENT LIST 작성

⑤ 기타 필요한 기술자료 (If required)

3.5 협의사항

① 항공기 정비 및 ENGINEERING 관련

• SPEC. 변경 및 개조

• SPARE PARTS 지원

• 정비 교육 지원

② 항공기 인수 전 수행 작업사항 및 작업일정 계획

③ 기타 항공기 도입 정비지원 실무 위원회로부터 의뢰 받은 사항

✈ 항공기 DELIVERY DOCUMENT LIST

항공기 인수는 구매나 임대의 경우 대개 외국에서 이루어 지며 항공기 감항검사는 현지에서 받는 것이 서류보완이나 항공기 결함해소 등에 유리하다.

해외 감항검사는 항공당국과 사전협의 및 요청을 하고 감항검사관이 항공기를 인수하는 현지로 동행하여야 한다.

항공기 인수에는 여러 가지 서류를 확인하여야 함으로 누락되는 서류가 없도록 반드시 CHECK LIST에 의해 확인하여야 한다.

항공기 정비문서는 운영국가에 따라 영어 이외의 언어로 작성된 문서가 있을 수 있으므로 항공기 인수 출발 전에 항공당국과 협의하고 그 지침에 따라 사전에 조치하는 것이 필요하다.

인수를 위한 최종 FLIGHT TEST에서 발견되는 결함은 CONTRACT에서 언급한 사항 이외에는 인수자의 비용으로 정비되어야 한다.

따라서 CONTRACT에는 PRE-INSPECTION을 바탕으로 예상되는 결함을 추정하고 비용부담의 주체를 명확히 해 두어야 한다.

1. GENERAL

TITILE	NEW	USED
BILL OF SALE	O	O
EXCEPTION LETTER	O	O
INVOICE OF AIRPLANE	O	O
KEY OF AIRPLANE	O	O
CARGO MANIFEST	O	O
SERVICE BULLETIN KITS RECEIPT IF ANY	O	O

2. CERTIFICATE & LICENCE

TITLE	NEW	USED
RADIO STATION LICENCE	O	O
EXPORT CERTIFICATION OF AIRWORTHINESS	O	O
AIRWORTHINESS CERTIFICATION	O	O
REGISTRATION CERTIFICATION	O	O
DE-REGISTRATION CERTIFICATE	X	O
TYPE CERTIFICATE	O	O
NOISE CERTIFICATE	O	O

3. MAINTENANCE HISTORICAL DOCUMENT

TITLE	NEW	USED
FLIGHT LOG (INCLUDING AIRCRAFT LOG BOOK)	O	O
ENGINE LOG BOOK	O	O
APU LOG BOOK	O	O
PROPELLER LOG BOOK	O	O
LETTER OF INCIDENT/ACCIDENT	X	O

4. AIRCRAFT & ENGINE STATUS

TITLE	NEW	USED
AIRCRAFT TIME STATUS	O	O
ENGINE TIME STATUS	O	O
APU TIME STATUS	O	O
LANDING GEAR TIME STATUS	O	O
PREVIOUS "A", "B", "C", "D(OVHL)" & "ISI" CHECK STATUS	X	O
PREVIOUS ENGINE "HSI" & "CSI(EHM)" CHECK STATUS	X	O
AD COMPIANCE STATUS (AIRCRAFT/ENG/PRO/APU/APPLIANCE)	O	O
SB COMPLIANCE STATUS	O	O
REPEAT INSPECTION BY AD	O	O
UNSCHEDULED INSPECTION STATUS	X	O
ENGINE LLP STATUS AND BACK-TO-BIRTH DATA	X	O
APU LLP STATUS AND BACK-TO-BIRTH DATA	X	O
LANDING GEAR LLP AND BACK-TO-BIRTH DATA	X	O
HARD TIME & TRP COMPONENT STATUS	X	O
EMERGENCY EQUIPMENT STATUS	O	O
MAJOR MODIFICATION AND ALTERATION STATUS	O	O
STRUCTURAL REPAIR STATUS & DIAGRAM (AIRFRAME, ENGINE, APU)	X	O
LOOSE EQUIPMENT LIST (INCLUDING EMERGENCY EQUIPMENT)	O	O
COMPONENT INSTALLATION LIST	O	O

TITILE	NEW	USED
AIRCRAFT READINESS LOG (INCLUDING ENG/APU)	O	O
WEIGHT & BALANCE ADJUSTMENT	O	O
INTERIOR CONFIGURATION DIAGRAM	O	O
AVIONIC EQUIPMENT LIST	O	O
COMPASS SWING DATA	O	O
RIGGING DOCUMENT FOR FLIGHT CONTROL SYSTEM	O	O
FLIGHT DATA RECORDER CALIBRATION SHEETS	O	O
TIME STATUS OF HARD TIME CONTROL ITEMS	O	O
INDIVIDUAL PART LIST (ENG/APU/PROP)	O	O

5. MAINTENANCE RECORED & DOCUMENTS

TITILE	NEW	USED
MAINTENANCE CORRECTION RECORD	X	O
AIRCRAFT ENGINEERING ORDER	X	O
AIRCRAFT REPEAT INSPECTION CARD BY AD	X	O
AIRCRAFT "A" CHECK CARDS	X	O
AIRCRAFT "B" CHECK CARDS	X	O
AIRCRAFT "C" CHECK CARDS	X	O
AIRCRAFT "D" CHECK CARDS	X	O
AIRCRAFT OVHL CARDS	X	O

TITILE	NEW	USED
INTERNAL STRUCTURE INSPECTION CARDS	X	O
ENGINE CHANGE SHEETS	X	O
LANDING GEAR CHANGE SHEETS	X	O
UNSCHEDULLED INSPECTION WORK SHEETS	X	O
ENGINE APU & PROPELLER REPAIR DOCUMENTS	X	O
WEIGHT & BALANCE MANUAL SUPPLEMENT	O	O
FLIGHT TEST REPORT	O	O
DELIVERY DOCUMENTS ISSUED BY MANUFACTURER	O	O
COMPONENTS CHANGE RECORDS	X	O
MAJOR REPAIR/ALTERNATION	X	O
ENGINE PERFORMANCE/OIL CONSUMPTION REPORT	O	O
LAST ACCOMPLISHED BENCH FUNCTIONAL OPERATION TEST	X	O
DETAIL SPECIFICATION	O	O
INTERIOR FINISH SPECIFICATION	O	O
TABULAR FUEL QUANTITY	O	X
GALLEY DESIGN & INSTALL SPECIFICATION	O	X
SEAT DESIGN SPECIFICATION	O	O
TRAINING AIDS/MATERIAL	O	X
D.D.P.G	O	O
WEIGHT AND BALANC MANUAL & DATA SHEETS	O	O

6. MANUALS

TITLE	NEW	USED
FLIGHT MANUAL	O	O
OPERATION MANUAL AND QUICK REFERENCE HANDBOOK	O	O
MAINTENANCE MANUAL – AIRCRAFT	O	O
MAINTENANCE MANUAL – ENGINE	O	O
OVHL MANUAL – AIRCRAFT	O	O
OVHL MANUAL – ENGINE	O	O
ILLUSTRATED PARTS CATALOGUE – AIRCRAFT	O	O
ILLUSTRATED PARTS CATALOGUE – ENGINE	O	O
STRUCTURAL REPAIR MANUAL	O	O
WIRING DIAGRAM MANUAL	O	O
ENGINE OPERATION MANUAL	O	O
WEIGHT & BALANCE MANUAL (BASIC/SUPPLEMENTAL)	O	O
FAULT REPORTING MANUAL	O	O
NON DESTUCTIVE TEST MANUAL	O	O
MAINTENANCE PLANNING (SCHEDULE) MANUAL	O	O
1.1.1. MINIMUM EQUIPMENT LIST AND CDL	O	O
1.1.2. MAINTENANCE TASK CARDS AND INDEX	X	O
1.1.3. MAINTENANCE PROGRAM	X	O

✈ Aircraft Lease Agreement

다음은 AIRASIA BERHAD and INTERCITY AIRLINES CO. LTD간에 체결한 TERMS AGREEMENT이다.
AIR ASIA는 우리나라에 AIR ASIA KOREA 설립을 목적으로 국내 법인 INTER CITY AIRLINES와 FRANCHASE AGREEMENT를 맺었으며 양사간에 A320 항공기 임대를 위한 TERM SHEET를 체결하는 내용이다.
항공기는 AIR ASIA에서 구매하는 A320 신규제작 항공기에 해당하며 어떤 내용과 조건들이 들어가는지를 확인할 수 있다.

Date:

BETWEEN

AIRASIA BERHAD

and

INTERCITY AIRLINES CO. LTD

AIRCRAFT LEASE

COMMON TERMS AGREEMENT

(This Agreement is entered into subject to and subordinate to the terms of the Instalment Sale Agreement and the rights and interests of certain parties in accordance with the provisions of the Subordination Acknowledgement)

AIRCRAFT LEASE COMMON TERMS AGREEMENT

THIS AIRCRAFT LEASE COMMON TERMS AGREEMENT is made on 16 AUG 2012 BETWEEN

(1)　　**AIRASIA BERHAD ("Lessor")** ; and

(2)　　**INTERCITY AIRLINES CO. LTD ("Lessee")**.

WHEREAS:

(A)　　Lessee wishes to lease the Aircraft from Lessor.

(B)　　Supplemental terms will be included in the Aircraft Specific Lease Agreement.

(C)　　The provisions of this Common Terms Agreement will be incorporated into the Aircraft Specific Lease Agreement in its entirety, unless otherwise stated.

IT IS AGREED as follows:

1.　　**INTERPRETATION**

1.1　　**Definitions**

In this Agreement and the Lease capitalised words and expressions have the meanings set out for them in Schedule 1.

1.2　　**Construction**

(a)　　In this Agreement and the Lease, unless otherwise stated, a reference to:

(i)　　"Lessor," "Lessee," "Owner" or any other Person includes any of their successors and assignees;

(ii)　　plural concepts shall include the singular and vice versa;

(iii)　　any document, excluding the Common Terms Agreement, shall include any changes to that document and any replacement for it;

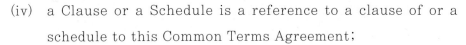

(iv) a Clause or a Schedule is a reference to a clause of or a schedule to this Common Terms Agreement;

(v) any Regulation shall include any changes to that Regulation and any replacement for it;

(vi) an obligation of a Person refers to any obligation that Person has under or in relation to the Lease or any Other Agreement; and

(vii) "includes," "including," "include" or similar terms shall not be construed as limiting and shall mean "including, without limitation."

(b) Headings to Clauses in the Lease are not intended to affect their meaning.

(c) This Agreement is subject and subordinate to the terms and conditions set out in the Instalment Sale Agreement and the terms and conditions of other documents listed in the Subordination Acknowledgement.

2. REPRESENTATIONS AND WARRANTIES

2.1 Lessee's Representations and Warranties

Lessee makes the representations and warranties set out in Clause 1.1 of Schedule 2. Lessee understands that in respect of each Lease these statements must be true, both when the Lease is signed and on the Delivery Date.

2.2 Lessor's Representations and Warranties

Lessor makes the representations and warranties set out in Clause 1.2 of Schedule 2. Lessor understands that in respect of each Lease these statements must be true, both when the Lease is executed and on the Delivery Date.

3. CONDITIONS PRECEDENT

3.1 Conditions Precedent

Lessor's obligation to deliver the Aircraft and the leasing of the Aircraft under the Lease shall not start unless each of the Conditions Precedent listed in Schedule 3 is satisfied.

3.2 Waiver

If any Condition Precedent is not satisfied on the Delivery Date and Lessor (in its absolute discretion) nonetheless agrees to deliver the Aircraft to Lessee and to start the leasing of the Aircraft, Lessee will ensure that such Condition Precedent is fulfilled within 15 days after the Delivery Date or within any longer period of time as may be agreed between Lessor and Lessee, and Lessor may treat as an Event of Default the failure of Lessee to do so.

4. COMMENCEMENT

4.1 Leasing

(a) Lessor shall notify Lessee as soon as possible, but no later than (30) days prior to the first (1st)day of the Scheduled Delivery Month, of the Scheduled Delivery Week and Lessor shall notify Lessee as soon as possible but no later than one(1) week prior to first(1st) day of the Scheduled Delivery Week of the Scheduled Delivery Date. Subject to Clause 4.4, Lessor will lease the Aircraft to Lessee and Lessee will take the Aircraft on lease for the Term.

(b) If (i) Lessee is unwilling or unable to accept delivery of the Aircraft on the Rent Commencement Date, or Lessee fails to fulfil any Condition Precedent on or before such date, and (ii) the Aircraft meets the Delivery Condition Requirements, then Lessee shall be obligated to pay Rent on and from the Rent Commencement Date, but Lessor shall have no obligation to deliver possession of the Aircraft to Lessee unless and until Lessee fulfils all Conditions Precedent and accepts delivery of the Aircraft under the Lease.

(c)   Lessee will be responsible for all risks associated with any loss of or damage to the Aircraft from the Rent Commencement Date until the Return Occasion.

4.2   **Procedure before Delivery**

Lessor and Lessee will follow the Pre-Delivery Procedure.

4.3   **Delivery and acceptance**

After the Pre-Delivery Procedure has been carried out and so long as the Aircraft meets the Delivery Condition Requirements:

4.4   **Delayed Delivery**

If an Unforeseen Event happens and, as a result, Delivery takes place after the Scheduled Delivery Date or does not happen:

5.   **PAYMENTS**

5.1   **Deposit**

Lessee shall pay Lessor any Deposit that is specified in the Aircraft Specific Lease Agreement.

5.2   **Rental Periods**

The first Rental Period will start on the Rent Commencement Date and each subsequent Rental Period will start on the date immediately following the last day of the previous Rental Period. Each Rental Period will end on the date immediately before the numerically corresponding day in the next month, except that:

5.3   **Rent**

(a)   **Time of Payment:** Lessee will pay to Lessor or its order Rent in advance on each Rent Date. Lessor must receive value for the payment on the Rent Date. If a Rent Date is not a Business Day, the Rent payable in respect of that Rental Period shall be paid on the Business Day immediately before that Rent Date.

(b)   **Amount:** The Rent payable under the Lease shall be calculated in accordance with the Aircraft Specific Lease Agreement.

5.4   **Supplemental Rent**

(a)   **Amount:** If, under the Lease, Lessee is required to pay Supplemental Rent, Lessee will pay that Supplemental Rent, at the rates referred to in the applicable Aircraft Specific Lease Agreement, to Lessor in relation to each calendar month (or part of a month) of the Term, on the fifteenth day following the end of that calendar month, (except that the last payment of Supplemental Rent during the Term shall be paid on the Expiry Date).

(b)   **Adjustment:** The Supplemental Rent rates may be adjusted after the Delivery Date not more frequently than annually (with any such adjustment having retrospective application as appropriate to reflect the provisions of paragraphs (ii) and (iii) below) based on the following:

　　　(i)   **Annual Supplemental Rent Adjustment:**

　　　(ii)   **Hour to Cycle Ratio Adjustment:**

　　　(iii) **Assumed Utilisation Adjustment:**

　　　(iv)   **Material Revision to Maintenance Programme:**

5.5   **Payments**

All payments by Lessee to Lessor under the Lease will be made for value on the due date in Dollars and in immediately available funds by wire transfer to the Lessor's Account as specified in the Aircraft Specific Lease Agreement.

5.6   With holding and Tax Credit

(a)   With holding: Lessee must not deduct any amount from any of its payments under the Lease, for or on account of any Relevant Taxes, unless it is required by law to do so, in which case Lessee must:

(b)   **Tax Credit:** If Lessor has realised a tax benefit (by way of deduction, credit or otherwise) as a result of any payment for which Lessee is liable under Clause 5.6(a) Lessor shall pay to Lessee as soon as practicable after the tax benefit has been realised (but not before Lessee has made all payments and indemnities to Lessor required under this Clause), an amount which will ensure that (after taking account of the payment itself) Lessor is in no better and no worse position than it would have been if the deduction had not applied.

5.7   Tax Indemnity

(a)   Lessee will indemnify Tax Indemnitees against all Relevant Taxes described in Clause 5.7(b).

(b)   **"Relevant Taxes"** are those value added taxes (as defined in Clause 5.8), withholding tax and stamp duty payable to any tax authorities which any Tax Indemnitee may suffer or incur, as a result of

5.8   Value Added Tax

5.9   Tax Contest and Mitigation

5.10   Indemnity Payments – After-Tax Basis

5.11   Lessor Obligations Following Expiry Date

5.12   Net Lease

5.13   Further Provisions regarding Deposit

6.   **MANUFACTURER'S WARRANTIES**

(a)   So long as no Event of Default has occurred which is continu-
       ing, Lessor shall make available to Lessee during the Term the
       benefit of all manufacturer's warranties in relation to the re-
       pair or remedy of any defect in the Aircraft (including compen-
       sation for loss of use of the Aircraft) and other product sup-
       port for the Aircraft to the extent that it is permitted to do so.
       Lessee will give Lessor prompt written notice of any warranty
       claim which is settled with Lessee on the basis of a cash pay-
       ment.

(b)   If an Event of Default has occurred and is continuing Lessor
       may immediately recover from Lessee the proceeds of any war-
       ranty claims previously paid to Lessee to the extent that such
       claims relate to any defect in the Aircraft not fully and com-
       pletely rectified by Lessee before such Event of Default and
       Lessor may:

(c)   Lessee will take all steps as are necessary at the end of the
       Term to ensure that the benefit of any warranties relating to
       the Aircraft which have not expired is vested in Lessor.

7. **LESSOR'S COVENANTS**

7.1 **Quiet Enjoyment**

7.2 **Maintenance Contributions**

If, under the Lease for the Aircraft, Lessee must pay Supplemental Rent, then provided no Event of Default has occurred and is continuing, Lessor will pay the following amounts to Lessee by way of contribution to the cost of maintenance of the Aircraft, upon receipt by Lessor, within six months after commencement of such maintenance and before the Expiry Date, of an invoice and supporting documentation reasonably satisfactory to Lessor evidencing performance of the following work by the Maintenance Performer:

8. **LESSEE'S COVENANTS**

8.1 **Duration**

8.2 **Information**

8.3 **Lawful and Safe Operation**

8.4 **Subleasing**

The Lessee shall not be permitted to sublease the Aircraft.

8.5 **Inspection**

The Lessee shall permit the Security Trustee (or its respective agent or nominee) to inspect the Aircraft or any Engine or Part (subject to a maximum of two people per inspection) to ascertain the condition thereof and satisfy themselves that the Aircraft is being properly repaired and maintained in accordance with the Lease following (a) the occurrence of an ISA Event of Default which is outstanding; and/or (b) on reasonable prior notice and during normal business hours of the Lessee in such a way not to interfere with the Lessee's commercial operations or maintenance of the Aircraft or the conduct by the lessee of its business.

During any inspection referred to above the Lessor and the Security Trustee may take copies of the Manual and Technical Records and other operational records relating to the Aircraft; and, to the extent permitted by the Aviation Authority, have one observer travel on the flight deck on flights subject to the Lessee's or operators reasonable operational constraints.

The cost of the inspection shall be for the account of the Lessee not more frequently than once in every twelve (12) month period and in addition if (x) it occurs while an ISA Event of Default is continuing; (y) such inspection reveals that the Lessee is in breach of its obligations hereunder in respect of the condition of the Aircraft or such inspection; or (z) it is an inspection referred to in Clause 12 (Redelivery). With respect to any inspection other than as described in this Clause, the cost of inspection shall be borne by the inspecting party. The relevant parties including the Lessee shall consult to minimise the costs of any such inspection, provided that the Security Trustee and the Owner shall not be obliged to so consult with the Lessee with respect to an inspection as a result of the occurrence of an event of default which is continuing.

8.6   **Ownership; Property Interests; Related Matters**

(a)   Nameplates

The Lessee shall ensure that there is, at all times during the Term, subject to any regulations of the Aviation Authority concerning the size and location of the same, always affixed, and not removed or in any way obscured, a fireproof plate (having dimensions of not less than 10cm×7cm) in a reasonably prominent position in the airframe and cockpit area of the Aircraft adjacent to the certificate of airworthiness and on each Engine stating:

(b)   Lessee will not represent that it is the owner of the Aircraft or that it has an economic interest (equivalent to ownership) in the Aircraft for Tax treatment or other purposes;

(c)   Registration is the Lessee shall on the Delivery Date or the Business Day immediately succeeding the Delivery Date at its own expense, cause the Aircraft to be registered in accordance with the applicable Laws of the State of Registry in the name of the Owner as owner of the Aircraft with the interest of the Security Trustee and the Borrower as mortgagees (pursuant to the First Priority Mortgage and the Second Priority Mortgage respectively) noted to the extent permitted by applicable law and obtain and furnish to the Security Trustee a certified copy of the Certificate of Registration in respect of the Aircraft and ensure that the original thereof is kept on the Aircraft or where it is permitted to remove such Certificate of Registration therefrom in safe custody, provided that the provisional registration of the interest of the Security Trustee as mortgagee at the Air Authority shall satisfy the requirement of this clause unless and until an Event of Default occurs.

8.7   **General**

Lessee will maintain its business as a commercial company, will preserve its corporate existence (other than in connection with a solvent consolidation or merger with any other Person or reconstruction or reorganisation on terms which shall have previously been approved in writing by Lessor such approval not to be unreasonably withheld or delayed); and

8.8 **Records**

Lessee will keep the Aircraft Documents and Records in the English language and if required under the laws of State of Registry in Korean language;

8.9 **Protection**

Lessee will cause Owner to keep the Aircraft registered with the Air Authority and, where applicable, comply with the Geneva Convention; and

8.10 **Maintenance and Operation of Aircraft**

With respect to the Aircraft, the Lessee undertakes that it shall, at its own cost, at all times during the Term, to maintain and operate the Aircraft in accordance with prevailing JAA/EASA standards and/or Regulations of State of Registry, and further it shall:

8.11.1 **ENGINES AND PARTS**

(i) **Removal of Parts and Engines:** The Lessee shall ensure that no Engine installed on the Airframe or any Part installed on the Airframe or any Engine installed on the Airframe or any Part installed on the Airframe or any Engine is at any time removed therefrom otherwise than:

8.11.2 **Temporary Installation of Parts and Engines:**

8.11.3 **Pooling and Installation of Parts and Engines on other aircraft**

(A) The Lessee may install or permit installation of an Engine or Part on a Fleet Aircraft if:

(B) The Lessee may part with possession of an Engine or Part under pooling arrangements to which the Lessee is a party if:

(C) Any installation on a Fleet Aircraft or pooling under paragraph (a) or (b) above is subject to the further conditions that:

(D) The Lessee shall ensure that all conditions to any such installation or pooling set out in this Clause 8.11 continue to be met and that all provisions of this Lease applicable to any Engine or Part being pooled or installed continue to be met.

(E) If a transfer of title to an Engine or Part to a third party occurs under any such installation or pooling, this will be deemed to be a Total Loss of such Engine but if the Lessee forthwith provides a Replacement Engine or Replacement Part (as the case may be) in accordance with Clause 8.11(*Replacement of Parts and Engines*) this will not constitute a breach of the Lease.

9. INSURANCES

9.1 General

The Lessee shall during the Term maintain or cause to be maintained insurances in respect of the Aircraft as required in Schedule 7 and Schedule 7A.

(a) From and including the expiry of the Term until the earlier of (a) two years after such date and (b) the date of completion of the next major check in respect of the Aircraft, the parties hereto acknowledge that the Lessee will be obliged to procure that a third party liability insurance policy shall be effected in relation to the Aircraft in accordance with the relevant provisions of this Lease. Such insurance policies shall, inter alia,:

(i) provide that each of the Indemnitees (and in all events including the Owner and Sumitomo Mitsui Finance and Leasing Company, Limited) and each of their directors, officers and employees shall be named as additional assured to each and every one of the aircraft third party, passenger, baggage, cargo, mail and airline general third party liability insurance policies effected in relation to the Aircraft; and

(ii)   provide that upon payment of any loss or claim to or on behalf of any additional assured, the respective insurer shall to the extent and in respect of such payment be thereupon subrogated to all legal and equitable rights of the additional assureds indemnified thereby (but not against any other additional assureds), provided that such insurer shall not exercise such rights without the consent of the indemnified additional assureds, such consent not to be unreasonably withheld. At the expense of such insurer, such additional assureds shall do all things reasonably necessary to assist the insurer to exercise the said rights.

(b)   The parties hereto acknowledge that the Lessee will be obliged to, when reasonably requested by the Lessor or any other Indemnitee, produce to the Lessor or the relevant Indemnitee (as the case may be) such certificate or other evidence as may be reasonably requested by the Lessor or such Indemnitee to evidence compliance with the obligations set forth in this Clause 9.2

(c)   Notwithstanding any other provision of this Lease, the obligations of the parties under this Clause 9.2 will survive the consummation, completion or termination of this Lease.

10. INDEMNITY

10.1 General

(a) Lessee agrees to assume liability for and indemnifies each of the Indemnitees against and agrees to pay on demand Losses which an Indemnitee may suffer at any time whether directly or indirectly as a result of any act or omission in relation to:

(b) The Lessee need not indemnify any particular Indemnitee under this Clause, to the extent the Loss is:

omission, event or circumstance occurring prior to such redelivery.

10.2 Duration

The indemnities contained in the Lease will continue in full force and effect for a period of two (2) years following the Expiry Date notwithstanding any breach or repudiation by Lessor or Lessee of the Lease or any termination of the leasing of the Aircraft under the Lease.

11. EVENTS OF LOSS

11.1 Events of Loss

(a) If an Event of Loss occurs prior to Delivery, the Lease will immediately terminate and except as expressly stated in the Lease neither party will have any further obligation other than pursuant to Clause 5.22, except that Lessor will return the Deposit (if any) to Lessee and return to Lessee or cancel any Letter of Credit and release and return any Guarantee.

(b) If an Event of Loss occurs after Delivery, Lessee will pay the Agreed Value to Lessor on or prior to the earlier of (i) 120 days after the Event of Loss and (ii) the date of receipt of insurance proceeds in respect of that Event of Loss.

(c)   Subject to the rights of any insurers and reinsurers or other third party, upon irrevocable payment in full to the Security Trustee of the Agreed Value and all other amounts which may be or become payable to the Security Trustee under the Lease, Lessor will, or will procure that Owner will, without recourse or warranty (except as to freedom from Lessor's Liens) transfer to Lessee or will procure that Owner transfers to Lessee all of Owner's rights to the Aircraft, on an as-is where-is basis, and will at Lessee's expense, execute and deliver or will procure that Owner executes and delivers such bills of sale and other documents and instruments as Lessee may reasonably request to evidence (on the public record or otherwise) such transfer, free and clear of all rights of Lessor and Owner. Lessee shall indemnify Lessor and Owner for all fees, expenses and taxes incurred by Lessor or Owner in connection with any such transfer.

11.2   **Requisition**

During any requisition for use or hire of the Aircraft, any Engine or Part which does not constitute an Event of Loss:

12.   **RETURN OF AIRCRAFT**

12.1   **Return**

On the Expiry Date or redelivery of the Aircraft pursuant to Clause 13.2 or termination of the leasing of the Aircraft under the Lease, Lessee will, unless an Event of Loss has occurred, redeliver the Aircraft and the Aircraft Documents and Records at Lessee's expense to Lessor at the Redelivery Location, in accordance with the procedures and in compliance with the conditions set forth in Schedule 6 and the Instalment Sale Agreement as set out in Schedule 6A, free and clear of all Security Interests (other than Lessor Liens) and in a condition qualifying for immediate certification of airworthiness under FAR Part 121 or JAR-OPS 1 or as otherwise agreed by Lessor and Lessee. In the event of any inconsistency between Schedule 6 and 6A, the provisions in Schedule 6A shall prevail. If requested by Lessor, Lessee shall thereupon cause the Aircraft to be deregistered by the Air Authority.

12.2　**Non-Compliance**

12.3　**Redelivery**

Upon redelivery Lessee will provide to Lessor, upon Lessor's request, all documents necessary to export the Aircraft from the Habitual Base (including, a valid and subsisting export license for the Aircraft) and required in relation to the deregistration of the Aircraft with the Air Authority.

12.4　**Acknowledgement**

Provided Lessee has complied with its obligations under Clause 12 and Schedule 6 of the Lease, following redelivery of the Aircraft by Lessee to Lessor at the Redelivery Location, Lessor will deliver to Lessee an acknowledgement confirming that Lessee has redelivered the Aircraft to Lessor in accordance with the Lease which acknowledgement shall be without prejudice to Lessor's accrued and continuing rights under the Lease.

13.　**DEFAULT**

13.1　**Events**

The occurrence of any of the Events of Default will constitute a repudiation (but not a termination) of the Lease by Lessee (whether the occurrence of any such Event of Default is voluntary or involuntary or occurs by operation of Law or pursuant to or in compliance with any judgement, decree or order of any court or any order, rule or regulation of any Government Entity).

13.2 Rights and Remedies

If an Event of Default occurs, Lessor may at its option (and without prejudice to any of its other rights under the Lease), at any time thereafter (without notice to Lessee except as required under applicable Law):

13.3 Default Indemnity

If an Event of Default or Owner Default occurs, or the Aircraft is not delivered on the proposed Delivery Date by reason of failure of Lessee to satisfy any conditions to that delivery, Lessee will indemnify Lessor on demand against any Losses which Lessor may sustain or incur directly as a result of such Event of Default, Owner Default or non-delivery, including but not limited to:

13.4 Sale or Re-lease of Aircraft

If an Event of Default occurs, Lessor may re-lease or otherwise deal with the Aircraft at such time and in such manner and on such terms as Lessor considers appropriate in its absolute discretion, free and clear of any interest of Lessee, as if the Lease had never been entered into.

13.5 Deregistration

If an Event of Default occurs, Lessee will at the request of Lessor immediately take all steps necessary to effect (if applicable) deregistration of the Aircraft and its export from the country where the Aircraft is for the time being situated, and any other steps necessary to enable the Aircraft to be redelivered to Lessor in accordance with the Lease.

14. TRANSFER

14.1 Lessee

Lessee will not transfer any of its rights or obligations under the Lease.

14.2 Lessor

Lessor may, without the consent of the Lessee assign any of its rights and obligations under the Lease pursuant to the Security Assignments.

In addition, Lessor may, without the consent of Lessee transfer any of its rights or obligations under the Lease or any of its right, title or interest in and to the Aircraft, including pursuant to:

14.3 Conditions

In connection with any such transfer (other than assignment pursuant to the Security Assignments, to which the following conditions do not apply) by Lessor:

15. MISCELLANEOUS

15.1 Illegality

If as a result of any change in Law or in the interpretation of any Law, after the date of the Lease it is or becomes unlawful in any jurisdiction for either party (the "Affected Party"), but excluding any unlawfulness caused by an act or omission of the Affected Party, to give effect to any of its obligations or to continue the Lease, the Affected Party may by notice in writing to the other party terminate the leasing of the Aircraft under the Lease, such termination to take effect on the latest date (the "Effective Date") on which the Affected Party may continue to perform its obligations without being in breach of applicable

Regulations, and Lessee will forthwith redeliver the Aircraft to Lessor in accordance with Clause 12;

15.2 Waivers, Remedies Cumulative

The rights of Lessor and Lessee under the Lease may be exercised as often as necessary, are cumulative and not exclusive of their rights under any Law; and may be waived only in writing and specifically. Delay by Lessor or Lessee in exercising, or non-exercise of, any such right will not constitute a waiver of that right.

15.3 Delegation

Lessor may delegate to any Person all or any of the rights, powers or discretions vested in it by the Lease, and any such delegation must be in writing with specific delegation including but not limited to the scope of delegation, the period of delegation, the identity of that Person and its specimen signature.

15.4 Severability

If a provision of the Lease is or becomes illegal, invalid or unenforceable in any jurisdiction, that will not affect:

15.5 Remedy

If Lessee fails to comply with any provision of the Lease, Lessor may, without being in any way obliged to do so or responsible for so doing and without prejudice to the ability of Lessor to treat such non-compliance as an Event of Default, effect compliance on behalf of Lessee, whereupon Lessee shall become liable to pay immediately any sums expended by Lessor together with all costs and expenses (including legal costs) in connection with the non-compliance.

15.6 Time of Essence

The time stipulated in the Lease (without prejudice to any grace periods specified in Schedule 9) for all payments payable by Lessee and Lessor and the prompt, punctual performance of Lessee's or Lessor's other obligations under the Lease are of the essence of the Lease.

15.7 **Notices**

All notices under, or in connection with, the Lease will, unless otherwise stated, be given in writing by letter or facsimile. Any such notice is deemed effectively to be given as follows:

15.8 **Governing Law and Jurisdiction**

The Lease, including any non-contractual obligations arising out of or in connection with this Lease, in all respects shall be governed by, and construed in accordance with, the Governing Law.

15.9 **Sole and Entire Lease**

15.10 **Indemnitees**

15.11 **Counterparts**

15.12 **Language**

All notices to be given under the Lease will be in English. All documents delivered to Lessor pursuant to the Lease (including any documents to be delivered pursuant to the Conditions Precedent) will be in English, or if not in English, will be accompanied by a certified English translation. If there is any inconsistency between the English version of the Lease and any version in any other language, the English version will prevail.

16. **DISCLAIMERS AND WAIVERS**

LESSOR AND LESSEE AGREE THAT THE DISCLAIMERS, WAIVERS AND CONFIRMATIONS SET FORTH INCLAUSES 16.1 TO 16.4 BELOWSHALL APPLY AT ALL TIMES DURING THE

TERM.

16.1 **Exclusion**

THE AIRCRAFT IS TO BE LEASED AND DELIVERED HERE-UNDER "AS IS, WHERE IS", AND LESSEE AGREES AND AC-KNOWLEDGES THAT, SAVE AS EXPRESSLY STATED IN THE LEASE:

16.2 **Waiver**

LESSEE HEREBY WAIVES, AS BETWEEN ITSELF AND THE LESSOR, ALL ITS RIGHTS IN RESPECT OF ANY CONDITION, WARRANTY OR REPRESENTATION, EXPRESS OR IMPLIED, ON THE PART OF LESSOR AND ALL CLAIMS AGAINST LESSOR HOWSOEVER AND WHENEVER ARISING AT ANY TIME IN RE-SPECT OF OR OUT OF ANY OF THE MATTERS REFERRED TO IN CLAUSE 16.1.

16.3 **Disclaimer Of Consequential Damages**

16.4 **Confirmation**

LESSEE CONFIRMS THAT IT IS FULLY AWARE OF THE PROVI-SIONS OF THIS CLAUSE 16 AND ACKNOWLEDGES THAT RENT AND OTHER AMOUNTS PAYABLE UNDER THE LEASE HAVE BEEN CALCULATED BASED ON ITS PROVISIONS.

17. **BROKERS AND OTHER THIRD PARTIES**

17.1 **No Brokers**

Each of the parties hereby represents and warrants to the other that it has not paid, agreed to pay or caused to be paid directly or indirectly in any form, any commission, percentage, contin-gent fee, brokerage or other similar payments of any kind, in connection with the establishment or operation of the Lease, to any Person (other than fees payable to Lessee's legal advisers).

18.   **Mortgages Registration Letter of Credit**
      IN WITNESS whereof the parties hereto have executed **the Common Terms Agreement** on the date shown at the beginning of the document.

SIGNED

on behalf of AIRASIA BERHAD

By: _____

Name: _____

Title: _____

SIGNED

on behalf of INTERCITY AIRLINES CO. LTD

By: _____

Name: _Sungnyun KIM_____

Title: _Vice President_____

본 계약서 말미에 다음 내용을 추가하는 것이 통례임

SCHEDULE 1

DEFINITIONS - PART 1

SCHEDULE 1

DEFINITIONS - PART 2

SCHEDULE 2

PRESERVATIONS AND WARRANTIES

SCHEDULE 3

CONDITIONS PRECEDENT

SCHEDULE 4

PRE-DELIVERY PROCEDURES AND DELIVERY CONDITION RE-
QUIREMENTS

SCHEDULE 5

CERTIFICATE OF ACCEPTANCE

SCHEDULE 6

PROCEDURES AND OPERATING CONDITION AT RE-DELIVERY

SCHEDULE 6A

INSTALMENT SALE AGREEMENT RE-DELIVERY CONDITIONS

SCHEDULE 7
INSURANCES

SCHEDULE 7A
INSURANCE REQUIREMENTS

SCHEDULE 8
BLANK

SCHEDULE 9
EVENTS OF DEFAULT

SCHEDULE 10
BLANK

SCHEDULE 11
FORM OF POWER OF ATTORNEY

SCHEDULE 12
FORM OF LETTER OF CREDIT

Air Transport Business

사업추진 계획
이해하기

항공사 설립추진은 법에서 정하는 요건을 갖추어나가는 단계적이고 복잡한 과정을 거쳐야 한다. 항공기 제작과정에서 부품의 장착순서가 바뀌었다면 앞에서 작업한 과정이 중단되거나 재작업을 하여야 하는 것처럼 서로간의 연관관계를 미리 파악하고 우선순위를 먼저 정하여야 한다.

✈ 항공사업추진 일정계획

Ⅰ. 총 론

1. 목적

항공사 설립추진은 법에서 정하는 요건을 갖추어나가는 단계적이고 복잡한 과정을 거쳐야 한다. 항공기 제작과정에서 부품의 장착순서가 바뀌었다면 앞에서 작업한 과정이 중단되거나 재작업을 하여야 하는 것처럼 서로간의 연관관계를 미리 파악하고 우선순위를 먼저 정하여야 한다.

항공운송사업은 정부로부터 사업면허를 받아야 하는데 사업추진과정에서 본사 사무실을 사전에 확보한다든가 직원을 필요 이상으로 많이 채용하는 것은 비용손실의 원인이 될 수 있다.

직무간의 연관성과 선·후처리의 우선순위를 결정함으로서 업무추진 효율성을 증가시키고 비용손실을 예방할 수 있도록 기여하는데 있다.

2. 사업추진 단계

사업시행 초기에는 각 분야별로 추진하여야 할 업무들을 나열하고 타 업무와의 연관성이나 우선순위 및 수행시기를 정리하여야 한다.

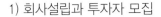

1) 회사설립과 투자자 모집

회사설립은 진에어나 에어서울과 같이 대주주가 직접 투자하는 경우와 그 이외의 LCC와 같이 1대 주주가 설립하고 투자자를 모집하는 경우로 구분할 수 있다. 어떤 경우이든 항공사업법에서 정하는 자본금의 요건을 갖추면 사업면허신청을 할 수 있는 요건은 갖출 수 있다.

사업요건의 자본금 확충을 위하여 투자자를 모집하는 경우, 사업추진 주체는 소위 "항공운송사업 투자제안서"를 마련하고 항공운송사업에 대한 소개와 전망, 사업추진전략과 노선운영계획, 운영항공기 기종과 연도별 운영대수, 예상되는 사업수지, 투자자에 대한 조건 등을 제시하며 투자유치를 하고 자본금 요건이 충족도면 사업면허 신청을 할 수 있다.

2) 사업추진 초기단계

사업면허신청서류 작성은 "항공운송사업면허 신청 준비"에서 자세하게 설명되어 있으며 사업추진 초기에 발생할 수 있는 비용의 낭비를 최소화 할 수 있도록 신중을 기하여야 한다.

- 사업면허 신청서류 작성은 항공운송사업 각 분야 전문 인력을 확보하고 사업면허신청서류에 기재하여야 한다. 이때 전문 인력을 확보한 증거로 4대 보험 납부사실을 첨부하여야 한다.
- 전문 인력은 각 분야 사업계획수립에 기여할 수 있는 경험과 지식을 갖고 있는 업무 경험자로서 사업면허 취득 후 해당분야의 책임자가 될 수 있는 우수 자원으로 확보하는 것이 바람직하다.

구 분	주요내용	m	+1	+2	+3	+4	+5	+6	+7	+8
회사설립 및 Task Team구성	회사 설립 및 등기	■								
	대주주 역할 및 투자유치계획		■							
	TF Team 운영계획		■	■						
	사업면허 서류작성 전문가 채용				■	■				

- 사무실은 초기의 사업추진인력을 수용할 수 있는 소규모로 확보하고 사업면허 인가 후에 적정한 규모의 사무실로 확장하는 것이 비용을 줄일 수 있다.
- 사업추진 초기에는 적은 인원으로 사업을 추진하며 진행 단계에 따라 인력과 사무실을 확장하는 것이 바람직하다.

3) 사업면허 신청 준비

사업면허 신청서류는 국제/국내 및 소형항공운송사업 모두 같은 수준으로 작성하여야 한다.

구 분	주요내용	m	+5	+6	+7	+8	+9	+10	+ …	+15
사업 면허 준비 신청/ 인가	자본금 확보와 항공기 도입계약서		■	■	■	■	■			
	사업계획서 작성		■	■	■	■	■			
	사업취지서 등 행정서류 구비					■	■			
	사고지원계획서 작성					■	■			
	운송약관 및 수하물탑재 처리절차					■	■			
	급유 안전관리규정					■	■			
	사업면허 신청							■		
	사업면허 인가									■

3. 항공기 선정 및 도입

구분	주요내용	m	+5	+7	+8	+9	+17	+18	+19	+20
	기종선정		■							
	Term Sheet			■						
	Physical Inspection				■					
	LOI				■					
	Contract					■				
	항공기 가 등록 → 등록							■		
	항공기 인수 + 감항검사 → Ferry									■

항공기 기종선정과 Physical Inspection은 "항공기 검사 및 도입업무 절차"를 참고하여 결정할 수 있다.

Term Sheet는 대상항공기의 기본적인 사양과 임대조건을 제시하며, 통상 신생항공사의 경우에는 Deposit을 기존의 항공사보다 많이 요구하는 경우가 많으므로 항공기 항공사의 자산 및 재무능력을 설명하고 협상에 임하여야 다소라도 유리하게 계약을 체결할 수 있다.

LOI 체결이전에 항공기에 대한 Physical Inspection을 실시하고 항공기의 상태와 정비이력 등을 검토하여야 한다. Physical Inspection을 실시할 때 임대자가 원하는 Deposit을 지불하여야 하나 LOI 체결을 하지 않을 경우에는 반환받으며, LOI를 체결하는 경우에는 계약금의 일부로 전환되고 조건에서 명시한 기간 이내에 계약을 체결하여야 한다.

우리나라는 항공운송사업면허 신청 시 항공기 도입계약서를 첨부하도록 요구하고 있으며 사업추진 법인은 사업면허가 장기간 지연되거나 사업면허가 반려되는 경우를 감안하여야 한다.

항공운송사업을 추진하는 법인은 초기의 자금사정을 고려하여 대개의 경우 항공기를 단순 임차하게 되는데, 항공기 임대자는 신생항공사의 경우 CREDIT이 부족하다는 이유로 임대보증금을 항공기 가격의 20%를 요구하거나, 통상의 임대보증금보다 2배를 요구하는 경우가 대부분이다. 이러한 여건에서 국제항공운송면허를 신청하는 요건을 갖추기 위하여 항공기 임대계약을 체결하는 경우

1. 사업면허가 반려되거나 사업면허가 장기간 지연되면 항공기 임대계약서의 도입 시기를 지킬 수 없게 되어 임대보증금의 반환이 불가능하여 막대한 손실을 입게 될 수 있다.
2. 정부는 국내 항공운송사업 추진업체의 손실을 방지할 수 있도록 관련법 적용을 완화하거나 사전심의 제도를 도입하여 면허승인의 가능성이 있는 경우에 한하여 항공기 도입계약서를 첨부하도록 하는 제도개선의 검토가 필요한 것으로 판단된다.

사업면허 신청 시 사업면허요건에서 정한 수의 항공기 도입계약서를 첨부하여야 하고 이후 사업면허 진척과정에 따라 국토교통부에 항공기 가 등록을 하고 항공기 도입시점에서 "항공기 등록"을 하여야 한다.

항공기 인수는 현지에서 계약의 조건대로 항공기 정비, 외부도장 등이 이행되었는지를 검사하고 정비서류와 매뉴얼 등을 이관 받은 후 Ferry Flight를 하여야 한다.

4. 전산시스템 개발

전산시스템 개발은 개발의 범위와 수준을 정하고 전산시스템 개발업체에 제시할 RFP(Request for Proposal)를 작성하여야 하나, 사업진행 초기에는 회사 내 전문가가 부족하여 항공사 전산시스템 개발경험이 있는 우수한 시스템개발업체와 협의를 진행하는 것이 바람직하다.

각 분야별 전산시스템의 개발을 위한 업무의 종류와 시기는 II. ACTION PLAN을 참고하기 바란다.

5. 운항증명 준비와 수검

1) 운항증명 서류는 운항규정과 정비규정을 포함하여 약 1,200가지의 절차를 제정하여야 함으로 서류 작성을 위하여 각 분야 책임자 이외에 업무수행 경험자를 추가로 확보하여야 한다.

구 분	주요내용	+10	+11	+12	+13	+14	+15	+…	+22	+23
운항증명 준비 신청/인가	운항증명 서류준비	■	■	■	■					
	운항증명 신청					■				
	운항증명 수검						■	■	■	
	운항증명 인가									■

2) 운항증명 신청 시 아래의 서류를 함께 준비하여야 한다.

- 사업계획서 추진일정
- 조직 및 업무분장
- 주요임원의 이력서
- 항공법규 준수 이행서류
- 운항, 정비를 위한 구매, 계약서류
- 항공기 운항검사 계획서
- 종사자 훈련교과목 운영계획서
- 훈련계약에 관한사항

※ 운항증명 서류는 해당분야 업무수행 경험과 행정능력을 갖고 있는 경력자를 활용하여야 내용을 충실하게 작성할 수 있고 준비기간을 단축할 수 있다.

3) 운항증명 검사는 서류검사와 현장검사로 나누어 실시하고 현장검사 시 각 분야의 책임자에게 규정 및 절차의 인지여부를 확인할 수 있으므로 해당분야 절차를 숙지하여야 한다.

4) 운항증명의 수검과정에서 항공기에 대한 현장검사는 항공기 기령과 항공기 사고여부 등 정비이력에 대하여 중점적으로 이루어 질 수 있다. 따라서 15년 이상의 경년(經年) 항공기는 운항안전이 취약하여 운항증명 심사과정이 까다로울 수 있다.

5) 운항증명 수검은 수개월에 걸쳐 수행됨으로 회사 내에 별도의 수검 장소를 마련하여 검사원의 수검편의를 제공하여야 한다.

6) 운항증명 수검은 사업면허 인가 후에 시행되며, 이때는 회사의 임·직원을 채용하고 전 부서가 안전운항을 위하여 정상적으로 운영될 수 있는지에 대한 규정과 제도 및 절차가 구비되고 운용될 수 있는지를 심사하는 과정이므로 많은 시간이 소요된다.
심사과정에서 지적되는 사항은 즉각적으로 시정되어야 하며 경우에 따라서는 심각한 기간 연장의 요소가 발생할 수도 있다.

6. 항공보험 가입

항공기 운항 전에 항공기 및 승객에 대하여 보험에 가입하여야 하며 보험가입에서도 신생항공사의 경우 CREDIT이 부족하여 요율이 높아질 수 있으므로 보험사 선정은 항공보험 전문가의 자문을 받는 것이 유리하며 항공기 운항은 보험계약 체결 이후에 운항하여야 한다.

7. 안전 및 보안 업무체계 확립

1) 안전·보안실은 사장 직속기구로 하고 안전·보안실장의 직급은 임원으로 하여야 한다.
2) 안전·보안실의 조직과 직능을 정하고 전문가를 확보하여야 한다.
3) 안전관리규정과 보안업무규정을 작성하여야 한다.
4) 사고처리절차 교범은 사업면허 신청 시 제출하여야 하는 기본서류이다.
5) 이상은 사업면허 신청 후 조직 및 준비하여야 한다.

8. 회사 운영체계 확립

1) 사업초기 회사의 조직은 의사결정의 단계를 간소화하고 중복기능을 줄일 수 있도록 하여야 한다.
2) 항공운송사업은 법의 저촉을 받는 사업으로서 필요한 조직과 직능을 감안하여 부서 및 팀 단위 조직과 직능을 부여하되 시기는 사업면허 신청 이후에 작성하는 것이 바람직하다.
3) 조직도를 확정한 이후에는 단위부서별 직능을 부여하여야 하며, 조직을 간소화하더라도 모든 직능은 누락되지 않도록 확인이 필요하다.

9. 항공기 취항준비

1) 안전운항체계 변경검사를 위한 자료
- 사용예정항공기
- 항공기 및 그 부품의 정비시설
- 예비품 및 그 보관시설
- 운항관리시설 및 그 관리방식
- 지상조업시설 및 장비
- 항공종사자 확보상태 및 능력
- 취항예정 비장장의 제원 및 특성
- 여객 및 화물의 운송서비스 관련시설
- 면허조건 또는 사업개시 관련 행정명령 이행상태

2) 변경검사 신청 및 수검
3) 운항허가 취득
4) 취항지 공항사용 협의 및 준비
5) 사용허가 신청
6) 항공기 취항

Ⅱ. Action Plan

1. 개요

Action Plan은 사업면허 추진단계부터 운항개까지 각 부문에서 수행하여야하는 모든 업무를 수행시기 별로 정리하여 초기에 범할 수 있는 시행착오를 방지하기 위한 업무추진 세부계획서이다.

업무추진과정에서 이 Action Plan을 기본으로 하고 각 분야 책임자 또는 경력자가 계획서를 보완하여 신속하고 정확한 업무수행의 지침이 되기를 바란다.

2. 조종사 확보

2-1. 조종사 채용과 훈련

구 분	주요내용	+5	+10	+11	+12	+13	+16	+18	+20	+23
조종사 채용	사업면허 준비요원	■								
	운항증명 준비요원		■							
	조종사 선발기준설정					■				
	1번기 운항요원						■			
	2번기 운항요원							■		
초기지상 교육 훈련 프로그램	지상교육훈련 커리큘럼 설정		■	■						
	교관선임 및 교육장소 선정		■	■						
	지방항공청 협의		■	■						
조종사 훈련	훈련 소요량 파악				■	■				
	훈련 계획 확정 (위탁교육)				■	■				
	훈련프로그램 인가신청/인가				■	■				
	조종사 훈련				■	■				
모의비행 장치 지정	지상학 훈련				■	■				
	훈련기관 지정				■	■				
	자격증명 전환				■	■				
운항 경험	모의비행장치 지정신청						■	■		
	모의비행장치 검사						■	■		
	검사원 현장검사 실시						■	■		
	지정서 획득						■	■		

2-2. 조종사 운항자격

구 분	주요내용	+5	+10	+11	+12	+13	+16	+18	+20	+23
조종사 운항자격	제작사 교관 위촉심사관 위촉									
	제작사교관 자격증명 전환									
	위촉심사관 위촉신청									
	위촉장 수령									
	운항경험 실시									
	지정항공운송사업자 신청서 작성									
	지정신청									
	서울지방항공청 검사 수검									
	위촉심사관 위촉									
	기장 운항자격심사 실시									
	기장 운항자격 부여									

2-3. 운항 AOC MANUAL(Operation Specification) – 이후 사업진행에 따라 일정조정

구 분	주요내용	+5	+10	+11	+12	+13	+16	+18	+20	+23
운항일반 규정	법령 및 고시내용 확인									
	제작사 매뉴얼 확인									
	매뉴얼 제정									
	법령 및 고시 적합성 확인									
	표지, 목차 유효목록 작성									

구 분	주요내용	+5	+10	+11	+12	+13	+16	+18	+20	+23
훈련규정	법령 및 고시내용 확인									
	매뉴얼 제정									
	법령 및 고시 적합성 점검									
	표지, 목차 유효목록 작성									
운항 매뉴얼	항공기 운항교범 (AOM)									
	항공기 성능교범									
	Flight Manual									
	Check List									
	노선지침서 (Jeppesen Manual) (구매)									
운항사규	운항편조절차									
	교관 및 검열관 업무지침서									
	노선별 승무절차									

2-4. 운항승무원 업무교범 & 객실승무원 훈련교범

구 분	주요내용	+5	+10	+11	+12	+13	+16	+18	+20	+23
운항 승무원 업무교범	비상탈출 절차교범									
	비상구열 좌석절차									
	약물 및 주정음료 통제절차									
객실 승무원 훈련교범	객실승무원 훈련교범									
	비상탈출시현계획									
	승객브리핑 카드									

2-5. 운항준비

구 분	주요내용	+5	+10	+11	+12	+13	+16	+18	+20	+23
운항준비	취항공항 Survey									
	운항절차 수립									
	운항절차 교육									

3. 정비분야

3-1. 정비조직 및 준비

구 분	주요내용	+5	+10	+11	+12	+13	+16	+18	+20	+23
준비단계	정비사 선발 (AOC 준비요원)									
	정비지원방식 결정									
	정비사 소요 분석 및 인원 산출									
	선발기준설정									
	채용공고 및 원서접수									
	서류심사									
	면접 또는 시험									
	합격자 발표									
정비훈련 계획	Training Conference개최									
	훈련기관 선정(항공기, 엔진, 부품)									
	훈련계획 수립(과정, 일정, 장소)									
	교육자 선발 및 교육실시									
정비훈련 실시	APG + Avionic Course									
	Trouble Shooting									
	Engine Run and Taxi									

구 분	주요내용	+5	+10	+11	+12	+13	+16	+18	+20	+23
	PWC Line Engine Training									
	Line Maintenance OJT									
	Battery Repair Training (Honeywell)									
	Wheel/Brake Repair Training									
	정비업무 기초교육									
	한정자격증명 취득									
항공기 도입 계약서 반영	Technical Option Item									
	정비도서와 판독장비 소요량 검토									
	기술고문(항공기,엔진) 파견 검토									
	긴급 부품지원 체계(AOG Team)									
	정비사 훈련(항공기,엔진)과정 검토									
	동체 Paint Drawing 제공 (CI 선행)									
항공기 계약서 사양 지원	Cabin Placard제공 (CI 협조)									
	Cabin Combination제공(CI/객실 협조)									
	Emergency Equipment Arrange									
	ATC Transponder Code 통보									
	GPWS Auto Call-out Code 통보									

3-2. 항공기 인수와 AOC/AMO 정비매뉴얼작성

구 분	주요내용	+5	+10	+11	+12	+13	+16	+18	+20	+23
항공기 인수	항공기 도입 지원업무 절차 제정									
	Acceptance Flight Test Procedure 접수									
	Target 인수일자 접수 (90일 이전)									

구 분	주요내용	+5	+10	+11	+12	+13	+16	+18	+20	+23
	Projected Readiness Date 접수(30일 이전)									
	BBD A/C Acceptance Procedure 접수(30일 이전)									
	Readniss Date 접수(15일 이전)									
	인수팀 구성 및 인원선발 (KCASA, 운항 포함)									
	항공기 정비문서 기록 확인									
	항공기 상태 검사 및 Acceptance Flight실시									
	감항검사 준비 및 수행									
	무선국 검사 준비 및 수행									
항공기 IN-SERVICE 작업	항공기 In-Service작업계획 수립									
	In-SVC작업 실시 (Basic 'A' Check 기준)									
	보안작업 (객실포함)									
	보안측정									
정비규정 (정비관리 교범)	제1장 총칙									
	제2장 조직									
	제3장 정비능력									
	제4장 정비절차									
	제5장 장비 및 자재관리									
	제6장 품질관리									
	제7장 정비문서관리									
	제8장 정비계약									
	제9장 정비훈련									

구 분	주요내용	+5	+10	+11	+12	+13	+16	+18	+20	+23
AOC/ AMO	정비훈련 프로그램									
	제/방빙 절차교범									
	지속감항정비 프로그램									
	급유, 재급유, 배유절차									
	정비방식 (정비규정에 포함)									
	MEL/CDL 작성									

3-3. 정비운영절차 작성 및 정비생산 통제

구 분	주요내용	+5	+10	+11	+12	+13	+16	+18	+20	+23
정비운영 절차	정비운영절차 제/개정 및 폐기절차									
	정비지시 등 발행절차									
	정비기술도서 관리절차									
	정비양식 관리절차									
	주재정비사 선발 및 지원절차									
	정비부문 인사소위원회 운영절차									
	주재정비 업무지원 및 관리절차									
	정비전산시스템 일반관리절차									
	확인인장 관리절차									
	정비용 기타 유류 구매업무절차									
정비생산 통제업무	항공기 도입지원업무절차									
	항공기 주간/월간 정비계획절차									
	항공기 일일 운용절차									
	정비 분석보고 절차									

구 분	주요내용	+5	+10	+11	+12	+13	+16	+18	+20	+23
	항공기 등 수리능력 개발절차									
	정비작업지시 및 보고절차									
	원동기 운영절차									
	원동기 외지 교환절차									
	탑승정비공항 지원절차									
	시한성 작업지시 및 관리절차									
	부품교환 관리절차									
	부품수리 관리절차									
	근무관리 절차									
	원동기Life Limited Parts 관리절차									
	Landing Gear LLP 관리절차									
	표준 M/H기준설정 및 관리절차									
	정비지원방식 선정절차									

3-4. 기술 관리

구 분	주요내용	+5	+10	+11	+12	+13	+16	+18	+20	+23
	EP 처리절차									
	AD 처리 및 Monitoring 절차									
	Maintenance Q&A Report처리절차									
기술 관리	기술회보발행절차									
	정비기술지시발행 및 수행절차									
	S/E Memo 발행절차									

구 분	주요내용	+5	+10	+11	+12	+13	+16	+18	+20	+23
	정시점검Card 작성 및 운영절차									
	중요결함 고장탐구팀 운영절차									
	기술정보 발행절차									
	부품수리W/S Test Sheet작성 절차									
	Eng. Special Monitoring Item 통보절차									
	추진계통감시절차									
	SB, EO Monitoring절차									
	원동기 Work Sheet작성 및 처리절차									
	구급용구/압력용기정비절차									
	항공기 외부세척절차									
	항공기 부식예방 및 처리절차									
	항공기 Work Sheet작성 및 처리절차									
	원동기 상태감시절차									
	블랙박스 운용방침 및 처리절차									
	항공기 정비프로그램 운영절차									
	항공기 기내 음용수 관리절차									
	MEL/CDL적용 처리절차									
	MEL/CDL제정 및 개정절차									
	Loadable Software 관리절차									
	Cabin Interior Placard제작/관리절차									
	FMCNDB운영절차									

3-5. 품질관리와 시설/장비 관리

구 분	주요내용	+5	+10	+11	+12	+13	+16	+18	+20	+23
품질관리	항공기 수령검사 업무절차									
	품질심사 수행절차									
	확인/검사업무 수행절차									
	Flight Log기록 및 처리절차									
	항공기 Engine Run-Up 절차									
	지상 비치용 발동기 일지기록									
	항공기부품 수령검사 업무절차									
	시험비행 검사업무절차									
	신뢰성관리절차									
	Warranty처리절차									
	계량계측기기 관리절차									
	비파괴 검사기준									
	항공기내 청결상태 점검절차									
	구급함 관리절차									
	F.O.D 예방절차									
	정비기록문서 보존절차									
	시정조치절차									
	공정관리절차									
	품질계획 수립절차									
	품질 목표관리절차									
	항공기 Weight & Balance 운영절차									
	항공기 기본자료 관리절차									
	CabinLog기록 및 처리절차									
	정비종사자 자격관리절차									
	DER Part 운영절차									
	Cabin Fabric류 Certificate유지절차									

구 분	주요내용	+5	+10	+11	+12	+13	+16	+18	+20	+23
시설/장비 관리	장비/공구 관리절차									
	장비/공구 개조작업 수행절차									
	장비주기점검 카드작성 및 운영절차									
	공용공구 관리절차									
	항공기 정비시설 관리절차									
	정비용Ramp차량 관리절차									

3-6. 항공기 관리 등

구 분	주요내용	+5	+10	+11	+12	+13	+16	+18	+20	+23
항공기 관리	부품유용절차									
	부품 Tag작성 및 처리절차									
	부품수요 검토위원회 운영절차									
	저장한계품목 관리절차									
	자재 신청절차									
	자재 불출절차									
	자재 반납절차									
	자재 저장절차									
	자재 검수절차									
	External Stock 관리절차									
	외주수리 Order 관리절차									
	판정대기품(SOS대상품) 관리절차									
	Bench Stock 운영절차									
	위험물(D.G) 관리절차									

구 분	주요내용	+5	+10	+11	+12	+13	+16	+18	+20	+23
안전 관리	안전관리업무절차									
	지상비치용 소화기관리 및 점검절차									
	화학물질관리절차									
	작업환경관리절차									
	무재해운동운영절차									
	안전교육훈련절차									
	특수장비작동자격관리절차									
	항공기De/Anti-Icing운영절차									
정비운영 절차 부속서	안전관리업무절차									
	지상비치용 소화기관리 및 점검절차									
	화학물질관리절차									
	작업환경관리절차									
	무재해운동운영절차									
	안전교육훈련절차									
	특수장비 작동 자격관리절차									
	항공기 De/Anti-Icing 운영절차									

3-7. Scheduled Maintenance Task Cards 등

구 분	주요내용	+5	+10	+11	+12	+13	+16	+18	+20	+23
Scheduled Maintenance Task Cards	Task Cards 종류 및 수량파악									
	'L' Check Cards									
	'A' Check Cards									
	'C' Check Cards									

구 분	주요내용	+5	+10	+11	+12	+13	+16	+18	+20	+23
	'Calendar' Check Cards									
	'Cycle' Check Cards									
	'Hourly' Check Cards									
	'Opportunity' Check Cards									
	'Fatigue Damage' Check Cards									
	수정가능 Standard Form Task Card									
	Task Card 접수 및 확인									
도서 관리 방안	도서 관리대장 비치									
	도서 배포, 개정, 관리 등 기준 설정									
양식 관리 방안	양식 관리대장 비치									
	양식배포, 개정, 관리 등 기준설정									
	양식 제정									
	양식인쇄 및 배포									
Technical Data	Technical Data Hard Copy									
	Technical Data CD									
	Components manuals									
	Components manuals List 접수									
정비훈련 관리	정비교육훈련절차									
	정비사직무교육훈련절차									

3-8. 정비분야 시설 및 장비·공구

구 분	주요내용	+5	+10	+11	+12	+13	+16	+18	+20	+23
정비시설 확보	정비시설 운영방안 수립									
	공항별 정비시설 소요면적 산출									

구 분	주요내용	+5	+10	+11	+12	+13	+16	+18	+20	+23
	공항별 정비시설 확보방안 수립									
	공항별 시설사용 요청									
	해당 공항 현장답사									
	문제점 파악 및 대책방안 수립									
	정비사 작업 대기실 확보									
	부품 수리작업장 확보									
	자재저장고 확보									
	자재저장용 장비설치									
공용공구 확보 & 공구실 설치	입항 및 수입통관									
	입고검수, 저장 및 관리									
	공용공구 지원 및 관리 방안 수립									
	공용공구 품목 선정									
	구매 품의 및 발주									
	입항 및 수입 통관									
	입고 및 불출									
	공구실 규모 산출									
	저장관리방법 검토 및 개발									
	Parts Bin 설치 품의									
	구매 설치 발주									
	설치 공사									
장비·공구 확보	T&E Provisioning List 확보									
	Tool & Equipment Manual 확보									
	소요품목과 수량 선정									
	확보 품의 및 결재									
	구매 품의 및 발주									

3-9. 기술도서 및 정비양식 등

구 분	주요내용	+5	+10	+11	+12	+13	+16	+18	+20	+23
도서 관리 방안	도서 관리대장 비치									
	도서 배포, 개정, 관리 등 기준 설정									
양식 관리 방안	양식 관리대장 비치									
	양식배포, 개정, 관리 등 기준설정									
	양식 제정									
	양식인쇄 및 배포									
Technical Data	Technical Data Hard Copy									
	Technical Data CD									
	Components manuals									
	Components manuals List 접수									
Note Book 확보	시장조사 (모델, 가격 등)									
	지원기준 및 소요량 산정									
	구매									
	발주									
	입고 및 지급									
자재 저장 창고 설치	자재저장고 규모 산출									
	저장관리방법 검토 및 개발									
	Parts Bin 설치검토									
	구매 설치발주									
	설치공사									
전산시스템	기술관리 시스템									
	생산관리 시스템									
	품질관리 시스템									
	자재발주, 수령, 저장, 불출, 반납관리 시스템									
	IATA POOLING SYSTEM									

3-10. 공항별 정비지원 등

구 분	주요내용	+5	+10	+11	+12	+13	+16	+18	+20	+23
공항별 정비지원	정비지원계획수립 (안전운항체계변경검사 수검)									
	정비사 선발 및 파견									
	정비시설 확보									
	장비 공구 파송									
	지상장비 계류장사용장비 등록									
Maintenance Shop	기계 / 판금반 설치									
	휠/타이어반 설치									
	밧데리반 설치									
	객실용품 수리반 설치									
	기타									
정비사 제복	정비사 제복 디자인 개발									
	지급품 종류 및 수량 검토									
	지급 기준 검토 및 품의									
	구매 또는 제작 발주									
	세탁 수거 및 출고 장소 설치									

3-11. 제작사 기술고문 지원

구 분	주요내용	+5	+10	+11	+12	+13	+16	+18	+20	+23
제작사 기술 고문 지원	사무실 확보									
	집기, 전화, 복사기 등 설치									
	근로허가, 공항출입증 지원									
	Field Service Representative 입주									
	Start-up Team 입주									

3-12. 계약관련사항

1) 항공기 중·정비 위탁계약

보유 항공기 기종에 대하여 중정비가 가능한 항공사 또는 정비업체를 파악하고 정비품질과 소요시간 및 기간과 요율 등을 확인하여야 하며 Work Package 검토와 RFP 발송 및 Proposal을 접수하여 검토한 후 정비의향서(LOI)를 체결하고 항공당국에 AMO 신청 및 승인을 취득하여야 한다.

2) 엔진 중정비 위탁계약

PWC/GE 등 엔진제작사로부터 정비가능 업체현황을 입수하고 정비가능성을 타진한 후 업체에 RFQ 발송 및 Proposal 접수하여 Proposal 내용 검토 후 정비의향서를 체결한다. 이후 항공당국에 AMO 신청 및 승인을 취득하여야 한다.

3) 정밀 측정장비 검·교정 위탁계약

검·교정 회사의 AMO인증 여부를 확인하고 검·교정의 범위, 수행 절차, 운반 수단과 수수료 등을 확인한다. 검·교정 대상 장비 및 연간 수수료 등 소요비용을 산출한다.

4) 비파괴검사 위탁계약

비파괴 회사의 AMO 인증여부 및 타 항공사 수행여부를 확인하고 비파괴 검사 수행에 따른 조건과 검사 수수료 등을 협의하고 계약을 체결한다.

3-13. 예비엔진 확보와 예비부품 확보

1) 예비엔진 확보를 위하여 자체구매, 제작사 Allocation 또는 기타의 방법으로 필요 시 신속하게 확보할 수 있는 방안을 연구하여야 한다. 엔진 구매 등의 방법으로 엔진을 소유하게 될 경우 저장장소 선정과 저장관리 방안을 수립하여야 한다.

2) 예비부품 확보

신조기의 경우 제작사에서 발행하는 RSPL과 IPC 등을 참고하고 제작사 권고에 따라 대상부품과 수량을 정하되 초기에는 최소로 책정하고 운영경험에 따라 대상과 수량을 확대하는 것이 바람직하다.

4. 전산시스템

4-1. 예약업무 & CRS ASP 구축

구 분	주요내용	+5	+10	+11	+12	+13	+16	+18	+20	+23
운항업무	비행시간관리 시스템									
	스케쥴관리시스템									
	자격관리시스템									
운항통제 업무	Computer Flight Plan									
정비업무	자재 재고 및 저장 관리 시스템									
	정비기술관리 시스템									
예약업무	구축방안 검토									
	RFP발송									
	제안서 접수									
	구축방안 확정									
	제작업체 선정 및 계약									
	예약센터 구축									
	예약업무 기능									
	Implementation									
CRS ASP 구축	RFP(Requst for Proposal) 발송									
	Proposal 접수									
	사전협상대상자 선정(SITA, Cendant)									
	우선협상대상자 선정(SITA)									

구 분	주요내용	+5	+10	+11	+12	+13	+16	+18	+20	+23
	ATP 체결 (with SITA)									
	Functional Requirement Spec. 작성									
	FRS Confirmation									
	본계약 체결									
	Project Management									
	개발계획작성									
	Design									
	Customization & Development									
	Integration & System Test									
	Docs & Training									
	Acceptance Test									
	Implementation									
	Warranty									

4-2. Internet Booking Engine & Fare System 구축

구 분	주요내용	+5	+10	+11	+12	+13	+16	+18	+20	+23
Internet Booking Engine & Fare System 구축	RFP(Requst for Proposal) 발송									
	Proposal 접수									
	우선협상대상자 선정(Airwiz)									
	Detail Proposal 접수									
	FRS(Functional Requirement Spec.) 작성									
	FRS Confirmation									
	본계약 체결									

구 분	주요내용	+5	+10	+11	+12	+13	+16	+18	+20	+23
	Project Management									
	개발계획작성									
	Design									
	Customization & Development									
	Integration & System Test									
	Docs & Training									
	Acceptance Test									
	Implementation									
	Warranty									
Payment Gateway Interface 구축	국내 PG 업자 (금융결제원, 유플러스 등) 검토									
	PG 사업자 2개사 선정									
	PG 서비스 신청									
	PG용 서버인증서 발급신청									
	PG용 서버인증서 발급									
	PG용 S/W 설치									
	PG 서비스 Test									
	PG 서비스 Implementation									
Local Network 구축	Local Network 구축방안 검토									
	Local Network 구축방안 확정 및 품의/발주									
	Local Network 설치/Test									
	Local Network 구축완료/운용									

4-3. Revenue Accounting System 구축

구 분	주요내용	+5	+10	+11	+12	+13	+16	+18	+20	+23
Revenue Accounting System 구축	RFP(Requst for Proposal) 발송									
	Proposal 접수									
	우선협상대상자 선정									
	FRS(Functional Requirement Spec.) 작성/확인									
	본계약 체결									
	개발계획 및 Project Management									
	Customization & Development									
	Integration & System Test									
	Docs & Training									
	Acceptance Test									
	Implementation									
	Warranty									

4-4. Frequent Flyer System 구축

구 분	주요내용	+5	+10	+11	+12	+13	+16	+18	+20	+23
Frequent Flyer System 구축	RFP(Requst for Proposal) 발송									
	Proposal 접수									
	우선협상대상자 선정									
	FRS(Functional Requirement Spec.) 작성/확인									
	본계약 체결									
	개발계획 및 Project Management									

구 분	주요내용	+5	+10	+11	+12	+13	+16	+18	+20	+23
	Design									
	Customization & Development									
	Integration & System Test									
	Docs & Training									
	Acceptance Test									
	Implementation									
	Warranty									

5. 운항통제

구 분	주요내용	+5	+10	+11	+12	+13	+16	+18	+20	+23
	운항통제조직 구성									
	운항통제 AOC 준비요원									
	운항관리 지원절차 수립									
	운항관리사 훈련센터 선정									
	운항관리사 훈련									
운항통제	운항관리 OPS SPEC 제정									
	운항일반 규정제정									
	운항관리사 훈련규정 제정									
	Company Radio									
	Weather Equipment									
	SITA									
	AFTN									

6. 객실승무원

구 분	주요내용	+5	+10	+11	+12	+13	+16	+18	+20	+23
승무관리	조직 및 직능 설정									
	승무원 확보전략(신입+경력)									
	승무원 운영전략 수립									
승무원 훈련	훈련센타 및 강사 선정									
	학과장									
	Mock-up									
	비상착수훈련장(수영장)									
	응급처치및비상탈출훈련장									
	비상장비 및 Door Trainer									
	신입전문훈련									
	(On-site F/A Training)									
	객실승무원 훈련교관 과정									

7. 영업분야

7-1. 영업관리 등

구 분	주요내용	+5	+10	+11	+12	+13	+16	+18	+20	+23
영업관리	영업조직 및 직능설정									
	영업조직 소요인원 확정									
	영업기획 관리자 경력직 선발									
	영업/운송 교육실시									
영업계획 스케줄	영업 스케줄 확정 및 File									
	Slot 확보 (서지항)									

구 분	주요내용	+5	+10	+11	+12	+13	+16	+18	+20	+23
	사업계획변경									
	영업계획 확정									
	중·단기 Fleet Plan 수립									
Tariff 영업전산	여객/화물 운송약관 작성 및 신고									
	운임확정 및 신고									
	항공권 (e-ticket) 사양 확정									
	발권규정 매뉴얼 작성									
	Timetable 제작 및 배포계획 작성									
	Charter 및 기타 계약서 준비									
마케팅	노선별 판매계획 수립 (특판 행사 포함) 및 지점별 판매목표 부여									
	중·단기 Route Plan 수립									
	Pricing Policy 수립 및 시행									
	Niche Market 개발									
	– Hotel									
	– Golf									
	– Rent Car									
	– 기타 제휴사									
	Sales Network 구축 및 관리									
F.F.P 운영	F.F.P 운영안 수립									
	F.F.P Membership Card 도안 완료									
	F.F.P System 구축									
	F.F.P 직원교육실시									
	F.F.P Manual 작성/배포									
	F.F.P Brochure 작성/배포									
	F.F.P Membership Card 발급기 확보									

7-2. 광고·선전 & 예약관리

구 분	주요내용	+5	+10	+11	+12	+13	+16	+18	+20	+23
광고·선전	광고, 선전, 판촉 계획수립 및 시행									
	광고대행사 선정 및 운영									
	디자인 및 인쇄									
	판촉물 제작(취항기념 판촉물 포함)									
예약관리	예약관리 조직, 직능 설정									
	소요인력 산출									
	예약관리 관리자 채용									
	예약관리직 채용기준 설정									
	예약, 스케쥴, 전산직 채용									
	Call Centre 직능설정									
	Call Centre 직원 채용									

8. 운송분야

8-1. 운송조직 등

구 분	주요내용	+5	+10	+11	+12	+13	+16	+18	+20	+23
운송조직	운송조직 설정									
	업무분장									
운송직원 채용	운송담당자 선발 (AOC 준비요원)									
	운송지원방식 결정									
	운송직 소요분석									
	운송직 선발 기준									
	강사요원 선발									

구 분	주요내용	+5	+10	+11	+12	+13	+16	+18	+20	+23
운송직 훈련	운송직 훈련기관 선정									
	운송직 훈련실시									
여객운송 매뉴얼 작성	여객운송약관									
	운송 S.O.P									
	운송직 예약 교육매뉴얼									
	운송직 발권 교육매뉴얼									
	운송직 Check-in 교육매뉴얼									
	위험물 교범									
	항공기 탑재 및 처리교범									
	여객 운송 실무 및 절차									
	운송제한 수하물 처리 절차									
	특수 수하물 처리절차									
	수하물사고 및 Claim 처리 절차									
	탑재관리 절차									
	비정상 운항시 Handling 지침									
	W/B 용어 해설									
	SITA Message 타전 요령									
	운송 양식									
공항시설 사용계약	공항공사/취항지 공항당국과 협의									
	계약서 작성									
	계약체결									
	공항사무실 및 발권, 카운터 구축									

8-2. 지상조업과 급유계약

구 분	주요내용	+5	+10	+11	+12	+13	+16	+18	+20	+23
지상조업 및 급유계약	지상조업 방식 결정									
	지상조업계약자 선정									
	계약서 검토									
	지상 조업 계약체결									
	급유 조업 방식 결정									
	급유 조업계약자 선정									
	급유 계약서 검토									
	급유 계약체결									

9. 제복

구 분	주요내용	+5	+10	+11	+12	+13	+16	+18	+20	+23
제복	지급대상 직종 선정									
	직종별 계절별 제복 디자인									
	시제품 제작 및 품평회 개최									
	제작 발주									
	유니폼 Fitting									
	유니폼 지급									

10. CI

Corporate Identity의 약칭이며 기업의 존재의의를 간결하고 명료하게 표현하기 위한 작업을 가리키며, 회사 명칭이나 로고를 디자인하고 항공기 외부도장 도면을 작성한다.

항공기 외부도장 도면은 최초 항공기 도입이전에 작성되어야 한다.

Air Transport Business

Appendix A 부록

"항공기사고 시 지원계획서" 요지

1. 항공사업법 제11조에 의거 국내항공운송사업 및 국제항공운송사업의 면허를 받으려는 자 또는 제10조 제1항에 따라 소형항공운송사업 등록을 하려는 자는 면허 또는 등록을 신청할 때 "항공기 사고 시 지원계획서"를 첨부하여야 한다.

2. 항공기사고 시 지원계획서에는 다음 사항이 포함되어야 한다.

   가. 항공기사고대책본부의 설치 및 운영에 관한 사항

   나. 피해자의 구호 및 보상절차에 관한 사항

   다. 유해(遺骸) 및 유품(遺品)의 식별·확인·관리·인도에 관한 사항

   라. 피해자 가족에 대한 통지 및 지원에 관한 사항

   마. 그 밖에 국토교통부령으로 정하는 사항

3. 국토교통부장관은 항공기사고 시 지원계획서의 내용이 신속한 사고 수습을 위하여 적절하지 못하다고 인정하는 경우에는 그 내용의 보완 또는 변경을 명할 수 있다.

4. 항공운송사업자는 「항공안전법」 제2조 제6호에 따른 항공기사고가 발생하면 항공기사고 시 지원계획서에 포함된 사항을 지체 없이 이행하여야 한다.

5. 국토교통부장관은 항공기사고 시 지원계획서를 제출하지 아니하거나 제3항에 따른 보완 또는 변경 명령을 이행하지 아니한 자에게는 제7조 제1항에 따른 면허 또는 제10조 제1항에 따른 등록을 해서는 아니 된다.

6. 항공기사고 시 지원계획서 작성에는 다음의 자료를 참조하였다.

   ① ICAO 협약 Annex 13 "항공기 사고와 준사고 조사"(1994.7)

   ② ICAO 공항업무편람 제 7장 "공항비상계획(AEP)"

   ③ U.S Vision 100-Century of Aviation Re-authorization Act(PL-108-176) (2003.12.12)

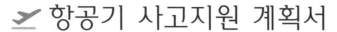 항공기 사고지원 계획서
(Emergency Response Planning)

본 항공기 사고지원 계획서는 Inter City Airlines에서 관련법령에 따라 작성한 계획서이며 참고용으로 활용할 수 있다.

일부 용어 중 조직의 명칭 등은 해당 항공사 조직 명칭으로 바꿀 수 있으며 회사의 대응전략이나 보상금액 등은 법령한도 이내에서 항공사가 결정할 수 있다.

제1장 총칙

제1조 목적

본 규정은 Inter City Airlines(주) (이하 '회사'라 한다)에서 운영 중인 항공기의 사고, 준 사고, 납치사고 및 긴급사태처리에 필요한 조직과 그 직무를 정함으로써 신속하고 적절한 사고대응 및 수습을 도모하여 항공기사고 또는 준 사고로 인한 피해를 최소화함을 그 목적으로 한다.

제2조 근거

① ICAO 협약 Annex 13 "항공기 사고와 준사고 조사"(1994.7)

② ICAO 공항업무편람 제 7장 "공항비상계획(AEP)"

③ U.S Vision 100-Century of Aviation Re-authorization Act(PL-108-176) (2003.12.12)

④ 항공사업법 제 11조

제3조 적용범위

본 규정은 사고대응에 관련하여 다음의 경우에 적용한다.

① 회사 운항 항공기의 사고 또는 준 사고 시

② 회사와 Code Share 또는 Lease계약을 체결한 운항편 항공사의 항공기 사고 시

③ 회사와 사고지원 계약을 체결한 항공사의 항공기 사고 시

제4조 타 규정과의 관계

① 본 규정은 항공기 사고 발생 시 회사 내 모든 규정 및 절차에 우선하여 전 임직원에게 적용한다.

② 본 규정은 회사의 항공기 사고로 인한 비상상황 발생 시 대비 규정이다.

제5조 개정

① 본 규정은 다음의 경우 검토 후 필요 시 개정하여야 한다.

가. 정기검토 : 최소 년 1회 이상

나. 주요사건(사업의 인수, 합병 및 급속한 성장과 사업규모의 축소 등)이 발생한 경우

다. 신규 항공기 및 장비의 도입 등으로 인한 기술적 변화가 발생한 경우

라. 안전 관련법규를 개정한 경우

② 개정 시 검토해야 할 사항

가. 최신정보를 포함하고 있는지 여부

나. 항공법령, 운항기술기준 등 항공안전에 관하여 국토교통부장관이 수립한 국가 법규 등을 이행하는데 충분한 내용을 포함하고 있는지

다. 사규 간 상호 연계성이 충분하며, 사규 간 상충된 내용이 있는지

라. 사내 종사자들이 쉽게 이해할 수 있도록 설명되어 있고, 규정이행에 문제가 없는지

③ 개정 절차

변경 내용에 따라 관계부문 또는 부서간의 협의과정을 거쳐 변경사항의 유효성 및 적합성 유무여부를 확인한다.

제6조 사고대응 우선순위

회사는 사고 발생 시 사고대응의 최우선 순위를 인명구조에 두고 있으며 사고처리 전반에 걸쳐 지켜야 할 원칙들은 다음과 같다.

① 생존자 수색과 구출

② 사망자(치명상 포함) 수색 및 확인

③ 생존자 및 탑승자가족 보호 및 지원

④ 사고조사기관 및 기타 유관기관과의 협력

⑤ 항공기 정상운항 유지

제7조 용어의 정의

항공기 사고 및 준사고 용어의 정의는 '항공안전법'을 적용한다.

① 항공기 사고

"항공기 사고"라 함은 사람이 항공기에 비행을 목적으로 탑승한 때부터 탑승한 모든 사람이 항공기에서 내릴 때까지 항공기의 운항과 관련하여 발생한 사람의 사망, 중상 또는 행방불명, 항공기의 중대한 손상, 파손 또는 구조상의 고장, 항공기의 위치를 확인할 수 없거나 항공기에 접근이 불가능한 경우를 말한다.

② 사망 (치명상)

"사망(치명상)"이라 함은 사고로 인하여 입은 부상으로 30일 이내에 사망하는 것을 말한다.

단, 인명의 사상이 자연적 원인, 자해 또는 타인에 의해 발생된 경우와 승객 및 승무원의 접근이 허용되지 아니하는 장소에서 발생된 경우에는 제외한다.

③ 중상

"중상"이라 함은 다음 중 하나에 해당되는 경우를 말한다.

가. 사고로부터 7일 이내에 48시간 이상의 입원을 요하는 부상

나. 골절(코뼈, 손가락, 발가락 등의 간단한 골절은 제외한다)

다. 열상(찢어진 상처)으로 인한 심한 출혈, 신경, 근육, 또는 힘줄의 손상

라. 2~3도의 화상 또는 신체표면의 5퍼센트 이상 화상(입원치료를 요하는 경우에 한한다)

마. 내장의 손상

바. 전염물질이나 방사선에 노출된 사실이 확인된 경우

④ 전파(全波)

"전파(全波)"라 함은 항공기의 감항성을 되살릴 수 있도록 다시 수리할 수 없는 정도로 항공기 기체 등이 파손된 경우를 말한다.

⑤ 중대한 손상(대파), 파손 또는 구조상의 고장 "중대한 손상(대파), 파손 또는 구조

상의 고장"이라 함은 항공기 구조상의 강도, 성능 또는 비행에 지장을 초래하거나 항공기의 감항성에 영향을 미치는 부품의 교체나 대수리가 요구되는 손상, 파손 또는 구조상의 결함을 말하며 항공기 사고로 분류된다. 다만, 엔진의 덮개나 부속품의 고장 등의 경미한 엔진고장, 프로펠러, 날개 끝, 안테나, 타이어, 브레이크, 베어링 그밖에 항공기의 표면에 작은 흠이나 작은 구멍과 같은 손상은 제외한다.

⑥ 항공기 준사고

"항공기 준사고"라 함은 항공기 사고 외에 항공기 사고로 발전할 수 있었던 것으로써 국토교통부령이 정하는 것을 말한다.

가. 항공기의 위치, 속도 및 거리가 다른 항공기와 충돌위험이 있었던 것으로 판단되는 근접비행이 발생한 경우(다른 항공기와 거리가 500피트 미만으로 근접하였던 경우)

나. 항공기가 정상적인 비행 중 지표, 수면 또는 그 밖의 장애물과의 충돌(CFIT)을 가까스로 회피한 경우

다. 항공기, 차량, 사람 등이 허가 없이 또는 잘못된 허가로 항공기 이륙·착륙을 위해 지정된 보호구역에 진입하여 다른 항공기의 안전운항에 지장을 준 경우

라. 항공기가, 폐쇄 중이거나 다른 항공기가 사용 중인 활주로(Closed or Engaged Runway)에 허가 없이 또는 잘못된 허가로 이륙·착륙을 시도한 경우

마. 항공기가 폐쇄 중이거나 다른 항공기가 사용 중인 활주로(Closed or Engaged Runway)에서 장애물을 가까스로 피하여 이륙한 경우

바. 항공기가 이륙 활주를 시작 후 이륙결심속도(Take-off decision speed)를 초과한 속도에서 이륙을 중단(Rejected take-off)한 경우

사. 항공기가 유도로에서 무단으로 이륙·착륙을 한 경우

아. 항공기가 이륙·착륙 중 활주로 시단(始端)에 못 미치거나(Undershooting) 또는 종단(終端)을 초과한 경우(Overrunning)

자. 항공기가 이륙·착륙 중 활주로 옆으로 이탈한 경우

차. 항공기가 이륙 또는 초기 상승 중 규정된 성능에 도달하지 못한 경우

카. 비행 중 운항승무원이 조종능력을 상실한 경우

타. 조종사가 연료의 부족으로 비상선언을 한 경우

파. 항공기 시스템의 고장, 기상 이상, 항공기 운용한계의 초과 등으로 조종상의 어

려움이 발생한 경우

하. 항공기가 이륙·착륙 중 날개, 발동기 또는 동체가 지면에 접촉한 경우(다만, Tail-Skid의 경미한 접촉 등 항공기 이륙·착륙에 지장이 없는 경우는 제외 한다)

거. 다음 각 목에 따라 항공기의 감항성이 손상된 경우

　1) 항공기가 지상에서 운항 중 다른 항공기나 장애물, 차량, 장비, 동물과 접촉·충돌

　2) 비행 중 조류(鳥類), 우박, 그 밖의 물체와 충돌 또는 기상 이상 등

　3) 운항 중 발생한 항공기 구조상의 고장(Structural Failure)

너. 비행 중 비상용 산소를 사용해야 하는 상황이 발생한 경우

더. 비행 중 항공기에 장착된 발동기 수의 100분의 30 이상의 발동기가 정지된 경우

러. 운항 중 발동기의 내부 부품이 발동기 외부로 떨어져 나간 경우(Uncontained Engine Failure) 또는 발동기 구성품이 이탈된 경우

머. 운항 중 발동기 화재(소화기를 사용하여 화재를 진화한 경우를 포함한다) 또는 객실이나 화물칸에서 화재·연기가 발생한 경우

버. 비행 중 비행유도 및 항행에 필요한 예비시스템 중 2개 이상 고장으로 항행에 지장을 준 경우

서. 비행 중 2개 이상의 항공기 시스템 고장이 동시에 발생하여 비행에 심각한 영향을 미치는 경우

⑦ 항공기 납치사고

"항공기 납치사고"라 함은 폭력, 협박 또는 기타의 방법으로 운항중인 항공기를 강탈하거나 그 운항을 강제하는 행위로 인하여 발생되는 사고를 말한다.

⑧ 긴급사태

"긴급사태"라 함은 당사의 항공기가 운항 중에 엔진고장, 연료부족, 악천후, 통신두절 등 기타 운항상의 원인에 의하여 위험에 처한 상태를 말한다.

제8조 정보의 제공 및 문서의 보존

① 사고 통보

항공기사고와 관련된 정보의 제공은 법령에 규정되어 있거나 회사가 필요하다고 인정하는 경우에 한한다. 단, 부득이 필요하다고 판단되는 경우에는 총괄대책본부장의 허가를 득한 후 제공할 수 있다.

가. 사고 통보처

　　1) 국내 : 국토교통부, 지방항공청, 공항당국, 국가정보원

　　2) 국외 : 해당국 사고조사기관, 해당국 관계기관, 공항당국

나. 통보내용

　　1) 기장 및 당해 항공기 소유자등의 성명 및 명칭

　　2) 사고가 발생한 일시 및 장소

　　3) 항공기의 등록부호, 형식 및 식별부호(국제민간항공기구에서 정하는 항공사 부호 및 편명을 말한다. 다만, 등록부호를 식별부호로 사용하는 경우 당해 등록부호를 말한다.

　　4) 비행구간

　　5) 승객과 승무원을 구분한 탑승객의 수

　　6) 항공기 사고의 발생경위

　　7) 사람의 사상 또는 항공기 그 밖의 물건의 파손개요

　　8) 사망자 또는 행방불명자의 성명 등 참고가 될 사항

② 문서보존

사고조사 관련 문서는 사외비로 영구 보존한다.

제9조 사고대응 단계 및 수준

① 사고대응 단계

사고의 대응단계는 사고의 유형과 규모에 따라 가변적이며, 회사는 다음의 3 Level로 나누어 적용한다.

대응단계	판단요소
Level I	• 해당 부문 통보
	• 비정상 운항
	• 항공기가 약간의 손상을 입었거나 가동 불능 상태
	• 부상자는 없으나 일부 승객이 정신적 충격증상을 보임

대응단계	판단요소
Level II	• 전 부문 통보
	• 준사고 또는 사고로 의심
	• 항공기의 중대한 손상 및 항공기 대파
	• 비상탈출 실행
	• 비상착륙 준비 실행
	• 소수의 부상자 발생(대다수가 비부상)
	• 대부분의 탑승자가 정신적 충격 증상을 보임
	• 언론의 관심이 큼
Level III	• 전 부문 통보
	• 대형사고
	• 다수의 사상자 발생(대다수가 부상)
	• 언론의 긴급속보 및 계속적인 보도

제10조 사고대응 수준

① Level I 단계 – 항공기 비정상 운항

　가. 최초 사고 인지자는 사고 발생 사실을 운항통제실로 신속히 보고한다.

　나. 별도의 대책본부가 설치되지 않고 운항통제실의 통보에 의거 각 부문별 대책팀
　　　에 의해 처리된다.

② Level II 단계 – 항공기 중(소)형사고

　가. 최초 사고 인지자는 사고 발생 사실을 운항통제실로 즉시 보고한다.

　나. 사고처리에 따른 별도의 부분적 사고대책본부를 설치하여 운영한다.

③ Level III – 항공기 대형사고

　가. 최초 사고 인지자는 사고 발생사실을 운항통제실로 즉시 보고한다.

　나. 전사적으로 사고대책본부를 설치하여 운영한다.

제11조 사고보고

① 사고 인지자의 보고

　가. 항공기 사고 또는 준사고 발생 사실을 인지한 임직원은 가능한 신속히 사고발생 사실을 운항통제실에 보고한다.

사고 발생 시 비상 연락처	
운항통제실	전화 : 팩스 :
Primary Contact Person	운항통제실장

　나. 항공기 사고 또는 준사고 발생을 보고 받은 운항통제실장은 사고의 규모 및 정도에 따라 사고대응 수준을 판단한 후 비상연락을 실시한다.

② 보고 내용

　가. 항공기 사고, 준사고 발생시

　　1) 일시 (현지시간/한국시간) 및 장소

　　2) 편명 및 출발지/목적지

　　3) 기종/등록번호

　　4) 기장 성명/승무원 수

　　5) 승객 수/화물 탑재량

　　6) 사고의 개요

　　7) 구조 활동의 개요(구조 활동이 전개된 사고, 준사고 시에만 해당)

　　8) 사고 보고자의 소속 및 성명

　　9) 기타 필요 사항

나. 항공기 납치사고 발생 시

보안사고 발생 시 연락처	
운항통제실장	전화 : 팩스 :
Primary Contact Person	운항통제실장
안전보안실	전화 : 팩스 :
Primary Contact Person	안전보안실장

    1) 편명 및 출발지/목적지

    2) 기종/등록번호

    3) 기장 성명/승무원 수

    4) 승객 수/화물 탑재량

    5) 항공기로부터 통보 받은 일시 및 위치

    6) 통보 받은 내용

    7) 사고 보고자의 소속 및 성명

    8) 기타 필요 사항

③ 긴급사태 발생시 – 다음 중 해당사항만 보고한다.

  가. 발생이 예상되는 사고의 구체적 상황

  나. 편명 및 출발지/목적지

  다. 기종/등록번호

  라. 기장 성명/승무원 수

  마. 승객 수

  바. 항공기에서 받은 최종통보 시각 및 위치

  사. 항공기의 출발지/목적지/중간 기착지의 출발 및 도착예정시각

아. 추정 잔여연료

자. 항공기 기능의 고장 부분

차. 항공교통관제기관의 구난조치

카. 기타 판명된 사항

제12조 사고의 통보 및 대응

본사 및 사고 현지에서의 통보체계는 다음과 같다.

① 사고 발생 시 처리

    가. 사고 발생 사실을 보고 받은 사장은 사고의 규모 및 정도에 대응 수준 및 총괄대책본부의 가동 여부를 결정한다.

    나. 사고의 정도가 사고대응단계 Level Ⅱ 이상으로 판단되고 총괄대책본부의 가동이 결정되면 운항통제실장은 지체 없이 관련 임직원과 통보 대상기관에 비상연락을 취한다.

② 납치사고 발생 시 처리

납치사고 발생 시는 회사 항공보안규정을 적용한다.

③ 긴급사태 발생 시 처리

    가. 긴급사태 발생 시, 해당지역 운항관리사는 긴급사태 해제 시까지 항공기와 지상간의 통신연락이 유지 되도록 필요한 조치를 취해야 한다.

    나. 운항관리사 또는 운항담당자는 긴급사태가 항공기사고로 발전될 우려가 있다고 판단되는 경우에는 즉시 운항통제실장 및 관할공항 지점장에게 보고하여야 한다.

    다. 긴급사태를 통보 받은 관할공항 지점장은 사태를 분석, 판단하여 사고로 전개될 우려가 있다고 판단되는 경우에는 현지 사고처리에 필요한 인원을 대기시키고 보안, 공항, 군, 경찰 당국 및 인근 의료기관 등 관계기관과 연락을 취해야 한다.

    라. 운항통제실장은 긴급사태를 보고 받은 경우, 사태를 분석, 판단하여 사고로 전개될 우려가 있다고 인정되는 경우 사고처리에 필요한 대기태세를 확립해야 한다. 비업무 시간인 경우 직원의 자택 대기 또는 소집을 결정하여 통보하여야 한다.

제2장 항공기 사고 총괄대책본부의 설치 및 운영에 관한 사항

제13조 총괄대책본부의 가동

① 총괄대책본부의 가동 여부는 사장이 결정한다. 단, 긴급을 요하는 경우에는 안전보안실장이 우선 조치하고 그 결과를 사장에게 즉시 보고하여야 한다.

② 총괄대책본부가 가동되어 그 활동이 개시되기 전까지는 운항통제실에서 상황에 대한 긴급조치를 취하며 대외 관련당국에 필요 정보를 제공하여야 한다.

제14조 총괄대책본부 주요 책임

총괄대책본부는 회사의 사고관련 최고 의사결정 기구이며 전사적인 사고 대응활동을 지휘한다.

① 운항통제팀장의 초기 대응 점검

② 현지파견단의 규모 결정 및 사고 현지 파견

③ 사고보고 관련 법규 준수 여부 확인 및 점검

④ 최종 검증된 탑승자 명단의 입수 및 해당 관계당국에 제출 지시

⑤ 대 언론 및 대중 보도 자료에 대한 점검/ 확인 및 승인

⑥ 국외 사고발생 시 해당국 연락창구 확보 및 해당국 법적 준수사항 확인

제15조 총괄대책본부의 구성

① 총괄대책본부는 사고대응과 밀접한 관련이 있는 부문의 임원 또는 팀장으로 구성된다.

② 사고통지를 받은 모든 대책본부 위원은 신속히 대책본부 상황실로 출두하여 사고대응 업무에 임해야 한다.

제16조 총괄대책본부장(사장)

사장은 사고 발생 시 총괄대책본부장으로서 전사적 사고대응 활동을 지휘하며, 상황에 따라 성명서를 발표하거나 언론 인터뷰에 응한다.

제17조 총괄통제관(안전보안실장)

안전보안실장은 우선 총괄대책본부로 출두하여 사고에 대한 정보를 입수하고 총괄통제관으로서 현장대책본부, 탑승자가족 지원센터를 지휘하며, 홍보실에 보도 자료 및 대관 기관보고 자료 등을 제공 한다.

제18조 현장대책본부(운항본부장)

현장대책본부장은 사고현장으로 이동하여 각 팀을 지휘하며 각 팀에서 보고된 자료와 정보를 종합하여 총괄통제관 및 총괄대책 본부장에게 보고한다.

① 부상자 전담팀(영업기획팀)

부상자의 병원이송 및 각 부상자 현황 및 인적사항을 종합하여 현장대책본부장에게 보고하며, 보상합의에 필요한 서류를 수집한다.

② 사망자 전담팀(운송팀)

사망자를 수습하여 운구하며, 사망자의 인적사항을 종합하여 현장대책본부장에게 보고하고, 보험 및 보상 합의에 필요한 서류를 수집한다.

③ 외국인 전담팀(국제선기획팀)

탑승자 중 외국인 유무를 확인하고, 외국인 탑승자 및 사상자에 대한 인적사항을 파악하여 현장대책본부장에게 보고하고, 외국인 사상자 가족에게 통보한다.

④ 수하물 전담팀(수입관리팀)

탑재되었던 수하물에 대한 현황을 파악하고, 보상합의를 위한 서류를 준비한다.

⑤ 기체복구팀(정비기술팀)

항공기 사고 시, 사고 현장에 파견되어 기체응급처리, 복구 작업, 회수, 보관, 처분에 관한 실질적인 업무를 수행한다.

1) 사고지 사고대응기관의 사고 조사 종료 후 사고기 기체처리 담당

2) 복구 작업 중 환경오염 최소화를 위한 사고기 유류유출 방지작업 실시

3) 사고기 응급처리, 복구 작업 및 정비지원

4) 사고 피해상황을 조사하여 명세를 작성하여 보고

5) 사고기의 회수, 처리 및 보관을 위한 작업

6) 활주로 장애 사고 시, 사고 항공기 이동 작업

⑥ 사고조사팀(안전보안실)

사고조사 관련 기관과 함께 사고현장으로 파견되어 사고조사의 일원으로 참여할 수 있으며 안전, 보안, 정비, 운항, 객실, 및 운송등과 같이 특정 관련분야의 전문가로 구성된다.

사고조사팀의 목적은 조직적이고 효율적인 현장 사고 조사를 수행하여 사고의 원인을 규명 하고 유사 사고의 재발을 방지하는데 있다.

가. 사고현장에서 사고조사 활동

나. 가능한 경우 운항/객실승무원 진술서 수집

다. 국내외 정부 사고 조사기관에 대한 사고 조사업무에 협조

라. 사고기 피해상황 조사

마. 사고 목격자의 사고 상황 청취 및 목격자 진술서를 작성하여 총괄대책본부에 보고

바. 사고현장 사진을 촬영하고 사고현장 약도 작성

사. 사고정보를 수집 및 분석

아. 사고원인 규명을 위한 사고기 운항 제원 및 정비 제원의 기술적 조사 실시

자. 사고조사 보고서 작성

차. 자체 사고조사 원인 분석 및 재발 방지 대책 수립

⑦ 지원팀(인사/총무팀)

현장대책본부 설치를 위해 필요한 장비 및 통신망을 구축하며, 총괄대책본부의 임수수행에 필요한 인력 및 자금을 지원 한다.

제19조 탑승자 가족 지원 센타(센터장 : 경영본부장)

경영지원본부장은 탑승자 가족 지원센터 구성을 위해 인력을 차출하고 각 팀을 지휘하여 탑승자 가족들에게 가능한 모든 편의를 제공하며, 사고수습을 위한 모든 조치를 취하여 장례 및 보상 절차가 순조롭게 진행 되도록 한다.

① 탑승자 문의 센타(예약관리팀/예약센터)

현장대책본부에서 보고한 탑승자 및 사상자의 명단을 확보하여 승객의 탑승 확인 문의에 응대한다.

② 탑승자 가족 전담팀(고객지원실/각 부서에서 차출된 인원)

탑승자 가족에게 사고를 통지하고 가족들이 현장을 방문 할 때 항공편 또는 기타 이동수단을 제공하며, 현장 접근을 안내하며 분향소 및 장례식장에서 가족들이 불편하지 않도록 물품 및 재정지원을 제공한다.

③ 보상대책팀(회계팀)

현장대책본부에서 파악한 탑승자 및 사상자의 인적현황을 기초로 보상금액 등의 보상 기준을 산정하여 사상자 가족 대표자와 보상 협상을 진행한다.

④ 분향장례팀(감사실)

분향소및 장례식장을 선정하고 설치하며, 사망자 가족들과 협의하여 장례절차 등을 결정하고 진행한다.

가. 분향소 설치 및 운영과 각종 의식에 대한 총괄적인 계획수립 및 실행을 관장한다.

나. 합동분향소 내 필요물품을 선정하고, 지속적인 소모품 규모를 파악하며, 예비 분을 확보하여야 한다.(장의 용품, 조화, 영정용 사진틀, 위패 등)

다. 합동분향소 운영계획을 수립한다.

라. 위령제/진혼제 행사 시 지원인력을 총괄한다.

마. 사고현지 인근에서 합동분향소를 설치/운영하며, 방문하는 탑승자가족 편의를 제공한다.

바. 총괄대책본부 및 탑승자가족지원센터의 지침에 따라 임무를 수행한다.

제20조 홍보팀(홍보실)

국토교통부 및 기타 정부기관은 물론 언론기관에 정확한 보고 및 보도 자료를 제공한다.

① 사고에 대해서 정확하고 공신력 있는 정보를 대 언론, 대중, 관계기관, 그리고 당사 임직원에 전파한다.

② 사내/외의 보도 자료를 신속히 작성/배포, 감수/통제하며 사고로 인한 당사의 이미지피해 최소화를 위한 적절한 조치를 취한다.

③ 사고 현지에 홍보요원을 파견하여 최고 경영층 현장 출입 시 관련 업무를 수행한다.

④ 사고발생 2시간 내 대 언론 기자회견 실시

⑤ 추측이나 감정이 아닌 사실에 입각한 뉴스보도를 유도 한다.

⑥ 사고관련 보도용 자료 및 정보수집과 조사를 위한 지침 제시

제21조 비상대응 업무 진행도 및 총괄대책본부 조직도

① 전사적 비상대응 업무진행도는 다음과 같다.

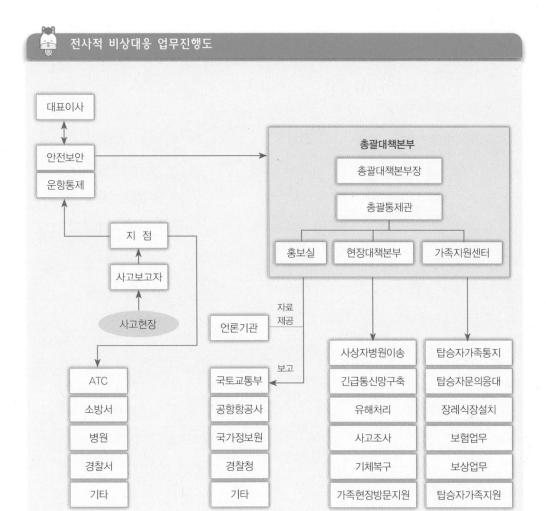

전사적 비상대응 업무진행도

② 회사조직에서 정상임무와 사고 시 임무는 아래 표와 같다.

정상 임무	직책	사고 시 임무
항공기 운항 및 경영총괄	대표이사 (사장)	총괄대책본부장
안전 및 보안총괄	안전보안실장	총괄 통제관
운항관리 및 지원	운항통제실장	총괄대책본부 설치
승무원관리 총괄	운항팀장	현장대책 본부장
경영일반 총괄	경영관리팀장	탑승자 가족지원 센터장

정상 임무	직책	사고 시 임무
회사 홍보	홍보팀장	홍보 및 언론 대응
사규준수 관리 및 감사	감사팀장	분향장례팀장
항공운임 및 판촉 관리	영업팀장	부상자 전담팀장
국제선 취항준비 및 노선 수립	국제업무장	외국인 전담팀장
수입자금 운영 및 관리	수입관리팀장	수하물 전담팀장
항공기 정비관리	정비기술팀장	기체복구팀장
인사관리	인사총무팀장	지원팀장
여객운송 및 승객관리	운송팀장	사망자 전담팀장
좌석 및 예약여객 관리	예약팀장	탑승자 문의 센터장
고객지원 및 민원지원	고객지원팀장	탑승자가족 전담팀장
자금 관리	회계팀장	보상대책팀장
회사 발전계획 수립	경영전략팀장	보험 업무
공항지점 관리	공항지점 (서울, 제주, 부산)	유해운송 및 장례서류 준비, 탑승자가족 현장방문 지원 등
대관 업무	대외협력팀장	대관 업무
기타		

제3장 탑승자의 구호 및 보상절차에 관한 사항

제22조 탑승자의 구호

항공기에 탑승한 객실승무원은 항공기의 비상사태 발생 시 일차적인 탑승자 구호업무를 수행하여야 한다.

① 항공기로부터의 탈출

비상사태의 종류에 따라 탈출을 결정하기 위한 객실승무원과 운항승무원간의 연락

방법이 달라질 수 있으나, 일단 비상 탈출이 결정되면 객실승무원은 Shouting을 실시함으로써 승객에게 탈출명령을 내려야 한다.

가. 준비된 비상사태

기장과 객실승무원간의 사전에 약속된 기장의 탈출지시 방송 또는 탈출신호음 (Evacuation Horn)을 듣는 즉시 탈출을 시작한다.

나. 준비되지 않은 비상사태

1) 객실승무원은 비상탈출 여부를 결정하기 위해 Interphone으로 운항승무원과 협의한다.

2) Emergency Light를 켠다.

다. 객실승무원의 비상탈출 결정

1) 객실승무원은 비정상적인 상황 하에서 조종실의 운항승무원에게 먼저 연락을 시도해 보고난 후 운항승무원으로부터 응답이 없다면, 객실 상황이 아래와 같은 경우에 한하여 비상탈출을 스스로 결정할 수 있다.

– 항공기의 심각한 구조적 손상

– 위험한 화재나 연기 발생

– 승객들이 위험 상태에 직면하였을 경우

2) 상황이 허락하는 한, 운항승무원들이 즉각적인 응답을 할 수 없는 경우가 있으므로 조종실에 연락을 수차례 시도하여야 한다.

라. 탈출 지시

1) 좌석 이탈 명령을 Shouting으로 승객에게 알린다.

"벨트 풀어!", "Release seatbelt"

2) 승무원은 Jump Seat에서 일어나 Flashlight을 들고 지정된 또는 가장 가까운 탈출구로 간다.

3) 필요 시, 협조자에게 외부상황을 확인하고 탈출구를 개방하도록 지시한다.

마. 비상탈출

1) 상황판단

구조적인 손상, 객실 화재 및 탈출구의 사용 가능성 여부를 확인한다.

2) 비상사태의 유형판단

비상사태의 유형과 사용 가능한 탈출구를 판단한다.

상 황	사용 가능한 탈출구
항공기 화재	모든 탈출구
NO 1 Engine 화재	우측 탈출구
NO 2 Engine 화재	좌측 탈출구
동체착륙	모든 탈출구
Main Gear Damage (Nose Up상태)	뒤쪽의 낮은 탈출구
Nose Gear Damage (Rear Up 상태)	앞쪽의 낮은 탈출구
항공기 착수상태	앞, 뒤 구명보트가 설치된 탈출구

바. 비상탈출구 개방요령

　　1) 탈출구의 도어가 개방 가능한 상태인지 항공기 내부와 외부(도어 창문을 통하여 확인)의 상황을 신속히 확인한다.

　　　－ 비상구가 뜨거운지 여부

　　　－ 연기나 화염이 보이는지 여부

　　　－ 커다란 물체가 떨어지거나 물이 차올라 있는지 여부

　　　－ 창문이 녹고 있는지 여부

　　2) 탈출구를 연다.

　　　승무원이 한 개 이상의 탈출구를 책임지고 있을 경우, 협조자들에게 지시하여 사용 가능한 모든 탈출구를 열도록 한다.

　　3) 탈출구가 Jamming되었을 경우, 재차 개방을 시도하고 사용불가로 판단되면 승객들을 다른 탈출구로 유도한다.

　　4) 객실승무원은 탈출이 이루어지는 동안 승객의 탈출로를 막지 않도록 몸을 벽면에 고정 시킨다.

　　5) 비상탈출이 이루어지는 중에도 지속적으로 외부상황을 살핀다.

사. 비상구가 막혀있는 경우

　　1) 항공기 외부 상황이 안전하지 않다면 비상구를 Block한다.

　　　"탈출구 불량!", "Exit door Blocked!"

　　2) 사용이 가능한 비상구를 찾아 승객에게 지시한다.

"저쪽으로", "Go that way"

3) 비상탈출 Route

A320 or B737

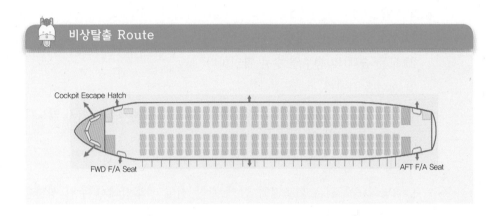

② 3.1.2 탈출 후 행동요령 지시

가. 비상착륙의 경우

1) 협조자는 탈출하는 승객이 빨리 탈출 할 수 있도록 도와준다.

2) 탈출 후 반드시 항공기 엔진으로부터 멀리 이동하도록 지시한다.

나. 비상착수의 경우

1) 항공기 전방이 들린 채로 착수하였을 경우도 신속히 탈출하여 헤엄쳐 가도록 Shouting 한다.

2) 협조자로 하여금 탈출한 승객들이 비상구 주변에 몰려 있지 않도록 한다.

3) 승객들에게 물로 뛰어들어 헤엄쳐 날개 전방으로 이동하도록 한다.

4) 모든 승객이 탈출한 후 항공기로부터 안전한 거리까지 이동한다.

5) 부상자가 있나 살피고 탈출한 승객들이 물속에서 최대한 가까이 모여 체온을 유지하도록 한다.

다. 지속적인 상황판단

1) 담당 탈출구를 사용할 수 없게 되면, 다음과 같은 Shouting을 실시하여 탈출구로의 접근을 막고 승객들로 하여금 다른 탈출구로 가도록 한다.

2) 승객들이 특정 탈출구 앞에 몰려있을 경우, 혼잡이 덜한 탈출구로 유도한다.

3) 승객들이 도어 하단에 엉켜 있는 경우, 일시적으로 탈출을 중단시킨다.

③ 3.1.3 탈출 후의 조치

　가. 비상착륙의 경우

항공기의 화염이나 폭발로부터 피해를 입지 않을 만한 안전거리를 유지한 후, 탈출한 승객을 모은다.

1) 부상승객에 대한 응급처리를 실시한다.

2) 모든 승객 및 승무원 수를 확인한다.

3) 흡연을 금한다.

4) 가능하다면 경비를 세워 수하물이나 항공기 잔해가 손상되지 않도록 한다.

5) 필요한 경우 구조 신호를 보낸다.

　나. 비상착수의 경우

1) 2명의 승무원은 협조자와 함께 각각 전방과 후방에서 주위 상황을 살피며 승객을 지휘하여 안전한 거리까지 이동한다.

"저는 승무원입니다."	"I'm a Crew"
"저의 지시에 따라주십시오!"	"Please, listen to me"
"전방을 보십시오!"	"Look forward"
"항공기로부터 멀리 떨어지십시오!"	"Move away from the aircraft"

2) 승객들을 안전한 거리까지 이동시키기 위하여 승객들에게 다음과 같이 지시한다.

3) 승객들을 안전거리까지 이동시킨 후 승객들에게 다음과 같은 자세를 유지시킨다.

　- Huddle 자세

물속에서 태아자세(HELP: Heat Escape Lessening Posture)를 취한 여러 명의 사람들이 서로서로 팔짱을 끼고 원모양으로 모여 있는 자세를 말한다.

　- HELP 자세

물속에서 태아처럼 몸을 웅크려 체온을 최대한 유지할 수 있는 자세로써 체온 손실이 많은 목과 겨드랑이, 허벅지 안쪽을 몸에 최대한 밀착시켜

　　　체온을 유지한다.

　　4) 모든 승객 및 승무원의 수를 확인한다.

　　5) 구조 신호를 보낸다.

다. 사고보고

　　1) 회사 또는 가장 가까운 지점 사무실에 신속히 연락하고 답변 자료를 준비한다.
　　　가능하다면, 안전보안실(070-8660-8201~8206)로 연락을 취한다.

　　2) 사고와 관련하여 언론과 인터뷰를 해서는 안 되며 기장이 공항지점장과 접
　　　촉하도록 한다.

　　3) 해산 시까지 회사의 지시에 따라 행동한다.

　　4) 사고에 관한 세부적인 보고서를 작성하여야 하며, 사고발생 후 24시간 이내
　　　에 안전보안 실장에게 보고서가 전달되어야 한다. 일반적으로 객실승무원이
　　　비행기에 탑승한 시점부터 사고 후 해산된 시점까지 발생한 모든 상황이 기
　　　록되어야 한다.

　　5) 보고서는 아래의 사항들을 포함하고 있어야 한다.

　　　　- 객실승무원의 항공기 탑승시간

　　　　- 비행 전 확인한 비상장비

　　　　- 비행한 모든 구간의 서술식 보고

　　　　- 객실승무원이 비상사태를 처음으로 인지한 시점

　　　　- 비상사태를 대비하여 객실승무원이 취한 조치

　　　　- 실질적인 탈출에 관한 서술적 보고와 승객의 반응

　　　　- 해산될 때까지 객실승무원이 승객을 위해 취한 모든 조치

제23조 구조활동 및 비상대응절차

① 부상자 처리 절차 (부상자 전담팀)

가. 구급차 / RAMP 버스에 탑승하여 현장으로 출동한다.

나. 관련기관과 협조하여 기내여객 탈출유도 및 여객하기 시 안내를 한다.

다. 병원 후송에 대한 안내와 부상자 인적사항을 파악한다.

라. 119 구급차 및 병원 구급차를 관계기관과 협조하여 RAMP내로 진입을 유도
　　한다.

마. 부상자 현황 및 인적사항을 종합하여 유지하고 부상자 및 가족들의 동향을 수시로 파악하여 부상자 관련 상황일지 및 일일보고서를 작성한다.

마. 부상상태 및 가족들의 요구사항을 파악하여 조치한다.

바. 해당병원과의 긴밀하나 유대관계로 부상자들의 상병상태를 매일 파악한다.

사. 부상자 및 가족관련 자료 및 보상합의에 필요한 서류를 수집한다.

　　예) 진단서, 일실소득자료, 향후 예상 진료비 추정서, 장애 진단서 등

아. 입원 시 발생한 진료비 정산 관련하여 해당병원에 협조의뢰 공문을 발송한다.

자. 부상자 지원 및 합의 시 발생할 수 있는 법적인 문제에 대하여 지침을 요청한다.

차. 정부 및 대외 관련기관에 필요 시 협조를 요청한다.

카. 부상자의 조속한 안정 및 퇴원을 위하여 가능한 모든 사항을 지원한다.

타. 경영층의 지시사항과 부상자 H/D 지침을 준수하고 요청사항 접수 시 조치한다.

파. 부상자의 조기퇴원 및 원만한 보상합의를 위하여 가족들과 지속적인 관계를 유지한다.

② 사고 현장 사망자 유해 처리 절차 (사망자 전담팀)

가. 임시천막을 설치하고 사망자를 운구한다.

나. 탑승자 가족 전담팀과 협조하여 유가족을 안내한다.

다. 탑승자가족의 동향 및 특이사항을 파악하고 상황일지 및 일일 보고서를 작성한다.

라. 모바일/FAX를 통한 요청사항을 정리/보고하여 결정사항을 전달한다.

마. 지방/해외 탑승자가족을 위한 무료항공권 신청서를 접수하고 AUTH를 발급한다.

바. 탑승자 및 탑승자가족에 대한 신상을 DB로 관리하며, 유관 부서와 정보를 공유한다.

사. 필요한 안내문/확인서/증명서를 배포 및 접수한다.

아. 특정 사안에 대한 탑승객/가족의 의사를 파악 및 관리한다.

자. 제반 현황에 대한 통계자료를 작성한다.

차. 병원 등에 Coordinator등을 파견하여 관련 업무를 지원한다.

③ 외국인 사상자 처리 절차 (외국인 전담팀)

가. 외국인 사망자/부상자 현황 파악 후 해당 지점과 연락하여 가족동향 정보를 수

집한다.

나. 국내입국 또는 통과 (사고현지 방문) 탑승자가족의 경우 M/A등의 편의를 제공한다.

다. 외국인 탑승자가족들의 동향 및 특이사항을 파악한다.

④ 수하물 처리 업무 (수하물 전담팀)

가. 사고기 수하물 사고현황 파악 및 필요시 사고조사 후, 유가족에게 택배를 발송한다.

나. 최종 처리보고 및 미결 건을 총괄대책본부에 이관하며, 전담반 일지기록 및 보고한다.

제24조 보상 절차 업무 (보상대책팀)

① 손해액 산정에 필요한 탑승자 관련 각종 정보를 수집한다.

② 보상액 결정시 참고할 각종 사고 사례를 수집하여 분석한다. (국내 일반 대형사고, 국내외 항공사고 시의 보상액 등)

③ 최종 보상금액 산정 자료로 활용하기 위하여 사망자 및 부상자의 법적보상금액을 산출하며, 인명사상에 대한 보상(안)을 상신한다.

④ 보험사와 업무협조를 통하여 보상협상 및 보상합의 관련 각종정보를 수집한다.

⑤ 법무담당과 협조하여 보상(안)에 대한 보험사의 승인을 득한다.

⑥ 탑승자 가족 대표와의 보상협상을 위한 회사 측 대표인선(안)을 상신한다.

⑦ 소송을 유도할 목적으로 피해자에게 접근하는 변호사를 파악한다.

⑧ 회사 측 보상협상대표에게 협상에 필요한 각종 자료 및 정보를 제공한다.

⑨ 탑승자 가족 대표와 보상협상 관련 회의를 진행한다.

⑩ 인적피해 보상 외에 수하물 또는 화물피해 보상대책을 종합하여 대처할 필요가 있을 경우에는 관련 부문과 협의, 종합 대처방안을 강구한다.

⑪ 보상협상 관련 회의에 참석하여 보상기준 합의를 유도한다.

⑫ 대표가족 전담요원은 원만한 보상협상 진행을 위해 필요 시, 대표 가족들과 긴밀한 관계를 유지한다.

제4장 유해 및 유품의 식별확인·관리·인도에 관한 사항

제25조 유해처리

① 보호자와 유선 연락하여 사고 통지 및 호출

(외국인의 경우 지역 연고자를 찾아보고, 해당국가 대사관/영사관에 통보한다)

② 탑승자가족 응대

    가. 비행기 도착 시 공항 경찰 및 검역관계자, 공항의료진, 세관 등에 연락하여 실시하고 병원으로 후송 조치한다.

    나. 사망자 전담팀과 탑승자 가족 전담팀은 유해에 대하여 사망자의 보호자와 협의하여 처리 하고 이를 위해 최대한 편의를 제공한다.

    다. 기내 사망 시 당사 귀책유무를 불문하고 당사의 운송구간에 한하여 무임운송을 실시하고 아래 서비스를 추가로 제공한다.(해당편 항공료 환불조치)

    라. 유해인수 및 사고처리를 위한 유가족 1인의 왕복 무료 항공권 제공

    마. 유해 무임운송

    바. 보호자의 사고지역에서의 숙식 및 교통비 제공

③ 유해 운송 및 장례절차가 필요 시 제반 서류는 해당 사망자 전담팀이 접수한다.

    가. 사망확인서(외국인은 해당 국가 대사관에서 발급, 내국인은 관할 경찰서에서 발급)

    나. 사망진단서(사체 검안 병원에서 발급)

    다. 방부 증명서

제26조 유품, 식별관리 인도에 관한 사항

① 사고 승객의 Check-In 시 수하물 확인 및 수하물 TAG No.를 확인한다.(시스템에서 확인가능)

② 사망자 전담팀장의 지휘아래 각 공항 도착 담당자 및 운송팀원, 예약관리팀에서 적극 지원 및 유가족에게 유품을 인도한다.

③ 사고조사나 범죄수사를 위해 필요한 경우를 제외하고, 회사 통제 하에 있는 유해 및 유품은 승객 가족에게 반환한다.

④ 사고 조사나 범죄수사를 위해 필요한 경우를 제외하고, 회사 통제 하에 있는 승객

의 소지품은 승객 또는 승객 가족에게 반환한다.

⑤ 회사의 통제 하에 있으나 승객이나 가족으로부터 반환요구가 없는 물품은 최소 18 개월간 보관한다.

제5장 탑승자 가족에의 통지 및 지원에 관한 사항

제27조 탑승자 가족에의 통지

탑승자 가족 전담팀의 첫 번째 임무는 전화로 (혹은 직접 방문) 탑승자 가족에게 사고 소식을 전하는 것이다. 전화로 탑승자 가족에게 사고소식을 전하는 일은 가장 어려운 상황 중의 하나이다. 이런 상황에 적절히 대처하기는 전문가 역시 쉬운 문제가 아니다. 아래의 사항은 최초 전화 통지 시 가족과 전담요원이 접할 수 있는 경우이다.

① 사고 소식을 전하기 위해 전화를 했을 때, 이미 대부분의 가족들은 사고의 사실을 인지하고 있으며 당사로부터의 전화를 기다리고 있을 것이다.

② 사고 소식을 전하는 첫 번째 전화에서는 사고사실에 대해 짧게 설명한다. 그리고 가족이 사고에 포함되어 있다는 사실을 알리고 유감의 뜻을 전한다.

③ 사고를 전하는 첫 번째 전화는 사고를 당한 가족들에게 대단히 힘든 일이다.

하지만 사고 소식을 전하는 요원에게도 역시 힘든 일이다.

④ 어떤 상황 하에서도 전화를 하기 전에 전화를 하는 요원의 마음이 준비가 되어 있어야 한다. 전화를 하는 것은 쉬운 일이 아니므로 충분히 마음의 준비를 한 다음 전화를 한다.

다음은 전화 통지 시 포함되어야 할 사항이다.

가. 전화통화를 시도한 직원의 이름

나. 회사로 부터 전화를 했다는 사실

다. 적합한 유자격 가족(탑승자의 배우자나 부모, 성인자녀)과의 통화사실.

절대 미성년자에게 통보해서는 안 된다. 유선통보 시 자동 응답기가 나올 경우 응답기에 메시지를 남기는 것은 적절하지 못하다. 나중에 다시 전화를 한다.

라. 확인된 사항만을 전달한다.즉, 회사의 항공기가 어느 지역에서 사고가 났으며,

가족이 사고 항공기에 탑승했다는 사실과 생존자가 없다는 사실 등이다. (이것은 단지 하나의 예로써 실제 상항은 상당히 다를 수 있다) 또는, 확실한 정보가 없을 때 정보가 입수되는 대로 다시 연락을 취하겠다는 사실을 전달한다.

마. 의문사항이 있을 때 전담요원과 연락할 수 있는 전화번호를 남긴다.

반응은 정상적이며 반대의 경우 오히려 비정상적이다. 전화를 받고 탑승자 가족들은 충 격에 휩싸일 것이다. 가족들이 전화하는 여러분을 비난하고 강한 분노를 표시할 것인지 여러분의 전화에 탑승자 가족들의 반응을 예측하기는 대단히 힘들다. 그러므로 전화를 할 때는 가족들로부터의 다양한 반응에 대한 마음의 준비를 해야 한다. 과민한 대응에 대해서도 마음의 준비를 해야 한다.

제28조 탑승자가족 지원계획

본 계획은 당사의 항공기 사고로 인하여 부상 또는 사망한 승객, 탑승자가족, 지상 피해자 및 피해자가족에 대한 지원업무를 보다 효과적으로 수행할 수 있도록 탑승자 가족 전담 팀원에게 적합한 지시와 정보를 제공하기 위한 것이다.

① 계획의 가동

본 사고지원 계획서 제 9조의 사고 대응단계에 규정되어 있는 사고대응 단계 중 Level II 또는 Level III 수준의 항공기 사고 발생 시 본 계획을 가동한다.

② 가동 절차

회사 항공기 사고 발생사실을 통보받은 운항통제팀장 또는 안전보안실장은 비상대응조직도에 따라 경영층에 보고 후 총괄대책본부를 가동하며 사상자가 발생한 사고에 대해서는 총괄대책본부장은 탑승자가족지원센터를 설치하고 탑승자 가족 지원체계를 가동한다.

③ 탑승자 가족 지원 업무(탑승자 가족 전담팀)

가. 현지를 방문하는 탑승자 가족에게 안내사항을 전달하며, 방문자 현황 및 동향을 파악한다.

나. 현지 의료전문기관 및 관공서 등과 협조하여 사망자 파악 및 부상자 후송을 지원한다.

다. 탑승자가족의 요청사항을 파악하여 총괄대책본부 및 탑승자가족지원 센터에 보고 후 지침에 따라 임무를 수행한다.

라. 탑승객 및 가족을 위로하고 안정을 취할 수 있도록 적극적으로 Care한다.

마. 경영층의 지시사항 및 탑승객, 가족 H/D 지침에 따라 행동하며, 요청 사항은 총괄대책본부에 보고 후 총괄대책본부 지침에 따라 처리한다.

바. 탑승자 및 가족 관련 자료를 입수한다.

④ 현장 탑승자가족 지원

가. 탑승자가족전담팀은 신속하게 사고현장에 투입되어 탑승자가족에 대한 각종 편의를 제공하며, 방문자, 시설의 운송 및 현장 분향소 설치와 운영을 지원하기위한 조직이다.

나. 개별 탑승자가족에게 각종 안내문 및 서한을 전달한다.

다. 탑승자가족의 출입국 시 M/A 등의 편의를 제공한다.

라. 원만한 보상합의를 도출하기 위하여 적극적으로 탑승객, 가족의 의사를 파악한다.

마. 탑승자 가족 전담팀의 직원을 대상으로 임무 파견 전에 임무 수행 시의 유의사항, 문화적 차이에 대한 이해와 항공사고로 인한 슬픔과 상실감 및 이로 인한 심리적 요인의 이해 등에 관한 내용에 대하여 회사 내부 통신망(INTRANET) 등을 통하여 교육을 실시한다.

제29조 탑승자가족 지원센터 구성

① 지원본부는 총괄대책본부 조직구성 및 활동에 필요한 조치를 취하며, 사고 초기 탑승자관련정보를 취합하여 탑승자가족 지원센터 구성에 만전을 기한다.

② 탑승자 가족 전담요원을 신속히 선발하여 지정장소에 동원하며, 사고 수습 종료 시까지 지속적인 활동이 가능하도록 관련부서에 협조를 요청한다.

③ 전담요원 인력동원 기준은 부서별 Work load를 고려하여, 대리급 이상의 현업에 지장이 없는 직원 위주로 차출하고, 탑승자별 가족구분 후 1가족 당 전담직원 1-2명씩 배정한다.

④ 탑승자가족 전담팀 활동 지원

가. 탑승자가족 Care에 만전을 기할 수 있도록 전담요원의 활동을 지원한다. 또한 보상대책팀 / 외국인 전담팀 / 현장 대책본부의 파견인력 교체 또는 추가 필요 시 인력을 지원한다.

나. 탑승자 및 가족 현황 파악

다. 탑승자가족 지원센터 내 분향소와 장례팀을 구성하고 신속한 분향소 운영/ 게시 및 장례절차 진행이 가능토록 한다.

라. 합동분향소 설치에 필요한 인원을 배정하고 영정, 위패, 조화 등 장례용품을 준비하여 신속히 분향소를 설치, 운영한다.

마. 사고와 관련하여 필요한 사항을 지원한다. (식권배포, 봉사단체 유치 등)

바. 사고수습 후 위령제/진혼제 실시를 주관한다.

사. 사고 시 발생한 부상자에 대한 각종 지원활동을 적극적으로 수행하며 조기에 원만한 사후 수습이 이루어질 수 있도록 법무담당과 협의하여 탑승자 보상대책을 주관한다.

아. 탑승자 가족의 요구사항을 파악하여 총괄대책본부에 보고한다.

국내여객 운송약관의 적용

1. 운송약관은 항공사의 국제여객 운송약관이 적용되는 경우를 제외한 국내선 정기, 부정기 여객 및 수하물의 운송 또는 이에 부수되는 모든 업무에 적용한다.
   다만, 전세운송에 대하여는 별도의 전세운송계약에 의할 수 있으며, 전세운송계약에 명시되지 아니한 사항에 대하여는 본 운송약관을 적용한다.

2. 본 운송약관의 일부 조항에 관하여 특약을 한 경우에는 당해 조항에 우선하여 그 특약이 적용된다.

3. 여객 및 수하물의 운송은 여객의 여행개시 당일에 유효한 운송약관 및 이에 의거하여 정해진 규정을 적용한다.

4. 무상운송에 관하여 항공사는 별도로 정하는 바에 따라 이 약관의 전부 또는 일부의 적용을 배제할 권리를 가진다.

5. 제1항의 단서규정에 의해 여객이 전세운송계약에 의한 운송을 수락하는 경우에는 이 운송약관에 동의하는 것으로 간주한다.

6. 본 운송약관의 항공사의 방침에 따라 일부 변경할 수 있다.

국내여객/국제여객 운송약관은 사업면허 신청 시 보완자료로 제출을 요청받을 수 있어 각각의 약관내용을 소개한다.

✈ 국내여객운송약관
(DOMESTIC PASSENGER TRANSPORTATION PROVISION)

본 국내여객 운송약관은 Inter City Airlines에서 관련법령에 따라 작성한 약관이며 참고용으로 활용할 수 있다.

일부 용어 중 조직의 명칭 등은 해당 항공사 조직 명칭으로 바꿀 수 있으며 회사의 대응전략이나 보상금액 등은 법령한도 이내에서 항공사가 결정할 수 있다.

제1장 총칙(General)

제1조 정의

본 약관에서 사용하는 용어의 정의는 다음과 같다.

1. "국내여객운송"이란, 유상 또는 무상운송 여부와 관계없이 여객과의 운송계약상 그 출발지, 목적지 및 도중 착륙지가 대한민국영토 내에 위치하는 항공운송을 말한다.

2. 본 약관에서 "항공권"이란 주식회사 하이에어라인즈(이하 "항공사"라 칭한다)가 국내운항 노선상의 여객운송을 위하여 발행한 증표(전자 항공권을 포함)를 말한다.

3. 본 약관에서 "여객용 쿠폰"이란, 여객 항공권의 일부로서 항공사와의 운송계약을 증명하기위해 여객에게 교부한 증표를 말한다.

4. 본 약관에서 "탑승용 쿠폰"이란, 여객 항공권의 일부로서 여객의 운송을 위하여 특정구간이 명기된 증표를 말한다.

5. 본 약관에서 "전자항공권"이란, 항공사의 데이터베이스(Data Base)에 포함되어 있는 관련 자료와 항공사가 발행한 E-Ticket 확인증을 말한다.

6. 본 약관에서 "E-Ticket 확인증"이란, 항공사가 발행하는 전자 항공권으로 여행하는 승객에게 발행하는 승객 성명, 항공편, 고지사항을 포함한 문서를 말한다.

7. 본 약관에서 "통상운임"이란, 국내선 구간의 항공운송을 위하여 항공사가 정부로부

터 인가 받은 비 할인 여객운임을 말한다.

8. 본 약관에서 "왕복여행"이란, 일정 지점으로부터 여행을 개시하여 그 출발지점에 되돌아 되돌아오는 여행으로서, 왕복 양편에 동일운임이 적용되거나, 적용운임이 상이하되 왕복편을 동일경로로 여행하는 경우를 말한다.

9. 본 약관에서 "수하물"이란, 여객 자신의 여행 시 휴대 또는 탁송을 의뢰한 소지품 및 물품을 말한다.

10. 본 약관에서 "위탁수하물"이란, 여객이 여행 시 항공사에 탁송을 의뢰 하여 수하 물표 또는 초과 수하물표를 발행한 수하물을 말한다.

11. 본 약관에서 "휴대수하물"이란, 위탁수하물 이외의 수하물을 말한다.

12. 본 약관에서 "초과수하물"이란, 항공사가 정한 무료수하물 허용량을 초과한 수하 물을 말한다.

13. 본 약관에서 "수하물표"란, 위탁수하물의 운송을 위하여 항공사가 발행하는 증표 를 말한다.

14. 본 약관에서 "초과 수하물표"란 초과 수하물의 운송을 위하여 항공사가 발행한 증 표를 말한다.

15. 본 약관에서 "단체여객"이란, 사전에 동일단체로 예약이 신청되고 동시에 동일구 간을 여행하는 10명 이상의 여객을 말한다.

16. 본 약관에서 "특별운임"이란, 통상운임 이외의 운임을 말한다.

17. 본 약관에서 "성인"이란, 만 13세 이상의 여객을 말한다.

18. 본 약관에서 "소아"란, 만 2세 이상 만 13세 미만의 여객을 말한다.

19. 본 약관에서 "유아"란, 만2세 미만의 여객을 말한다.

제2조 약관의 적용

1. 운송약관은 항공사의 국제여객 운송약관이 적용되는 경우를 제외한 국내선 정기, 부정기 여객 및 수하물의 운송 또는 이에 부수되는 모든 업무에 적용한다.
   다만, 전세운송에 대하여는 별도의 전세운송계약에 의할 수 있으며, 전세운송계약 에 명시되지 아니한 사항에 대하여는 본 운송약관을 적용한다.

2. 본 운송약관의 일부 조항에 관하여 특약을 한 경우에는 당해 조항에 우선하여 그 특약이 적용된다.

3. 여객 및 수하물의 운송은 여객의 여행개시 당일에 유효한 운송약관 및 이에 의거하여 정해진 규정을 적용한다.

4. 무상운송에 관하여 항공사는 별도로 정하는 바에 따라 이 약관의 전부 또는 일부의 적용을 배제할 권리를 가진다.

5. 제1항의 단서규정에 의해 여객이 전세운송계약에 의한 운송을 수락하는 경우에는 이 운송약관에 동의하는 것으로 간주한다.

제3조 약관의 변경

항공사의 운송약관 및 이에 의거하여 정하여진 규정은 적용법령 및 정부의 지시 등에 의해 예고 없이 변경될 수 있다.

제4조 비치

항공사의 지점 또는 영업소에서는 여객운임, 요금, 운항시간표, 운송약관을 이용자가 보기 쉬운 곳에 비치하여 열람할 수 있도록 한다.

제5조 여객의 동의

여객은 항공사의 국내선 항공권을 구입함으로써 이 운송약관 및 이에 의거하여 정하여진 규정에 동의한 것으로 간주된다.

제6조 준거법 및 재판관할

1. 본 약관은 대한민국의 법에 따라 해석되며 이 운송약관 및 관련 규정에 정하지 않은 사항에 대해서는 대한민국 법률을 적용한다.

2. 본 약관에 의거하여 행하는 운송과 관련된 소송은 그 손해배상 청구권자가 누구인가를 막론하고, 또한 그 손해배상청구의 법적 근거 여하를 불문하고 대한민국 법원을 관할법원으로 하며 그의 소송절차는 대한민국 법을 적용한다.

제7조 운항 상의 변경

1. 항공사는 법령, 정부기관의 명령 또는 요구, 기재의 고장, 악천후, 쟁의 및 노사분규, 소요, 동란, 전쟁, 천재지변 및 기타 불가항력적인 상황으로 인하여 예고 없이 운항시간을 변경하거나, 항공편을 취소하거나, 운항을 중지하거나, 발착지를 변경하거나, 불시착 하거나, 운송할 여객수의 제한 또는 적재된 수하물의 전부 또는 일부를 내리게 할 수 있다.

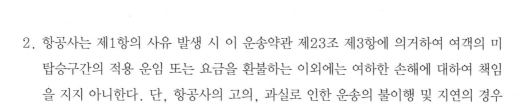

2. 항공사는 제1항의 사유 발생 시 이 운송약관 제23조 제3항에 의거하여 여객의 미탑승구간의 적용 운임 또는 요금을 환불하는 이외에는 여하한 손해에 대하여 책임을 지지 아니한다. 단, 항공사의 고의, 과실로 인한 운송의 불이행 및 지연의 경우 항공사는 관련 약관규정 및 법규에서 정한 기준에 의거 배상한다.

제8조 항공사 직원의 지시

여객은 항공기 승강 및 공항 또는 항공기내에서 행동을 하거나 수하물을 적재 또는 하기할 경우에는 항공사 직원의 지시 또는 요구에 따라야 한다.

제2장 여객(Passengers)에 관한 사항

제9조 항공권의 발행

항공사는 여객이 소정운임을 지불하거나 또는 항공사에서 별도로 정하는 신용거래 조건에 의하여 항공권을 발행한다.

제10조 항공권의 유효성

1. 항공권은 항공권에 기재된 사항대로 사용되어야 하며, 항공사 직원 또는 별도로 정한 자 이외의 타인에 의해 기재사항이 말소 또는 변경되거나, 전부 또는 일부가 손상된 항공권은 항공사가 그의 유효성을 인정하지 아니하는 한 무효로 한다.
2. 항공권은 여객 성명 및 기타 소정 사항이 명기되고 유효 인이 날인된 경우에만 유효하다.
3. 항공권은 타인에게 양도할 수 없다.
4. 여객이 항공권을 부정 사용하거나 운송증권 상의 기재사항에 대해 여객이 허위 또는 부실 기재를 한 경우에는 이로 인해 여객 자신 또는 제3자에게 발생하는 일체의 손해에 대하여 항공사는 책임을 지지 않는다.
5. 특정기간의 운송을 위하여 발행된 항공권은 당해 항공권 발행 당시의 운임이 적용되는 구간 및 기간 내의 운송에만 유효하다.

제11조 유효기간

별도로 명시된 경우를 제외하고는, 항공권은 여객의 여행 개시일로부터 1년간 유효하며, 미사용 항공권의 경우는 그의 발행일로부터 1년간 유효하다. 단, 유효기간 계산 시 여행개시일 또는 항공권 발행일은 포함하지 아니한다.

제12조 항공권 유효기간 연장

1. 제 11조 규정에도 불구하고, 여객이 다음 각 호에 해당하는 사유로 인해 항공권 유효기간 만료 전에 그의 연장을 요청하는 경우에는 당해 항공권 유효기간을 1회 연장할 수 있다.

   가. 좌석이 미 확약된 항공권 소지 여객이 예약 신청 시 좌석 부족으로 인해 탑승이 불가한 경우 정상적인 좌석예약이 가능한 시점까지

   나. 항공사 사정에 의하여 여객의 확약된 항공편을 취소하거나, 확약된 좌석을 제공치 못하거나, 출발 또는 도착지로 예정된 지점에 기항치 못하거나, 운항시간표에 따라 정상적으로 운항치 못한 경우 정상적인 운항 가능 시점까지

   다. 여객이 질병이나 기타 신체상의 장해로 인해 여행이 불가한 경우. 단, 이 경우 동 사실을 확인할 수 있는 의사의 진단서를 제출하고 진단서에 기재되어있는 여행 시작 할 수 있는 시점까지

2. 제1항 "다"의 경우 항공사는 당해 여객을 실제로 동반하는 자의 항공권 유효기간도 동일하게 연장한다.

제13조 항공권의 분실

1. 여객이 항공권을 분실하였을 경우 항공사는 이를 무효로 한다.

2. 항공권을 분실한 경우에는, 여객이 여행 당일에 유효한 운임을 지불하고 신 항공권을 구입치 않는 한 당해 구간에 대한 운송을 행하지 아니한다.

3. 제 1항의 경우 여객이 후일 당해 분실 항공권을 발견하여 항공사에 제시하거나, 당해 분실 항공권이 타인에 의하여 사용 또는 환불되지 않았다는 사실이 확인된 경우에 한하여, 미사용 분실항공권은 여객이 당초 지불한 운임 전액을, 일부 사용한 항공권에 대해서는 탑승한 구간의 운임을 공제한 차액을 환불한다.

제14조 도중체류

1. 도중체류는 탑승 예정편 출발 전에 항공사와 합의하여야 하며 그 사실을 항공권에 기재 받아야 한다.

2. 도중 체류지에서의 여객 사정에 의한 경로 변경 또는 예약취소 시에는 제 21조(경로변경) 또는 제 23조 (환불) 제 2항에 의거하여 취급한다.

제15조 운임 및 요금의 적용

1. 여객 운임 및 요금은 항공사에서 별도로 정한 운임 및 요금표에 의한다.

2. 여객 운임 및 요금은 당해 출발지 공항에서부터 도착지 공항간의 운송에 대하여 적용한다.

제16조 적용운임 및 요금

1. 적용운임 및 요금은 여객이 여행하는 당일에 유효한 운임 및 요금으로 한다.

2. 지불된 운임 또는 요금이 적용운임 또는 요금과 상이한 경우에는 그 차액을 환불 또는 추징한다.

제17조 왕복운임

1. 왕복운임은 편도 통상운임의 2배로 한다.

제18조 유아 및 소아 운임

1. 성인에 의하여 동반되고 좌석을 점유하지 않는 유아는 성인 1인당 1인에 한하여 무임으로 한다.

2. 별도로 좌석을 점유하는 유아와 소아 또는 성인 1인이 동반하는 유아 중 1인을 초과하는 유아에 대하여는 해당 구간 성인 통상운임의 75% 을 징수한다.

제19조 2개 이상 좌석 사용 시의 운임

여객이 신체장애 또는 기타 사유로 2개 이상의 좌석을 동시에 사용하기 위해 사전에 예약하는 경우에는 초과좌석 1석당 당해 탑승구간 성인 통상운임을 적용한다.

제20조 부가가치세

부가가치세는 부가가치세법에 의거하여 항공사가 정한 운임 및 요금에 부가하여 징수한다.

제21조 경로변경

1. 여객이 항공권에 기재된 일자, 항공편, 구간 또는 목적지를 변경코자 할 때에는 탑승예정 항공편 출발 이전에 항공사의 지점 또는 영업소에 당해 변경이 요청되고 좌

석의 여유가 있는 경우에 한하여 본 운송약관 및 이에 의거하여 정하여진 규정에 의거하여 변경한다.

2. 여객의 사정 이외의 사유로 인해 항공사가 항공편을 취소하거나, 여객이 확약된 좌석을 제공하지 못하거나, 예정 기항지에 착륙하지 못하거나, 운항시간표에 따라 정상적으로 운항하지 못한 경우 항공사는 아래의 조치를 취한다.

　가. 여객 및 수하물을 좌석 제공 가능한 타 항공편 또는 타 운송수단으로 운임 추징 없이 목적지까지 운송하거나,

　나. 여객 요청에 따라 여행일자, 항공편 또는 경로를 변경하거나,

　다. 이 운송약관 제 23조 제 3항 및 기타 관련 규정에 의거하여 환불을 행한다.

제22조 운송거절, 제한

1. 운송 거절 권리

　가. 항공사는, 특정 여객에게 그의 항공편으로 운송을 제공하지 않을 것임을 사전에 서면으로 통고한 후에는 합리적인 판단에 의거하여 당해 여객 및 수하물의 운송을 거절할 수 있다

　나. 항공사는, 아래의 사실이 발생 하거나, 발생 가능성이 있다고 합리적으로 판단하는 경우, 여객 및 수하물의 운송을 거절 하거나 도중 지점에서 하기(下機) 조치 할 수 있다.

　　1) 여객이 인명 또는 재산의 안전을 위한 정부기관 또는 항공사의 지시나 요구에 따르지 아니한 경우

　　2) 정부의 적용 법률, 정부 관련기관의 요구가 있을 경우 당해 여객의 운송 또는 예약의 거부

　　3) 여객 또는 수하물의 운송이 타 여객이나 승무원의 안전, 건강에 위해를 끼치거나, 안전운항에 상당한 영향을 미칠 수 있는 경우

　　4) 주류, 약물로 인한 손상을 포함하여, 여객의 정신적, 신체적 상태가 여객 자신, 타 여객, 승무원 또는 재산에 유해하거나, 위험을 초래 할 수 있다고 객관적으로 판단되는 경우

　　5) 여객이 이전(以前)의 어느 항공편 탑승 중 부당 행위(고성방가, 음주소란, 타인 항공권 사용, 성희롱 등) 및 항공기 안전운항에 위배된 행위를 하였을 경우

6) 당 항공사에 손해를 끼쳤거나 직원의 업무방해 및 지장을 초래하여 당사가 운송거절 대상으로 서면으로 통보하였을 경우이거나 항공사가 그러한 행위가 다시 발생 할 수 있다고 판단할 충분한 이유를 가진 경우

7) 여객이 항공권의 명의인과 동일인 여부 확인 목적으로 항공사 또는 그의 지정 대리인이 요구하는 신분증 제시를 거부 하거나, 본인임을 스스로 증명하지 못하는 경우

8) 여객이 신체 또는 소유물에 대한 보안 검색을 거부하는 경우

9) 여객이 불법적으로 취득하였거나, 항공사 또는 그의 임명 대리점 이외의 자를 통하여 구입 했거나, 분실, 도난 신고 되었거나, 위조된 항공권을 제시하는 경우

10) 제3자의 보조 없이 단독여행이 불가능 하다고 판단되는 경우

다. 항공기에 탑재할 양이 그의 허용 탑재량을 초과할 경우, 항공사는 운송할 여객 또는 물품을 선정할 수 있다.

라. 위의 "가"호 내지 "다"호의 사유로 운송이 거절 되거나, 도중에서 하기(下機) 되는 여객에 대하여는, 제23조 제3항에 의거하여 항공권의 미사용 부분에 대한 환불을 행한다.

2. 조건부 운송 인수

가. 항공사는, 여객의 상태, 연령 또는 정신적, 신체적 조건이 여객 자신에게 유해하거나 위험을 초래할 수 있다고 판단할 경우, 그러한 상태, 연령, 정신적, 신체적 조건에 기인한 부상, 질병, 불구 또는 그의 악화나 여타 결과(사망을 포함함)에 대하여 책임을 부담하지 아니한다는 명시적인 조건하에서 그의 적용 규정에 의거하여 운송을 행한다.

나. 비 동반 소아, 장애자, 임산부, 정신질환자 또는 특별한 도움을 요하는 여객의 운송은, 그에 필요한 조치 사항에 대하여 사전에 항공사와 합의된 경우에 접수될 수 있다

다. 여객이 장애 사실과 운송에 필요한 특별 요청 사항을 항공사에 통보 하여 운송이 수락된 이후에는, 그러한 장애 사실과 특별 요청 사항을 이유로 운송이 거절되지 아니한다.

3. 기내에서의 행위

가. 항공사는, 여객이 항공기 내에서 아래의 행위를 하는 경우 그러한 행위를 중지
시키기 위하여, 신체 억류를 포함하여, 필요 하다고 판단하는 합리적 조치를
취할 수 있다. 당해 여객은 운항 중 어느 지점에서 하기(下機) 조치되거나 계속
여행이 거절될 수 있으며, 항공기 내에서의 행위로 인하여 告訴될 수 있다.

1) 항공기, 탑승 인원 또는 탑재된 재산에 위험을 초래하는 경우

2) 기내에서의 제반 행위(흡연, 음주, 약물 복용을 포함하되, 이에 국한 되지
아니함)에 대한 승무원의 정당한 지시, 요구를 거부하는 경우

3) 타 여객 또는 승무원의 불안, 불편, 손해 또는 부상을 초래하는 경우

나. 위의 "가"호에 언급한 행동의 결과로 발생하는 손해에 대하여 당해 여객이 책임
을 부담한다.

4. 전자기기

항공사는 항공기의 안전 운항에 영향을 미칠 수 있는 전자기기(휴대 전화기, 텔레
비전, 컴퓨터, 녹음기, 라디오, CD 플레이어, 전자 게임기, 전자 조종 장난감, 송
수신기를 포함하되, 이에 국한되지 아니함)의 사용을 금지 또는 제한할 수 있다.

제23조 환 불

1. 미사용 유효 항공권은 다음에 의거하여 환불한다.

가. 항공권에 대한 환불 신청은 동권의 유효기간 만료 전에 신청하여야 한다.

나. 환불을 신청하는 자는 미사용 유효 항공권의 탑승용 쿠폰 및 여객용 쿠폰을 항
공사의 지점 또는 영업소에 제출하여야 하며, 전자 항공권인 경우에는 항공사
의 지점 또는 영업소에 환불 의사를 전달하여야 한다.

다. 환불은 항공권에 표시된 명의인 또는 환불 받을 권한이 있고 항공사가 별도로
인정하는 자에게 행한다. 단, 항공권이 하기에 의거 발행된 경우에는 아래와
같이 환불한다.

라. 환불을 위하여 제출한 서류상에 기재 또는 지정된 명의인을 표명하는 자에게
본 규정에 의하여 행하여진 환불은 유효한 환불이며, 하이에어라인즈는 이후
진정한 권리자에 대하여 또 다시 환불해야 할 책임을 지지 아니한다.

2. 여객 사정에 의한 환불

일부도 사용하지 아니한 항공권은 지불운임 전액에서 제 26조에 의한 수수료를 공

제한 금액을 환불하며, 일부를 사용한 항공권은 실제 지불한 운임 중에서 기 사용한 구간에 적용되는 운임 및 수수료를 공제하고 환불한다.

3. 여객 사정 이외의 사유로 인한 환불

항공사 사정에 의한 항공편의 취소, 여객의 확약된 좌석의 제공불능, 접속 불가능, 항공편의 연기 또는 지연, 예정 기항지의 생략, 또는 본 약관 제7조 및 제22조의 사유 발생 시는 아래에 의거 환불을 행한다. 단 제7조 1항 및 제22조 이외의 사유로 인하여 고객이 입은 손해에 대하여는 소비자 피해보상규정이 정한 바에 따라 배상하여야 한다.

가. 일부도 사용하지 아니한 항공권에 대하여는 지불한 운임 및 요금 전액을 환불한다.

나. 항공권상에 명시된 목적지로 운송도중 어느 지점에서 취소되는 경우는 당해 취소 지점과 목적지간에 취소당일 유효한 운임 및 요금을 환불한다.

제24조 예 약

1. 여객의 좌석 예약은 항공편 출발 예정 352일 전부터 접수하며, 항공권상에 확약으로 명시되어 있을 경우에만 당해 예약이 유효하다. 여객이 예약신청 후 항공사가 지정하는 시간까지 항공권을 구입치 아니하는 경우, 당해 예약은 탑승의사가 없는 것으로 간주 하여 예고 없이 자동 취소된다.

가. 항공권 구입 기한은 하이에어라인즈가 별도로 정한 항공권 구입기한 규정에 따른다.

나. 예약의 자동취소는 하이에어라인즈 시스템 상에 발권 기록이 없는 것을 대상으로 한다.

2. 예약제도가 운영되지 않는 구간 또는 항공편의 경우에는 제 1항이 적용 되지 아니하며, 다만 출발지 공항에서 탑승수속을 위하여 항공권을 제시하는 순서에 따라 여객 및 그 수하물운송을 인수한다.

제25조 여객의 공항 도착

1. 여객은 좌석이 확약된 항공편의 출발예정 시각 이전에 충분한 여유를 두고 관련기관 및 항공사 소정의 탑승수속을 마쳐야 하며, 항공사는 항공편 출발예정시각 20분전까지 탑승수속(좌석배정 및 수하물 위탁)을 마치지 못한 여객에 대하여 탑승을

거절할 수 있다.

2. 공항에 늦게 도착한 승객의 소정 수속완료를 기다리기 위하여 소정 출발시간을 지연시킬 수 없으며 항공사는 이러한 여객에 대하여 이 운송약관 제23조 제2항에 의한 환불 이외의 여하한 책임도 지지 아니한다.

제26조 확약의 사전 취소 및 취소수수료

1. 개인여객의 확약 취소

   가. 본인 사정으로 인해 확약한 항공편을 탑승하지 아니하려는 여객은 당해 항공편 출발예정시각 이전에 항공사의 지점 또는 영업소에 확약 취소를 통고하여야 한다.

   나. 당해 항공편 출발 예정시각 이전에 전기 "가"호의 취소 통고를 행하지 아니하고 확약한 항공편을 탑승하지 아니하는 여객이 환불을 원할 경우 해당구간 여객 지불운임(부가가치세 불 포함액)의 10% 상당액을 취소수수료로 징수한다.

2. 단체여객의 예약취소

   단체사정에 의하여 단체의 전부 또는 일부가 좌석이 확약되어 있는 항공편을 취소하는 경우에는 하기와 같이 취소수수료를 징수한다.

   가. 탑승예정일 2일 이내에 확약을 취소하는 경우에는 여객 1인당 해당구간 여객 지불운임(부가가치세 불 포함액)의 10% 상당액을 취소수수료로 징수한다.

3. 전기 각항에 의거하여 취소 수수료액 산정시 50원 이상 100원 미만의 단수 액은 100원으로 절상한다.

제27조 부정 탑승

다음의 경우는 부정탑승 행위로 규정하고 탑승구간에 적용되는 통상운임의 2배 상당액을 여객으로부터 징수하거나 탑승을 거절할 수 있다.

1. 무효항공권, 위조항공권, 타인명의 항공권 또는 타인이 분실한 항공권을 소지하고 탑승한 경우

2. 항공사의 국내선 여객 운임 할인대상자로 부정 신고하여 운임의 특별 할인을 받고 탑승한 경우

제3장 수하물(Baggage)에 관한 사항

제28조 위탁수하물 및 휴대 수하물

여객이 항공사의 공항사무소에 유효한 항공권과 함께 수하물을 소지한 경우 이 운송약관이 정하는 바에 따라 항공사는 위탁 수하물 또는 휴대 수하물로 운송한다.

제29조 수하물의 운송

위탁 수하물은 여객과 동일한 항공편으로 운송함을 원칙으로 한다. 단, 항공기 탑재량 관계 또는 보안수속 등으로 인해 항공사가 부득이한 경우에는 여객의 동의하에 당해 수하물을 탑재 가능한 타 항공편으로 운송한다.

제30조 수하물의 내용조사

항공 보안상 또는 기타 사유에 의하여 필요하다고 인정하는 경우에 항공사는 모든 수하물의 내용을 여객 또는 여객이 지정하는 제 3자의 입회하에 조사할 수 있다.

제31조 수하물로서의 운송제한 물품

1. 항공사가 사전에 별도로 인정한 경우를 제외하고는, 아래 각호에 해당하는 물품은 여객의 수하물로서 운송이 인정되지 아니한다.
    가. 법령 또는 정부기관의 요구에 의하여 항공기에 탑재가 금지된 물품
    나. 항공기 탑승인원 또는 기타 재산에 위험이나 지장을 초래할 우려가 있다고 인정되는 물품
    다. 운송도중 파손되기 쉽거나 부적절하게 포장된 물품
2. 화폐, 은행권, 유가증권, 인지류, 보석류, 미술품, 골동품, 견본, 서류 또는 기타 귀중품 등은 위탁수하물로서 운송할 수 없다.

제32조 여객의 무료수하물 허용량

1. 위탁수하물은 일인당 20킬로그램(44파운드)까지 무료로 운송한다.
2. 휴대수하물은 기내 선반이나 좌석 밑에 여객이 직접 보관하는 경우, 일반석은 3변의 합이 100cm 및 중량 5킬로그램(11파운드) 이하인 1개에 한해 기내 무료 운송이 가능하며 상기의 규격, 중량이나 개수를 초과하는 경우에는 위탁수하물로 취급 운송한다.

3. 해당구간 성인 적용운임의 75%를 지불한 유아 또는 소아에 대하여도 제1항, 제2항 및 제33조 규정이 동일하게 적용된다.

4. 이 운송약관 제18조 제1항에 정한 유아에 대하여는 본 조항 및 제33조 규정이 적용되지 아니한다. 단, 접을 수 있는 유모차, 유아 운반용 요람 또는 영·유아용 카씨트의 경우에는 1개에 한하여, 위탁수하물로 무료 운송이 허용된다.

제33조 기내 휴대품

1. 일반석의 경우 다음 각 호에 해당하는 물품에 한하여 여객이 보관하는 경우에 제32조 2항에 추가하여 무료로 기내 휴대가 가능하다.

    가. 노트북 컴퓨터 1개

    나. 서류 가방 1개

    다. 핸드백 혹은 화장품 가방 1개

    라. 외투, 모포 또는 덮개 1개

    마. 비행 중 사용할 유아용 음식물

    바. 신체장애 여객이 사용하는 완전히 접을 수 있는 휠체어, 목발, 받침목 또는 의수, 의족류

2. 상기 품목 이외의 물품은 적용법령, 정부기관의 명령 또는 항공사의 규정에 의거, 별도로 허용되는 경우를 제외하고는 기내에 휴대할 수 없다.

제34조 초과 수하물 요금

1. 이 운송약관 제32조의 무료 수하물 허용량을 초과한 수하물에 대하여는 별도로 정한 초과 수하물 요금을 징수하고 수하물표를 발행한다.

2. 초과수하물 총중량 산정 시 1킬로그램 미만 0.5킬로그램 이상의 중량은 1킬로그램으로 절상하고, 0.5킬로그램 미만의 중량은 계산하지 아니한다.

제35조 초과 수하물 요금의 환불

1. 여객이 탑승 예정편 출발 20분전까지 혹은 해당편 미 탑승 및 수하물 운송을 취소하는 경우에는 여객이 지불한 초과 수하물 요금 전액을 환불한다.

2. 여객이 제 1항의 시간을 초과하여 수하물 운송을 취소하거나, 도중 지점에서 수하물 인도를 요구할 경우에는 초과 수하물 요금은 환불되지 아니한다. 단, 항공사 사정에

의하여, 여객과의 운송계약 일부 또는 전부가 이행되지 못한 경우에는 예외로 한다.

제36조 특정 동물의 운송

1. 맹인 인도견 또는 농아 보조견은 여객의 무료수하물 허용량에 관계없이 아래 조건에 의거 무료 운송된다.

    가. 여객이 동반하고, 별도로 좌석을 차지하지 아니하여야 한다.

    나. 타 여객에게 불쾌감을 주거나 안전 여행에 지장을 초래하지 아니하여야 한다.

    다. 운송 도중 당해 동물의 질병, 부상 또는 사망 등의 경우, 해당 손해가 항공사의 고의 또는 과실에 기인하지 아니하는 한, 항공사는 일체 책임을 지지 아니한다.

    라. 해당 동물의 운송 도중 타 여객 또는 기타 재산상에 미치는 손해는 여객이 전적으로 배상하여야 한다.

2. 여객이 동반하는 애완용 동물은 아래 조건에 의하여 수하물로서 운송이 가능하다.

    가. 애완용 동물은 개, 고양이 또는 애완용 조류에 한한다.

    나. 애완용 동물은 반드시 별도의 운반용 용기에 수용되어 항공기에 탑재 되어야 한다.

    다. 본 항에 의거하여 운송이 인수되는 애완용 동물에 대하여는, 여객의 무료 수하물 허용량에 관계없이 당해 동물 및 용기의 총 중량에 대해 초과 수하물 요금을 별도로 징수한다.

제37조 종가요금

여객은 그의 수하물 및 기타 소지품의 가격이 이 운송약관 제44조 2항의 배상한도액을 초과할 경우 그 가격을 사전에 신고할 수 있다. 여객이 가격신고 시에는 상기 배상한도액을 초과하는 10,000원당 또는 그 단수 액에 대하여 50원(부가가치세 불 포함)의 요율로 종가 요금을 징수한다. 단, 1인당 신고가격이 100만원을 초과하는 수하물에 대하여는 사전에 별도 합의가 없는 한 운송을 거절한다.

제38조 종가요금의 환불

1. 항공사 사정에 의하여 운송의 전부 또는 일부가 취소되거나, 여행 개시 전에 여객이 확약을 취소하는 경우에는 지불된 종가요금 전액을 환불한다.

2. 여행 개시 후, 여객 사정으로 인해 여행을 취소하는 경우에는 지불된 종가요금은 환불되지 아니한다.

제39조 위탁수하물의 인도

1. 위탁 수하물은 그의 운송을 위해 항공사가 발행한 수하물표가 항공사에 반환된 경우에 한하여 당해 수하물표 소지자에게 인도한다.

2. 수하물은 수하물표에 기재되어 있는 목적지에서 인도한다. 단, 특별히 여객의 요구가 있을 때는 상황이 허용하는 경우에 한하여 출발지 또는 중간지점에서도 인도할 수 있다.

3. 항공사는 수하물표의 소지자가 해당 수하물의 정당한 권리자 인지의 여부를 확인할 의무를 지지 아니하며, 이를 확인치 아니 함으로서 여객에게 발생한 손해에 대하여 책임을 지지 아니한다.

4. 항공사가 본 조항에 의거하여 수하물 인도시, 수하물 인수자가 소정 절차에 따라 서면으로 이의를 제기치 아니하는 한, 해당 수하물은 양호한 상태로 운송계약에 따라 인도된 것으로 간주한다.

제40조 수하물표의 분실

수하물표를 분실한 여객에 대하여는 그가 정당한 권리자로 인정되고 당해 수하물을 인도함으로써 항공사가 입을지도 모를 손해에 대하여 배상하겠다는 보증 하에서만 당해 수하물이 인도될 수 있다.

제41조 미인도 수하물의 처분

수하물 도착 후 1주간을 경과해도 여객으로부터 인도요구가 없을 경우에는 항공사가 당해 수하물을 적의 처분할 수 있다. 단, 어류 및 기타 부패되기 쉬운 물품은 도착 후 48시간이 경과하면 적의 처분할 수 있다.

제4장 책임 및 배상(Liablity and Compensation)

제42조 항공사의 책임

1. 항공사는 여객의 사망 또는 상해에 대하여 그 사고가 항공기 운항도중 또는 승강중에 발생한 경우에 한하여 배상 책임을 진다.

2. 항공사는 위탁수하물 및 휴대 수하물의 파손, 분실 등의 손해에 대하여 그 손해의

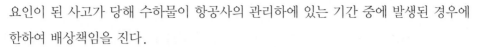
요인이 된 사고가 당해 수하물이 항공사의 관리하에 있는 기간 중에 발생된 경우에 한하여 배상책임을 진다.

3. 항공사는 제1항 내지 제2항의 손해에 대하여 항공사의 직원이 손해를 방지하기 위하여 필요한 조치를 취했거나, 또는 동 조치를 도저히 취할 수 없었다는 사실이 입증될 경우에는 배상책임을 지지 아니한다.

4. 항공사는 여객의 휴대수하물 또는 기타 소지품의 파손, 분실 등의 손해에 대하여, 해당 손해가 항공사의 고의 또는 과실에 기인하지 아니하는 한 여하한 경우에도 배상책임을 지지 아니한다. 휴대수하물의 탑재 또는 하기 중 항공사 직원의 행위는 여객에 대한 예우상의 대우로 간주한다.

5. 항공사는 운송업자로서의 주의와 관리의무를 태만하지 않았던 사실을 증명하지 않는 한 여객 수하물의 내용품에 의해 타 수하물에 발생된 손해에 대하여 책임을 진다. 여객 자신의 물품에 의해 타 여객의 수하물 또는 항공사의 재산에 손해가 초래된 경우, 여객은 타 여객 또는 항공사에 대해 일체의 손해를 배상하여야 한다.

6. 항공사는 여객의 고의 또는 과실로 인하거나 여객이 법률, 정부기관의 명령, 지시나 이 운송약관 및 이에 의거하여 정하여진 규정을 준수치 아니함으로써 발생된 손해에 대하여 배상책임을 지지 아니한다.

제43조 수하물 손해배상 청구기한

1. 여객의 위탁 수하물 또는 기타 물품에 대한 손해배상 청구기한은 아래 각호와 같다.
   가. 위탁수하물 또는 기타 물품의 손상을 발견한 경우에는 항공사에 의해 확인된 경우에 한하여 수령한 날로부터 7일 이내
   나. 위탁 수하물 또는 기타 물품의 분실 또는 인도지연의 경우에는 당해 물품이 여객에게 인도되었어야 할 날로부터 21일 이내
2. 여객의 위탁수하물 또는 기타 물품에 대한 손해배상청구는 제1항의 기한 내에 서면으로 제출하여야 한다.

제44조 배상의 한도

1. 여객의 사망, 부상 또는 기타 신체상해와 관련된 손해배상청구에 대하여 항공사는 그 책임한도를 주장하지 아니하며, 100,000 SDR 이하의 부분에 대해서는 제42 조 제 3 항에 규정된 항공사 과실 없음을 주장하지 아니한다.

상기의 SDR(Special Drawing Right) 이라 함은 국제통화기금이 정하는 특별 인출권을 말한다. SDR 로 표시된 금액을 원화로 환산 시, 소송의 경우에는 법원의 최종판결일에 유효한 환율을 적용하고, 소송 이외의 경우에는 지불해야 할 손해배상금액이 합의된 날에 유효한 환율을 적용한다.

2. 여객의 수하물에 발생한 파손, 분실 등의 손해에 대하여 항공사가 책임질 경우 항공사는 위탁수하물은 KG당 미화 20불 상당액을, 휴대수하물 또는 기타 소유물의 경우 1인당 미화 400불을 초과하지 않는 범위 내에서 입증된 손해액을 배상할 책임이 있다. 단, 여객이 사전에 보다 높은 가격을 신고하고 이 운송약관 제37조에 의거하여 종가요금을 지불한 경우 항공사의 책임 한도액은 당해신고 가격으로 한다. 그러나 여하한 경우에도 항공사의 책임 한도액은 당해 수하물의 실제 가격을 초과하지 아니한다.

3. 항공사의 책임과 관련된 배상금의 지불지는 대한민국 하이에어라인즈 본사로 한다.

제45조 여객의 배상책임

여객이 고의 또는 과실에 의하여 또는 이 운송약관 및 이에 의거하여 정하여진 규정을 준수치 아니함으로써 항공사가 손해를 입은 경우에는 여객은 당해 손해를 항공사에 배상 하여야 한다.

제46조 제소기한

운송인의 책임과 관련된 소송은 그 청구원인 여하를 불문하고, 목적지 공항에 도착한 날 또는 항공기가 도착되었어야 할 날 또는 운송이 중지된 날로부터 2년 이내에 제기되어야 한다.

제47조 약관의 정본

항공사의 국내여객 운송약관은 국문판을 정본으로 한다.

제5장 부칙

제1조 약관의 효력

약관의 효력은 Inter City Airlines가 국토교통부장관으로부터 사업면허 등록을 필하고 항공운송사업을 개시하는 날로부터 효력을 발생한다.

국제여객 운송약관의 적용

1. 본 운송약관과 기타 적용 태리프의 어떠한 것도 와르소협약 및 개정 와르소협약 또는 몬트리올 협약의 여하한 규정을 수정하거나 포기토록 하지 않으며

2. 본 운송약관은 협약에 위배되지 아니하는 범위 내에서 또한 전적으로 Inter City Airlines의 국내운송약관이 적용되는 경우를 제외하고, 본 운송 약관과 관련하여 공시된 운임, 요율 및 요금으로 Inter City Airlines에 의하여 수행되는 여객과 수하물의 운송 및 이에 수반되는 모든 서비스에 적용된다.

국내여객/국제여객 운송약관은 사업면허 신청 시 보완자료로 제출을 요청받을 수 있어 각각의 약관내용을 소개한다.

✈ 국제여객운송약관
(INTRANATIONAL PASSENGER TRANSPORTATION PROVISION)

본 국제여객 운송약관은 Inter City Airlines에서 관련법령에 따라 작성한 약관이며 참고용으로 활용할 수 있다.

일부 용어 중 조직의 명칭 등은 해당 항공사 조직 명칭으로 바꿀 수 있으며 회사의 대응전략이나 보상금액 등은 법령한도 이내에서 항공사가 결정할 수 있다.

제1조 정의

본 약관에서 사용하는 용어의 정의는 다음과 같다.

1. "수하물"이란, 여객이 자신이 여행과 관련하여 착용, 또는 사용하거나 안락 또는 편의를 위하여 필요하여 여객이 휴대하는 물품, 용품 및 기타 휴대품을 의미하며, 별도로 명시하지 않는 한 위탁수하물 및 휴대수하물을 공히 포함한다.

2. "위탁 수하물"이란 여객이 유효한 항공권과 함께 제출한 물품에 대하여 운송인이 접수하고 수하물표를 발행한 수하물을 말한다.

3. "휴대 수하물"이란 위탁 수하물 이외의 수하물을 말한다.

4. "수하물 표"란 위탁 수하물을 식별하고 운송하기 위하여 발행된 증표이다.

5. "운송"이란 수송과 동의어로서 유·무상으로 행하는 여객 또는 수하물의 항공 운송을 말한다.

6. "운송인"이란 항공 운송인을 의미하는 것으로서 항공권을 발행하는 항공 운송인과, 동 항공권에 따라서 여객 또는 그 수하물을 운송하거나 해당 항공 운송에 관련되는 기타 서비스를 이행하거나 이행할 것을 위임받은 항공 운송인을 모두 포함하여 말한다.

7. "탑승수속 마감시간"이란 여객이 탑승수속과 탑승권 수령을 완료해야 하는 시간으로, 항공사에 의해 정하여진 시간을 말한다.

8. "소아"란 할인 목적을 위한 만 2세 이상 12세 미만의 어린이를 말한다.

9. "주회여행"이란 한 지점에서 출발하여 계속적으로 항공로를 이용하여 주회하여 동 출발 지점에 돌아오는 여행을 말한다.

10. "계약조건"이란 항공권 또는 여정·영수증(표)에 포함 또는 함께 전달되는 "계약 조건"이라고 별도로 명시되거나, 본 운송약관과 고지문구에 명시된 조항들을 뜻 한다.

11. "연결 항공권"이란 한 여객에게 동시에 발행되는 2매 이상의 항공권으로서 단일 운송 계약을 형성한다.

12. "협약"이란 1929년 10월 12일 와르소(Warsaw)에서 조인된 "국제항공에 있 어서의 일부 규칙의 통일에 관한 협약"(이하 "와르소협약"이라 칭함)또는 1955 년 9월 28일 헤이그에서 개정된 협약 (이하 "개정 와르소협약"이라 칭함) 또는 1999년 5월 28일 몬트리올에서 개정된 "국제항공운송에 있어서 일부 규칙의 통 일에 관한 협약"(이하 "몬트리올협약"이라 칭함) 으로서 그 중에 적용되는 것을 말한다.

13. "일(日)"이란 일요일과 법정 공휴일을 포함한 총 일력 일수를 말한다. 단, 통지를 할 경우에 해당 통지일은 일수 계산에 포함하지 아니하며, 유효기간을 산정하기 위한 경우에는 항공권 발행일 또는 여행 개시일은 계산하지 않는다.

14. "손해"란, 항공운송이나 그에 부수하여 운송인이 행하는 서비스와 관련해서 발생 하는 사망, 상해, 지연, 분실 또는 그 외 여하한 성질의 손해도 포함한다.

15. "간접손해"란 수하물의 분실, 손상 또는 지연인도 등의 결과로 인하여 여객이 자 비 부담으로 처리한 손해 및 기타 입증 가능한 손해를 말한다.

16. "목적지"란 운송 계약에 따른 최종 도착지를 말한다. 왕복 또는 주회 여행시의 목 적지는 출발지와 동일 지점이 된다.

17. "불가항력"이란 여객에 의한 통제와 예측이 불가능한 상황으로 모든 주의를 기울 임에도 불구하고 해당 결과를 피할 수 없었거나, 없는 경우를 말한다.(교통상황 또는 항공편의 취소 등은 포함하지 않는다.)

18. "유아"란 할인 목적을 위한 만 2세 미만의 사람을 말한다.

19. "협약"에 정의된 이외의 국제 운송이란, 와르소 협약 또는 개정 와르소 협약 또는 몬트리올 협약에서 정의된 국제 운송의 범주에는 포함되지 않는 운송으로, 당사

자 간의 계약에 따라 출발지와 착륙지가 2개 이상의 국가에 위치하는 운송을 말한다. 이 정의에서 말하는 "국가"란 한 나라의 주권, 종주권, 위임 통치, 신탁 통치 또는 권력 하에 있는 모든 영역을 포함한다.

20. "Inter City Airlines"란 주식회사 Inter City Airlines를 말한다.

21. "통상 운임"이란, 통상적인 항공 운송을 위해 설정되어 있는 비 할인 운임이며, 동 운임을 적용할 경우에는 특별히 제한된 항공권의 유효기간 또는 기타 특별한 조건의 구속을 받지 않는다.

22. "오픈-조 트립(Open-Jaw Trip)"이란 근본적으로 왕복 여행의 성격을 가진 여행이지만, 국내의 출발지점과 도착지점이 상이하거나 타국 내의 도착 지점과 출발 지점이 상이한 여행 또는 4개 지점이 모두 상이한 경우의 여행을 말한다.

23. "여객"이란 승무원을 제외하고, 운송인의 동의하에 항공기로 운송되거나, 운송될 사람을 말한다.

24. "선불 항공권 통지(PTA: Prepaid Ticket Advice)"란 어떤 지역 거주자가 선불한 항공권을 타 지역 거주자에게 발행해 줄 것을 요청하는 상업용 전신이나 우편에 의한 통지를 말한다.

25. "왕복여행(RT: Round Trip)"이란 왕편 또는 복편 운임의 동일 여부를 불문하고 한 지점으로부터 타 지점으로 여행하고 왕편과 동일한 항공로를 통하여 출발 지점에 복귀하는 여행, 또는 한 지점으로부터 타 지점에 여행하되 왕편과 상이한 항공로로 출발 지점에 복귀하되 왕편 및 복편에 동일한 통상 직행 편도운임이 설정되어 있는 경우의 여행을 말한다.

26. "특별운임"이란 통상 운임 이외의 운임을 말한다.

27. "도중 체류(Stop Over)"란 여객과 운송인의 사전 합의 하에 출발지와 목적지간의 중간 지점에서 의도적으로 중도에 일정기간 체류하는 것을 말한다.

28. "Tariff"란 Inter City Airlines가 여객 및 수하물의 국제 운송에 적용하는 운임, 요율 및 요금과 동 운송에 관련된 규정 및 절차를 말하며 이는 본 운송 약관의 일부를 구성한다.

29. "항공권"이란 여객 및 수하물의 운송을 위하여 운송인에 의하여 발행되는 "여객 항공권 및 수하물 영수표" 또는 "전자 항공권"을 의미하며, 탑승용 쿠폰, 여객용 쿠폰, 여객용 영수표 및 기타 쿠폰을 포함해서 말한다.

30. "수하물 영수표"란 여객의 위탁 수하물의 운송에 있어 운송인이 동 위탁 수하물의 영수증으로서 발행하는 항공권의 일부분을 말한다.

31. "탑승용 쿠폰"이란 항공권의 일부분으로서 운송이 유효하게 이행되는 특정 운송 구간을 명시한 쿠폰을 말한다. 전자 항공권인 경우 전자 쿠폰을 말한다.

32. "여객용 쿠폰"이란 여객 항공권의 일부분으로 여객과의 운송 계약을 증명하는 서류를 말한다.

33. "전자 항공권(E-ticket)이란 항공사에 의해 또는 항공사를 대신하여 발행한 여정과 영주증이 포함된 확인증으로 전자 쿠폰을 말한다.

34. "전자 쿠폰"이란 전자 탑승용 쿠폰 또는 항공사에서 보관하고 있는 관련 자료를 포함해서 말한다.

35. "E-Ticket 확인증"이란 항공사가 전자 항공권으로 여행하는 승객에게 발행하는 여정 및 영수증 포함한 문서로서 승객 성명, 항공편, 고지사항 등을 포함한다.

36. "제 비용 청구서(MCO: Miscellaneous Charges Order)란 운송인 또는 그 대리인에 의해서 발행되는 증표로서 동 증표에 기재된 사람에게 여객 항공권의 발행 또는 적절한 서비스의 제공을 요청하는 증표를 말한다.

37. "SDR (Special Drawing Right)"란 국제통화기금(IMF)에서 정한 특별인출권을 말한다.

제2조 약관의 적용

1. 총칙

   본 운송약관과 기타 적용 태리프의 어떠한 것도 와르소협약 및 개정 와르소협약 또는 몬트리올 협약의 여하한 규정을 수정하거나 포기토록 하지 않는다.

2. 적용

   본 운송약관은 협약에 위배되지 아니하는 범위 내에서 또한 전적으로 하이에어라인즈의 국내운송약관이 적용되는 경우를 제외하고, 본 운송 약관과 관련하여 공시된 운임, 요율 및 요금으로 Inter City Airlines에 의하여 수행되는 여객과 수하물의 운송 및 이에 수반되는 모든 서비스에 적용된다.

3. 무상 운송

   무상 운송에 관하여는 Inter City Airlines는 별도로 정하는 바에 따라 본 약관의 전부 또는 일부의 적용을 배제할 권리를 가진다.

4. 전세 운송 계약

Inter City Airlines의 전세운송계약에 의거 행하는 여객 및 수하물의 운송에 대하여는 해당 전세운송계약이 적용되며, 전세운송계약에 명시되지 않은 사항에 대하여는 본 운송약관을 적용한다. 여객은 전세운송계약에 의한 운송을 수락하여 운송이 이루어지는 경우, Inter City Airlines와의 전세운송계약 당사자의 여부에 상관없이 해당 전세운송계약 및 본 운송약관에 동의하는 것으로 간주된다.

5. 효력

모든 여객 및 수하물의 운송은 항공권의 최초 탑승용 쿠폰에 의하여 행하여진 여행 개시 당일에 유효한 운송약관과 기타 적용 태리프에 의거하여 효력이 발생한다.

6. 예고 없는 변경

법령, 정부규정, 명령 및 지시에 의한 필요한 경우를 제외하고는 본 운송약관과 기타 적용 태리프는 사전에 예고 없이 변경될 수 있다. 단, 여행이 이미 개시된 이후의 그러한 변경은 해당 운송계약에는 적용되지 아니한다.

7. 공동편 운항(Code-Share Operation)

Inter City Airlines가 타 항공사와 "공동편 운항(Code-Share)"의 서비스를 제공하는 경우, 여객이 Inter City Airlines로 예약하고 Inter City Airlines의 상호 또는 항공사 코드가 항공사란에 지정된 항공권을 소지한 경우라도 타 운송인에 의해 해당 항공기가 운항될 수 있다. "공동편 운항"의 경우 Inter City Airlines는 예약 시 항공기를 운항하는 운송인을 해당편 여객에게 고지한다.

제3조 항공권

1. 총칙

여객이 적용운임을 지불하지 않거나, Inter City Airlines의 신용거래 조건에 따르지 않는 경우, Inter City Airlines는 항공권을 발행치 아니하며 여하한 경우에도 운송을 행하지 아니한다.

2. 항공권의 유효성

가. 항공권은 항공권에 기재된 경로를 거쳐 출발지 공항으로부터 도착지 공항까지의 운송과 적용 등급에 한하여 운송을 위한 효력을 가지며 하기 "나"항에서 정

하는 기간 내에 그리고 '다'항의 조건을 준수 시에 유효하다. 각 탑승용 쿠폰은 좌석 예약이 된 항공편에 유효하며 좌석예약이 되지 아니한 상태로 발행된 경우에는 좌석 예약 신청 시 여석이 있는 경우에 한하여 예약될 수 있다. 발행 장소 및 발행일은 탑승용 쿠폰 상에 표시된다.

나. 통상 운임으로 발행된 항공권의 유효기간은 운송 개시일로부터 1년, 또는 일부도 사용되지 아니한 경우에는 항공권의 발행일로부터 1년이다. 상기 유효기간 미만의 유효기간이 적용되는 운임에 따라 발행된 항공권 또는 그러한 운임을 포함하는 항공권의 경우 해당 단기 유효기간은 해당 운임이 적용되는 운송에 한하여 적용된다.

다. 탑승용 쿠폰상의 예약 등급(Booking Class)과 해당 승객의 예약기록 (Passenger Name Record: PNR) 상의 예약 등급은 일치해야 한다. 상기 예약 등급이 상이한 경우, 해당 승객의 탑승이 거절될 수도 있으며 정해진 차액을 징수 시에 한해 탑승이 허용될 수 있다.

라. MCO의 유효기간은 발행일로부터 1년간이다. MCO는 발행일로부터 1년 이내에 항공사에 제시하지 아니하면 항공권과 교환될 수 없다.

마. 항공권은 항공권 유효기간 만료일의 24시에 실효한다. 적용 약관 규정에 별도로 정하여 있지 아니하는 한, 항공권의 최종 탑승용 쿠폰에 의한 최종 구간의 여행은 유효기간 만료일의 24시 이전에 개시되어야 하며 이 경우는 만료일을 경과하여 여행을 계속할 수 있다.

바. 유효기간이 만료된 항공권과 MCO는 제 12조에 정하는 바에 따라 환불한다.

3. 항공권의 유효기간 연장

가. 상기 3조 2항의 규정에도 불구하고 항공권의 유효기간은 운임의 추가 징수 없이 다음과 같이 연장될 수 있다.

1) 아래의 경우 해당 유효기간을 초과하여 30일 까지

가) Inter City Airlines가 해당 유효기간 중에 여객의 좌석이 확약 되어 있는 항공편을 취소 또는 지연한 경우,

나) Inter City Airlines가 여객의 출발지, 목적지 및 도중 체류지로서 지정된 지점에 기항치 아니한 경우,

　　　다) Inter City Airlines가 운항시간표에 따라 정상적으로 운항하지 못한 경우,

　　　라) Inter City Airlines 사정에 의해 여객이 타 항공사 연결편에 접속되지 못한 경우,

　　　마) Inter City Airlines가 객실의 등급을 변경한 경우,

　　　바) Inter City Airlines가 사전에 확약한 좌석을 제공할 수 없는 경우,

　　2) 유효기간이 1년인 항공권을 소지한 여객이 예약을 요청할 시 좌석 예약이 불가능할 경우, 해당 유효기간을 초과하여 7일 까지 연장 가능.

나. 질병으로 인한 여행 중단

　　적용 태리프에 별도 규정이 없는 한, 여객이 여행 개시 이후 임신을 제외한 발병으로 항공권 유효기간 내 여행을 완료하지 못하는 경우에, Inter City Airlines는 건강 진단서에 따라 여행이 가능하게 되는 날 까지 또는 그러한 날로부터 운임이 지불된 등급에 탑승이 가능하며, 여행이 재개되는 지점 또는 최종 접속 지점을 출발하는 첫 항공편까지 유효기간을 연장한다. 단, 유효기간이 1년인 항공권의 잔여 탑승용 쿠폰이 1개 지점 이상의 도중 체류지를 포함할 경우에, 해당 항공권의 유효기간은 해당 건강 진단서 상에 표시된 여행 가능 일자로 부터 3개월간 연장될 수 있다. 이 경우 Inter City Airlines는 환자를 실제로 동반하는 여객의 항공권 유효기간도 동일하게 연장한다.

다. 여객이 여행 도중에 사망한 경우에 해당 여객의 동반 직계가족 또는 기타 동반자의 항공권 유효기간은 사망일로부터 45일까지 연장될 수 있다.

라. 최단 체류 요건이 포함되어 있는 특별 운임으로 판매된 항공권의 경우 여행 중 사망한 여객의 직계가족에 대한, 또는 여행 중 사망한 여객의 실제 동반자에 대한 최단 체류 요건은 해당 사망 증명서 또는 동 사본의 제출 시 유보된다.

마. 최단 체류 요건의 적용을 받는 특별 운임 항공권을 소지한 여객이 자신이 동반하지 않은 직계가족의 사망으로 인하여 최단 체류 기간 만료일 이전에 복편 여행을 개시하고자 하나 해당 사망 증명서 또는 동 사본을 즉시 제시하지 못할 경우, 해당 여객은 자신의 여행 중에 해당 가족이 사망하였음을 증명하는 사망 증명서를 추후 제출할 경우 최단 체류 기간 만료일 이전에 여행을 하기 위하여 지불한 추가 금액을 환불 받을 수 있다.

바. 최단 체류 요건이 적용되는 특별 운임으로 판매된 항공권의 경우, 여행 도중 발생한 진단서에 의해 증명되는 질병으로 인하여 최단 체류 기간 이전에 복편 여행을 개시하고자 할 경우, 해당 최단 체류 요건은 유보된다. 해당 여객은 지불된 특별 운임으로 복편 여행을 할 수 있다. "EARLY RETURN AC-COUNT ILLNESS OF OOO(여객 성명)"이라고 항공권상에 표시 되어야 한다. 해당 진단서 사본은 최소한 2년간 보관되어야 한다.

4. 탑승용 쿠폰의 사용 순서, 항공권 제시 및 여정 변경

가. 구입한 항공권은 항공권상에 표시된 바와 같이 출발지에서 합의된 도중 체류지, 목적지까지의 운송에 한하여 유효하다. 여객이 지불한 운임은 적용된 태리프를 근거로 하며 항공권상에 표시된 운송을 위한 것이다. 동 사항은 여객과의 계약상 필수적인 부분을 구성한다. 항공권상에 표시된 순서대로 탑승용 쿠폰을 사용하지 않은 경우 항공권은 운송을 위해 접수될 수 없으며, 환불 또는 무효로 처리된다.

나. 탑승용 쿠폰은 여객용 쿠폰과 함께 제시되어야 한다. 여객은 여행 중 여객용 쿠폰 및 모든 미사용 탑승용 쿠폰을 소지해야 하며 운송인이 이를 요청하는 경우에는 항공권을 제시하고 해당 쿠폰을 인도해야 한다.

다. 여객이 여정의 변경을 원할 경우 반드시 Inter City Airlines와 사전 협의해야 한다. 여객은 새로운 여정을 위해 다시 계산된 운임을 지불하거나 또는 원래 여정에 따라 여행하는 것 중 하나를 선택할 수 있다. 불가항력적인 사유에 의해 여정을 변경해야 하는 경우 가능한 빠른 시간에 Inter City Airlines와 협의해야 하며, Inter City Airlines가 발행한 항공권에 한해 Inter City Airlines는 운임의 재계산 없이 중간 기착지 또는 최종 목적지까지 여객을 운송하기 위해 합리적인 노력을 한다. 불가항력적인 사유로 탑승용 쿠폰을 순서대로 사용하지 않을 경우 운송이전 미사용 쿠폰은 환불 또는 무효로 처리된다.

라. Inter City Airlines의 사전 협의 없이 여정을 변경하는 경우 여객의 실제 여행에 적용되는 운임을 부과한다. 여객은 이미 지불한 운임과 변경된 여정에 적용되는 전체 운임의 차액을 Inter City Airlines에 지불해야 한다. 새롭게 적용되는 운임이 낮을 경우 Inter City Airlines는 차액을 환불하나, 그렇지 않을 경우 여객의 미사용 쿠폰은 가치가 없다.

마. 변경의 종류에 대해서 운임의 변경이 필요치 않는 경우도 있지만, 출발지를 변경하거나(예를 들어 첫 구간을 사용하지 않을 경우) 여정의 방향을 변경하는 경우에는 실제 지불 금액이 인상될 수 있다. 대부분의 운임은 항공권상에 지정된 날짜와 항공편에 대해서 유효하며 변경이 불가하거나, 추가 요금을 지불하는 조건하에 변경이 가능하다.

5. 항공권의 미 지참, 분실 또는 비 정상상황

Inter City Airlines는 유효한 항공권을 소지하지 아니한 여객의 운송을 거절한다. 항공권 또는 동 항공권의 유효한 탑승용 쿠폰의 분실 또는 불제시의 경우, 여행 당일의 유효한 운임으로 별도의 항공권을 구입하지 않는 한 해당 항공권 또는 동 권의 탑승용 쿠폰상의 구간에 대한 운송은 제공되지 아니한다. 항공권의 일부분이 손상된 경우, 운송인 이외의 타인에 의해 변조되었거나 삭제된 항공권의 경우 또는 여객용 쿠폰 및 모든 미사용 탑승용 쿠폰과 함께 제시하지 아니하는 항공권의 경우에 Inter City Airlines는 그러한 항공권을 접수하지 아니한다.

상기 사항에도 불구하고 분실 사실에 대해 만족할 만한 증거가 제시되고 그 정당성이 인정되는 경우에 Inter City Airlines는 여객 요청에 따라 신 항공권을 발행하고, 이에 대한 서비스요금을 징수할 수 있다. 단, 이러한 경우 해당 대체 항공권의 발행에 따라 Inter City Airlines가 입을지도 모르는 여하한 손해에 대해서도 Inter City Airlines가 정한 형식에 의거, 여객이 Inter City Airlines를 면책할 것에 동의하는 조건으로 신 항공권을 발행한다.

6. 비양도성

가. 항공권은 타인에게 양도가 불가능하다.

나. 일부 또는 전체 환불 불가조건으로 할인운임이 적용된 항공권이 판매될 수 있으며, 여객은 자신의 여행 조건에 적합한 운임을 선택해야 한다. 여객은 해당 항공권을 취소 또는 변경해야 할 경우를 위한 적절한 대비책을 준비해야 한다.

다. 상기 "나"호에 언급된 항공권을 일부분도 사용하지 않고 불가항력적인 사유에 의해 여행이 불가능할 경우, 여객이 동 사실을 즉시 통보하고 불가항력적인 사유를 증명할 수 있는 증거를 제시하는 경우에 Inter City Airlines는 환불불가 조건으로 수수료를 공제한 나머지 금액에 대하여 동일인에 의한 향후 여행 시 이용할 수 있도록 허용한다.

라. 운송을 제공 받을 권리를 가지거나 환불 받을 권리가 있는 자 이외의 자에 의해 항공권이 제시된 경우, Inter City Airlines가 그러한 항공권에 의해 운송을 제공했거나 환불한 것에 대하여, 운송을 제공받을 권리를 가지거나 해당 환불을 받을 권리가 있는 자에게 Inter City Airlines는 책임을 지지 아니한다. 항공권이 피발행자 이외의 자에 의하여 사용된 경우에는 피발행자의 인지 또는 동의 여부를 불문하고 Inter City Airlines는 이러한 부당 사용으로 부터 기인하는 부당 사용자의 사망, 상해 또는 그의 수하물 또는 기타 휴대품의 분실, 파손 또는 지연에 대하여 책임을 지지 아니한다.

제4조 도중체류

1. 도중체류의 허용

    가. 운송인의 태리프나 정부의 요구에 의하여 금지된 경우를 제외하고, 통상 운임으로 발행된 항공권의 유효기간 내에 도중체류는 여하한 착륙 예정지에서도 허용된다.

    나. 특별 운임으로 발행된 항공권을 소지한 여객에 대한 도중체류는, Inter City Airlines 태리프에 규정된 제한, 금지 또는 추가 도중체류 요금 사항에 따른다.

2. 도중체류의 사전 조치

    도중체류는 운송인과 사전에 합의되어야 하며 항공권 상에 명시되어야 한다.

제5조 운임, 요금 및 경로

1. 적용 운임 및 요금

    가. 본 운송약관 및 태리프에 별도로 정하는 경우를 제외하고, 본 운송약관 및 기타 적용 태리프에 의거한 운송에 적용할 운임 및 요금은 Inter City Airlines에 의하여 적법하게 공시되고 항공권의 최초 탑승용 쿠폰에 의한 운송 개시 당일에 유효한 것으로 한다. 수수한 운임 및 요금이 상기 적용 운임 또는 요금과 상이할 경우 그 차액을 추징 또는 환불한다. 여정이 변경될 경우에는 변경 당일 유효한 운임 및 요금에 따라 계산한다.

    나. 공시 운임은 출발지 공항으로부터 도착지 공항까지의 운송에만 적용된다.

    다. 적용 태리프에 별도로 정하는 바를 제외하고는 적용 태리프에 공시된 직행 운임은 동일 지점간의 동일 등급에 적용되는 구간운임을 합산한 운임에 우선하여 적용한다.

라. 적용 태리프에 별도로 정하는 바를 제외하고는 적용 태리프에 공시된 운임은 동 운임이 적용되는 등급의 1개의 좌석을 여객이 사용할 수 있도록 하는 것이다. 만일 사전에 2개의 좌석을 예약하는 경우에는 적용 운임의 2배액을 징수한다.

2. 미 공시 운임의 산출

어느 2개 지점 간에 운임이 공시되어 있지 않은 경우에는 적용 태리프에 정하는 바에 따라 운임을 구성하여 산출한다.

3. 경로

적용 태리프에 별도로 정하는 바를 제외하고는 운임은 양방향에 적용되며 운임과 관련하여 공시된 경로에 한하여 적용된다. 동일 운임으로 여행할 수 있는 2개 이상의 경로가 있을 경우 항공권 발행 전에 여객이 경로를 지정할 수 있으며 해당 항공권에 예약이 되어있지 않은 구간에 대하여는 희망하는 경로를 지정할 수 있으며, 경로가 특별히 지정되지 아니하는 경우에는 Inter City Airlines가 그 경로를 지정할 수 있다.

4. 운임 및 요금의 지불

운임 및 요금의 지불은 외환 관계법 및 정부의 규정에 반하지 아니하고, Inter City Airlines가 수수할 수 있는 경우에 한하여 운임 및 요금이 공시된 통화 이외의 타 통화 수단으로도 할 수 있다.

가. 적용 환율

적용 태리프에 별도로 규정되어 있지 않는 한, 공시운임 또는 요금을 판매 통화로 환산하기 위해서는 Inter City Airlines가 설정한 환율을 사용한다.

나. 원화(KRW) 이외의 통화로 지불될 경우

법령 또는 정부가 별도로 정하는 바를 제외하고, 발권 또는 요금 징수를 위하여 공시운임 또는 요금을 외화로 환산할 경우에 Inter City Airlines가 적용하는 환율은 은행 대고객 매입율이며, 매주 월요일의 환율을 그 주 화요일부터 다음 주 월요일까지 주간 단위로 사용한다.

1) 월요일이 공휴일인 경우에는 전주 토요일의 환율을 화요일부터 다음 주 월요일까지 사용한다.

2) 외화로 지불된 항공권 또는 요금의 국내 환불 시에는 환불 접수일에 유효한

은행 대고객 매입율을 사용한다.

3) 재발권으로 인하여 요금을 추징해야 할 경우 추징 요금에 대해서만 재발권일에 유효한 은행 대고객 매입율을 적용한다.

다. 유효한 은행 대고객 매도율 또는 매입율이라 함은 그 주의 화요일부터 다음주 월요일까지 사용할 그 주 월요일의 은행 대고객 매도율 또는 매입율을 말한다.

5. 세금

정부당국에 의하여 부과되어 여객으로부터 징수하는 세금이나 부과금은 공시운임 및 요금에 추가하여 징수한다.

제6조 경로 변경, 운송 불이행 및 접속 불능

1. 여객 요청에 의한 변경

가. Inter City Airlines는 다음 사항에 해당하는 경우에 여객의 요청에 따라 미사용 항공권, 탑승용 쿠폰, 운송인, 객실 등급, 목적지, 운임 또는 유효기간 등의 변경을 새로운 항공권을 발행하거나 이서함으로써 행한다.

1) Inter City Airlines가 해당 항공권을 최초로 발행한 경우

2) 경로 변경이 시작되는 최초 구간의 운송을 위하여 미사용 탑승용 쿠폰의 "운송인"란에 Inter City Airlines가 최초 운송인으로 명시되어 있거나, "운송인"란에 최초 운송인이 지정되어 있지 아니한 경우. 단, 이 경우 해당 항공권을 발행한 운송인이 변경되는 구간 일부 구간의 운송인으로 지정되어 있고 여객이 변경을 요청한 지점에 그 운송인의 영업소 또는 운송인으로부터 이서권을 위임받은 총대리점이 있는 경우 Inter City Airlines는 해당 발행 운송인으로부터 이서를 취득해야 한다.

3) Inter City Airlines가 해당 변경을 행할 권리를 가진 운송인으로부터 문서(전자문서를 포함한다) 또는 전보로 그러한 변경을 승인 받은 경우

나. 경로 변경의 결과로 적용 운임 및 요금이 변경될 경우, 해당 신운임 및 요금은 적용 태리프에 정한 바에 의거하여 산출한다.

다. 선불항공권 통지에 의하여 발행된 항공권 또는 MCO의 경우, 이서의 권한은 항공권 또는 MCO를 발행하는 운송인에 있는 것이 아니고 해당 선불항공권 통지를 발행한 운송인에 있다.

라. 경로 변경에 의해서 발행된 신 항공권의 유효기간 만료일은 최초 항공권 또는 MCO에 적용되던 유효기간이 계속 적용된다.

2. Inter City Airlines 사정에 의한 경로 변경

가. Inter City Airlines가 항공편을 취소하거나, 운항시간표에 따라 정상적으로 항공편을 운항치 못하거나, 여객의 항공권상에 명시되어 있는 목적지 또는 체류지에 기착하지 못하거나, 사전에 확약된 좌석을 제공하지 못하거나, 또는 제9조 1항의 정하는 바에 따라 여객이 운송을 거절당한 경우 Inter City Airlines는 하기 조치 중 하나를 취한다

   1) 좌석 제공이 가능한 Inter City Airlines의 타 항공편으로 운송하거나

   2) 경로 변경을 위하여 항공권의 미사용 부분을 타 항공사 또는 타 운송기관에 이서하거나

   3) 여객의 경로를 변경하여 항공권 또는 유효한 쿠폰에 기재되어 있는 목적지 또는 도중 체류지까지 Inter City Airlines의 운송 수단 또는 타 운송기관에 의하여 운송하도록 한다.

   4) 제12조 4항에 정한 바에 따라 환불한다.

나. 여객을 운송하는 운송인이 운항 시간표대로 운항하지 못했거나 또는 해당 항공편의 운항시간 변경으로 인하여 여객이 좌석 예약이 되어 있는 Inter City Airlines의 접속 항공편에 탑승할 수가 없는 경우에는 동 여객을 운송한 운송인이 여객운송을 위하여 필요한 조치를 취한다. 이 경우, Inter City Airlines는 해당 접속 불능에 대한 책임을 지지 않는다.

다. Inter City Airlines의 사정에 의하여 경로 변경을 한 여객에게는 해당 여객이 당초 운임을 지불한 등급의 무료 수하물 허용량을 그대로 적용한다.

제7조 예 약

1. 총칙

   항공권은 좌석이 예약된 항공편 및 해당 탑승용 쿠폰에 명시된 구간에만 유효하다. 좌석 예약이 되어 있지 아니한 미사용 항공권이나 그 쿠폰, 항공권 상에 명기된 예약을 변경코자 하는 여객에 대하여는 예약 확약에 있어서 우선권이 인정되지 아니한다.

2. 예약의 조건

　가. 특정 항공편에 대한 좌석예약은 해당 좌석의 예약이 Inter City Airlines 의 예약 담당에 의해 확인되어, 해당 확약된 좌석에 대한 기록이 Inter City Airlines의 예약 시스템 내에 반영되어 있을 경우에 한하여 유효하다. 여객이 Inter City Airlines가 정하는 시간까지 예약된 좌석에 대한 항공권을 구입하지 않을 경우 Inter City Airlines는 사전 통고 없이 해당예약을 취소한다.

　나. Inter City Airlines는 항공기내 특정한 좌석의 배정을 보증하지 아니한다.

3. 예약의 재확인

　가. 계속 여행 구간 또는 왕복 구간의 예약은 정해진 시간 내에 재확인이 필요할 수 있다. Inter City Airlines는 예약 재확인이 필요할 경우 재확인 시한과 방법, 장소를 여객에게 통보한다. 여객이 예약 재확인을 하지 않은 경우 계속편 또는 왕복편 예약은 취소될 수 있다. Inter City Airlines는 여객이 계속 여행을 원하고 항공편에 좌석이 있는 경우 해당 예약을 재사용하여 운송하고, 항공편에 좌석이 없을 경우 여객의 다음 또는 최종 목적지까지 운송하기 위한 합리적인 조치를 취한다.

　나. 타 운송인에 의한 운송이 포함될 경우 그 구간의 예약 재확인 필요 여부는 여객이 직접 타 운송인에게 확인해야 한다. 예약 재확인이 필요할 경우 여객은 항공권상에 해당 항공편의 운송인으로 지정된 항공사에 예약 재확인을 해야 한다.

4. 통신비

　예약에 관한 여객의 특별 요청에 따라 Inter City Airlines가 지불했거나, 청구받은 전화, 전보, 무선 전신 등의 통신비는 해당 여객이 부담한다.

5. 예약의 취소

　여객이 확약된 항공편에 대하여 사전 통보 없이 좌석을 이용하지 않는 경우 Inter City Airlines는 여객의 왕복편 또는 계속편의 예약을 취소할 수 있다. 단 여객이 사전에 요청하는 경우 계속되는 예약을 취소하지 않는다.

6. 개인정보

　여객 또는 여객의 대리인은 항공편 예약이나 기타 서비스 제공을 요청하는 경우, 필요한 여객의 개인정보(성명, 전화번호, 주소, 신용카드 번호 등)를 Inter City Airlines에 제공해야 한다.

Inter City Airlines에 제공된 여객의 개인정보는 여객이 요청한 항공편 예약, 기타 서비스, 출입국 심사 등을 위한 목적으로 Inter City Airlines와 국가기관의 요청이 있는 경우 개인정보를 제공해야하며 Inter City Airlines가 판단하는 경우 Inter City Airlines지점/대리점, 타 항공사, 제휴사, 서비스 제공사로 제공될 수 있으며, 출발지, 경유지 또는 목적지 국가의 법령, 규정, 명령, 요구에 의해 요청되는 경우에도 해당 국가기관이나 단체에 제공될 수 있다.

제8조 탑승수속과 탑승

1. 탑승수속과 마감시간

여객은 충분한 시간을 두고 항공기 출발 전에 출국 수속과 탑승 수속을 완료할 수 있도록 Inter City Airlines가 지정한 시간 안에 좌석 배정 및 수하물 수속을 마쳐야 한다. 각 공항별로 지정된 시간은 달라질 수 있으며, 여객은 해당 시간을 파악하고 지킬 수 있어야 한다. 여유 있는 여행을 위해 여객은 좌석 배정 및 수하물 수속을 충분한 시간 전에 마칠 수 있도록 해야 하며, Inter City Airlines는 정해진 시간 내에 여객이 탑승수속 카운터에 도착하지 않을 경우 예약을 취소할 권리를 갖는다. Inter City Airlines와 대리인은 첫 번째 Inter City Airlines 항공편에 대하여 탑승수속 시간을 통보하며, 연결 항공편에 대해서는 여객이 직접 해당 탑승수속 시간을 파악해야 한다. 탑승수속 시간은 시간표에 명시되어 있으며, Inter City Airlines나 대리인에게 확인이 가능하다.

2. 탑승 마감시간

가. 여객은 항공기 출발 전 Inter City Airlines가 좌석 배정 시 지정한 시간까지 탑승구에 도착해야 한다.

나. 여객이 정해진 시간까지 탑승구에 도착하지 못할 경우 Inter City Airlines는 지정된 좌석을 취소할 수 있다.

3. 책임

Inter City Airlines는 동 조항의 규정 미 준수에 따라 발생한 여객의 손해 또는 비용에 대하여 책임을 지지 않는다.

제9조 운송의 거절, 제한 등

1. 운송 거절 권리

가. Inter City Airlines는, 특정 여객에게 그의 항공편으로 운송을 제공하지 않을 것임을 사전에 서면으로 통고한 후에는 하시라도, 그의 합리적인 판단에 의거하여 해당 여객 및 수하물의 운송을 거절할 수 있다

나. Inter City Airlines는, 아래의 사실이 발생하거나, 발생 가능성이 있다고 판단하는 경우, 여객 및 수하물의 운송을 거절 하거나 도중 지점에서 하기 조치 할 수 있다.

1) 여객이 인명 또는 재산의 안전을 위한 정부 기관 또는 Inter City Airlines의 지시나 요구에 따르지 않는 경우

2) 정부의 적용 법률, 규정 또는 명령의 이행를 위하여 필요한 경우

3) 여객 또는 수하물의 운송이 타 여객이나 승무원의 안전, 건강에 위해를 끼치거나, 안전에 상당한 영향을 미칠 수 있는 경우

4) 주류, 약물로 인한 손상을 포함하여, 여객의 정신적, 신체적 상태가 여객 자신, 타 여객, 승무원 또는 그들의 재산에 해가되거나, 위험을 초래 할 수 있는 경우

5) 여객이 이전에 항공편 탑승 중 부당 행위를 하고, Inter City Airlines가 그러한 행위가 다시 발생 할 수 있다고 판단할 충분한 이유가 있는 경우

6) 여객이 항공권의 명의인과 동일인 여부를 확인할 목적으로 Inter City Airlines 또는 그의 지정 대리인이 요구하는 신분증 제시를 거부하거나, 본인임을 스스로 증명 하지 못하는 경우

7) 여객이 신체 또는 휴대품 등 소유물에 대한 보안 검색을 거부하는 경우

8) 여객이 통과하는 국가, 또는 서류가 미비된 상태로 해당 국가에 입국 시도 목적으로 여행 서류를 파기, 변경, 위조하거나, 확인증 발급 조건으로 Inter City Airlines가 보관을 위하여 요구하는 여행 서류의 제출을 거부하는 경우

9) 여객이 불법적으로 항공권을 취득하였거나, Inter City Airlines 또는 그의 임명 대리점 이외의 자를 통하여 구입했거나, 분실, 도난 신고 되었거나, 위조된 항공권을 제시하는 경우

다. 항공기에 탑재할 양이 운송인이 허용한 탑재량을 초과할 경우, Inter City Airlines는 운송할 여객 또는 물품을 선정할 수 있다.

라. 상기 "가"호 내지 "다"호의 사유로 운송이 거절되거나, 도중에서 하기되는 여객에 대하여 제12조 "4"항에 의거하여 항공권의 미사용 부분에 대하여 환불을 행한다.

2. 조건부 운송 인수

가. Inter City Airlines는 여객의 상태, 연령 또는 정신적, 신체적 조건이 여객 자신에게 유해하거나, 위험을 초래할 수 있다고 판단할 경우, 그러한 상태, 연령, 정신적, 신체적 조건에 기인한 부상, 질병, 불구 또는 그러한 상황의 악화나 여타 결과(사망을 포함한다)에 대하여 책임지지 않는다는 조건하에서 적용 태리프 및 관련 규정에 따라서 운송한다.

나. 비 동반 소아, 장애우, 임산부, 질환자 또는 특별한 도움을 필요로 하는 여객의 운송은, 그에 필요한 조치 사항에 대하여 사전에 Inter City Airlines와 합의한 경우에 한하여 접수 될 수 있다. 여객이 장애 사실과 운송에 필요한 특별 요청 사항을 Inter City Airlines로 통보하여 운송이 수락된 후에는, 그러한 장애 사실과 특별 요청 사항을 이유로 운송을 거절하지 않는다.

3. 기내에서의 행위

가. Inter City Airlines는, 여객이 항공기 내에서 아래에 해당하는 행위를 하는 경우 그러한 행위를 중지시키기 위하여, 신체의 억류를 포함하여, 필요하다고 판단하는 합리적 조치를 취할 수 있다. 해당 여객은 운항 중 어느 지점에서 하기 조치 되거나 여행의 지속이 거절될 수 있으며, 항공기 내에서의 행위로 인하여 법적으로 고소 될 수 있다.

1) 항공기, 탑승 인원 또는 탑재된 재산에 위험을 초래하는 행위를 할 경우

2) 기내에서의 제반 행위(흡연, 음주, 약물복용을 포함하나, 이에 국한 되지 않음)에 대한 승무원의 정당한 지시나 요구를 거부하는 경우

3) 타 여객 또는 승무원의 불편, 불안, 손해 또는 부상을 초래하는 경우

나. 상기 "가"호에 언급한 행위의 결과로 발생하는 손해에 대하여는 해당 여객이 책임을 부담 한다.

4. 전자기기

Inter City Airlines는 항공기의 안전 운항에 영향을 미칠 수 있는 전자기기 (휴대전화기, 텔레비전, 컴퓨터, 녹음기, 라디오, CD 플레이어, 전자 게임기,

전자 조종 장난감, 송수신기를 포함하지만, 이에 국한되지 아니함)의 사용을 금
지 또는 제한할 수 있다.

제10조 수하물

1. 위탁 수하물

　가. 본 약관의 여하한 조항도 운송인이 수하물 위탁의 편의를 제공할 수 없는 구간
에 대하여 여객이 수하물을 위탁할 권리를 인정하지 아니한다.

　나. Inter City Airlines가 위탁 수하물을 인도받은 경우, 항공권상 또는 전산망
에 위탁 수하물의 개수 및 중량을 반영한다.(이는 위탁한 수하물의 영수표 발
행을 의미한다) 또한 Inter City Airlines는 상기와 같이 인도되고 영수표가
발행된 수하물 수만큼 수하물의 식별 목적을 위해서 수하물표를 발행한다.

　다. 모든 위탁 수하물은 통상 취급 방법에 의하여 안전하게 운송될 수 있도록 수트
케이스 또는 그와 유사한 용기에 적절히 포장되어야 한다. 파손되기 쉬운 물
건, 부패성 물품, 화폐, 보석류, 은제품, 유가증권, 증권, 기타 귀중품, 견본
또는 서류는 위탁 수하물로서 운송을 접수하지 아니한다.

2. 수하물의 운송

　가. 위탁 수하물은 가능한 여객과 동일 항공편에 운송함을 원칙으로 한다.

　나. 탑재량 관계로 부득이한 경우 Inter City Airlines는 탑재가 가능한 직전 또
는 직후 항공편으로 운송 할 수 있다.

3. 수하물의 내용 조사

Inter City Airlines는 여객의 입회하에 그의 수하물의 내용물을 확인할 권리
를 가지며, 비 동반 수하물 및 하기 5항에 해당되는 수하물의 경우에는 여객의 입
회 여부와 관계없이 해당 수하물을 개봉하여 조사할 권리를 가진다. 이러한 권리를
보유하거나 행사한다고 하여, 그러지 않아도 운송이 거절될 내용물을 Inter City
Airlines가 운송하겠다는 것을 표시하거나 합의한다고 해석해서는 안 된다.

4. 수하물의 인도

　가. 위탁 수하물은 운송 계약에 의거 Inter City Airlines에 지불할 모든 미불금
이 지불되고 해당 수하물과 관련 발행된 수하물 청구표가 Inter City Air-
lines에 반환되는 시점에, 수하물 영수표 소지자에게 인도한다. Inter City

Airlines는 수하물 영수표 및 수하물 청구표의 소지자가 수하물의 인도받을 정당한 권리자인지를 확인할 의무를 갖지 아니하며 이를 확인하지 아니함으로써 직간접으로 발생하는 여하한 분실, 손상 또는 비용에 대하여 일체 책임을 지지 아니한다. 아래 "다"호에서 별도로 정하는 바를 제외하고는 수하물은 수하물 영수표에 기재된 목적지에서 인도한다.

나. 수하물의 인도를 청구하는 자가 상기 "가"호에 정하는 바에 부합되지 않을 경우에는, 그가 정당한 권리자임을 충분히 입증하고, Inter City Airlines가 요청하는 경우에는 해당 수하물의 인도로써 Inter City Airlines에 초래될지도 모르는 손해를 배상한다는 확실한 보증 하에서만 이를 인도한다.

다. 정부의 규정에 반하지 아니하며 제반 사항이 허용하는 한, 위탁 수하물은 수하물 영수표 및 수하물 청구표의 소지자가 요청하는 경우에는 상기 "가"호의 정하는 바와 동일한 조건으로 출발지 또는 도중 체류지에서 인도할 수 있다. 이 경우 Inter City Airlines는 해당 수하물의 운송을 위하여 지불한 요금반환 책임을 지지 않는다.

라. 수하물 영수표 및 수하물 청구표 소지인이 인도 시 서면에 의한 이의 제기 없이 수하물을 인수함은 해당 수하물이 양호한 상태로 운송 계약에 따라 적합하게 인도된 증거로 간주된다.

5. 위험물, 파손되기 쉬운 물품 또는 부적당한 수하물

여객은 수하물 중에 항공기, 인명 또는 재산에 위험을 초래할 우려가 있거나, 항공운송 도중 파손되기 쉬운 것, 포장이 부적절하게 된 것 또는 출발지, 경유지 또는 목적지 국가의 법령, 규정 및 명령에 의하여 금지된 물품 등을 포함하여서는 아니 된다. Inter City Airlines의 판단으로 수하물의 중량, 크기 또는 성질이 항공기에 의한 운송에 부적당한 경우에는 Inter City Airlines는 출발 전 또는 운송 도중 해당 수하물의 전부 또는 일부에 대한 운송을 거절할 수 있다.

6. 여객의 무료 수하물 허용량

가. 여객의 무료 위탁 수하물 및 휴대수하물 허용량은 별도의 Inter City Airlines 국제여객운송 규정과 절차를 따른다.

나. 여객이 일부는 일등석으로, 일부는 일반석으로 여행하는 경우, 각 구간에 적용되는 무료 수하물 허용량은 운임이 지불된 각 좌석의 등급에 따라 적용되는 무

료 수하물 허용량이다.

다. 일석 운임 지불 여객이 일반석으로 여행하는 경우의 무료 수하물 허용량은 일
등석에 무료 수하물 허용량을 적용한다.

라. 무료 수하물 허용량의 합산

동일 항공편으로 동일 목적지까지 또는 도중 체류지로 동일 단체로서 여행하는
2인 이상의 여객이 동시에 동일 장소에서 Inter City Airlines에 그들의 수
하물을 인도하는 경우에는 여객의 요청에 따라, 각 개인의 무료 수하물 허용량
의 합계를 단체 여객 전원에 대한 허용량으로 취급할 수 있다. 상기 합산된 무료
수하물 허용량을 초과하는 수하물에 대하여는 초과 수하물 요금을 부과한다.

7. 무료 기내 휴대품

가. 기내 선반이나 여객 좌석 밑에 수용되며 모든 휴대품의 삼면의 총합이
115cm(3면의 최대 허용길이는 가로 40cm, 세로 55cm, 높이 23cm) 이하
이고 무게가 10kg이하로서 여객이 기내에 휴대하여 전적으로 보관되는 수하
물은 위탁 수하물 허용량에 부가하여 무료로 운송될 수 있다. 각 좌석 등급에
따른 휴대수하물 허용량은 별도의 규정에 따른다.

나. 다음의 물품에 대해서는 상기 "가"호에 추가하여 무료로 휴대가 가능하다.

1) 손가방

2) 비행 중 사용할 독서물(소량)

3) 외투, 모포 또는 덮개

4) 비행 중 사용할 유아의 음식물

5) 신체장애 여객이 사용하는 접을 수 있는 휠체어, 목발, 받침목, 의수, 의족
류 등 보조기구

6) 노트북컴퓨터

다. 운항 상의 이유로 규정에 적합한 휴대 수하물을 객실 내에 수용할 수 없는 경
우, 휴대 수하물은 화물실에 탑재되어 운송될 수 있다. 단, 이 경우 해당 수하
물은 위탁 수하물로 간주되며 초과 수하물 요금은 부과되지 않는다.

라. Inter City Airlines는 안전에 관한 규정 등에 따라 기내 휴대품에 대해서
객실내 운송을 제한할 수 있다.

마. 기내 휴대 수하물은 운항 항공기의 기내 탑재 공간의 제약과 출도착 국가의 규

정 및 공항 사정에 따라 허용량이 제한될 수 있다.

바. 제"7"항 규정에도 불구하고, 여객은 Inter City Airlines와의 예약 시에 운송 신청 및 승인의 절차를 거쳐 기내에서 별도의 좌석을 점유해야 하는 부피가 크거나 파손되기 쉬운 수하물을 기내에 휴대하여 운송할 수 있다. 이 경우, 1개 좌석당 수하물의 최대 중량이 75Kg을 초과하지 않아야 하며, 이러한 수하물의 중량은 여객의 무료 수하물 허용량이나 초과 수하물 요금에는 포함되지 않는다. 이와 같이 운송되는 수하물의 1개 좌석 당 적용 요금은 해당 수하물이 운송되는 구간에 여객이 좌석을 점유한 경우 지불하는 운임과 동일한 요금이 적용된다. 단, 포괄여행운임, 소아운임, 또는 선원운임, 기타 적용 규정에 의한 할인 운임은 적용 요금으로 사용될 수 없다.

사. 기타 Inter City Airlines에서 항공기 안전운항을 목적으로 기내 반입 금지 품목을 정하여 기내 반입을 제한할 수 있다.

8. 초과 수하물 요금

가. 여객의 위탁수하물이 별도의 규정이 없는 한, 전기 "6"항 "가"호에서 정한 무료 수하물 허용량을 초과하는 수하물에 대해서는, 초과수하물표 발행 당일 유효한 Inter City Airlines의 규정 및 절차에 의거하여 별도의 초과수하물에 요금을 부과한다.

나. 무료 수하물이 허용량 범위 내에 있다 하더라도 해당 수하물의 크기와 무게가 Inter City Airlines가 정한 범위를 초과할 경우, 초과 수하물 요금이 부과될 수 있다.

다. 여객은 초과 수하물 요금에 대해 출발지에서 도중 체류지, 목적지에 이르는 전 여정에 대하여 지불하거나(해당 수하물이 목적지까지 위탁되지 않은 경우도 포함), 출발지로부터 다음 도중 체류지 또는 목적지까지 지불하는 것 중에 선택하여 지불할 수 있다. 초과 수하물 요금을 도중 체류지까지 지불한 경우에 여행이 재개될 때 해당 도중 체류지에서 다음 도중체류지 또는 목적지까지 초과 수하물 요금을 지불할 수 있다. 목적지까지 초과 수하물 요금을 지불하고 초과 수하물표가 발행되었으나 여행 도중 수하물량이 추가로 증가한 경우, Inter City Airlines는 해당 증가분에 대하여 여객의 선택에 따라 목적지 또는 도중 체류지까지 해당 증가분에 대한 요금을 징수한다.

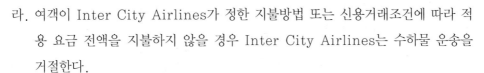

라. 여객이 Inter City Airlines가 정한 지불방법 또는 신용거래조건에 따라 적용 요금 전액을 지불하지 않을 경우 Inter City Airlines는 수하물 운송을 거절한다.

마. 여객의 경로 변경 또는 취소의 경우, 운임의 추가 징수 및 환불에 적용되는 규정이 초과 수하물 요금의 지불 및 환불에도 동일하게 적용된다.

4. 수하물로 접수가 불가한 물품

Inter City Airlines는 수하물의 중량, 형태, 크기 또는 성질이 항공운송에 부적당하다고 판단될 경우, 출발 전 또는 운송 중 해당 수하물의 전부 또는 일부에 대한 운송을 거절할 수 있으며 아래의 물품은 수하물에 포함될 수 없다.

가. 국제민간항공기구(ICAO: International Civil Aviation Organization) 및 국제항공운송협회(IATA: International Air Transport Association)에서 규정하고 있는 위험물

나. 항공기, 인명 또는 재산에 위험을 초래할 우려가 있는 물품

다. 출발지, 도중 체류지 또는 목적지 국가의 법령, 규정 및 명령에 의해 반입 및 반출이 금지된 물품

라. 운송 도중 파손되기 쉬운 물품

마. 파손 및 손실 방지를 위하여 적절하게 포장되지 못한 물품

9. 종가요금

가. 하기 "다"호에 정한 바를 제외하고 위탁 수하물의 경우 킬로그램(Kg)당 미화 20불(250프랑스 골드 프랑) 또는 그 상당액을, 그리고 휴대 수하물 또는 기타 소유물의 경우 여객 1인당 미화 400불(5,000프랑스 골드 프랑) 또는 그 상당액을 초과하는 수하물에 대해여 여객은 그 가격을 신고할 수 있다. 여객이 해당 신고를 할 경우에 Inter City Airlines의 운송에 대하여 상기 금액을 초과하는 신고가격에 대한 종가 요금을 미화 100불 또는 그 단수 액 당 미화 0.50불의 율로 징수한다.

나. 별도의 규정이 없는 한, 종가 요금은 출발지에서 목적지에 이르는 전 여정에 대하여 지불해야 한다. 여객이 여행 도중, 도중 체류지에서 최초 신고가격보다 높은 가격을 신고한 경우, 해당 도중 체류지로부터 목적지에 이르는 구간에 대해서 증가된 가격에 대한 종가 요금이 추가 지불되어야 한다.

다. 여객 1인당 신고가격이 미화 2,500불을 초과하는 수하물, 기타 소유물은 Inter City Airlines와의 사전 합의가 없는 한 운송을 인수하지 아니 한다.

10. 경로 변경 또는 취소 시의 초과수하물 요금 및 종가 요금

여객의 경로가 변경되거나 그의 운송이 취소되는 경우에는 추가 운임 지불 또는 운임의 환불에 적용되는 규정이 초과 수하물 요금 및 종가 요금의 지불 또는 환불과 동일하게 적용된다. 그러나 일부 구간에 이미 운송이 완료된 경우에는 해당구간의 종가 요금은 환불하지 아니한다.

11. 수하물 요금의 지불

Inter City Airlines는 여객이 적용 요금을 전액 지불하지 않거나, Inter City Airlines에 의하여 설정된 신용거래 조건에 따르지 않을 경우 수하물을 운송하지 아니한다.

12. Inter City Airlines에 의한 수하물의 인수

본 운송약관에 별도의 규정이 있는 경우를 제외하고는, Inter City Airlines의 노선, 또는 Inter City Airlines와 1개 이상의 타 운송인이 관련된 노선상의 운송에 유효한 항공권을 여객이 제시한 경우 Inter City Airlines는, 지정한 시간 내에, 해당 항공권상에 명시된 해당 노선상의 운송을 위하여 여객이 위탁하는 수하물을 인수한다. 단, Inter City Airlines는 아래 경우에는 수하물을 인수하지 아니한다.

가. 항공권상에 기재된 목적지 이원구간 또는 경로 상에 없는 지점으로의 운송을 위하여 위탁하는 수하물

나. 도중 체류지 이원구간의 운송을 위하여 위탁하는 수하물

다. Inter City Airlines와 수하물 연대운송협정이 체결되지 않은 운송인 또는 수하물 운송에 관한 규정이 상이한 운송인에게 이전하여 탑재할 지점 이원구간의 운송을 위하여 위탁하는 수하물

라. 예약이 되어 있지 않는 이원구간의 운송을 위하여 위탁하는 수하물

마. 여객의 도착 공항과 접속 항공편의 출발 공항이 상이한 지점 이원의 운송을 위하여 위탁하는 수하물

바. 수하물의 전부 또는 일부의 반환을 여객이 희망하는 지점 이원의 운송을 위하여 위탁하는 수하물

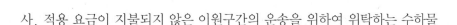

사. 적용 요금이 지불되지 않은 이원구간의 운송을 위하여 위탁하는 수하물

제11조 항공편의 스케줄 지연 및 취소

1. 스케줄

   가. 시간표 또는 기타 유인물 등에 표시되는 시간은 운송계약의 일부를 구성하는 것이 아니며 예정에 불과한 것으로서 보증되지 않는다. 항공편의 스케줄은 정부의 인가 조건이며 스케줄과 항공기의 기종은 예고 없이 변경될 수 있으며 Inter City Airlines는 항공편 접속에 대해서도 일체 책임지지 않는다. Inter City Airlines는 시간표 또는 기타 스케줄 표시상의 오기 또는 누락에 대하여 책임지지 않는다. 항공편 출발과 도착 일시 또는 항공편 운항에 관한 Inter City Airlines 직원, 대리인 또는 대표자의 여하한 진술 또는 표시도 Inter City Airlines를 구속할 권한을 갖지 아니한다.

   나. 예약 시 Inter City Airlines는 여객에게 예약시점에 유효한 예정된 운항시간을 통보하고, 항공권 발권 시 항공권상에 명시한다. 항공권이 발행된 후에도 예정된 운항시간은 변경될 수 있으며, 여객이 연락처를 Inter City Airlines에 제공한 경우 그러한 변경사항을 통보하기 위해 Inter City Airlines는 최선을 다한다. 항공권 구입 후 운항시간이 변경되었으나 여객이 변경된 스케줄을 수용하지 않고, Inter City Airlines가 여객의 수용 가능한 대체편을 예약하지 못한 경우 제12조 4항에 따라 환불한다.

2. 취소

   가. Inter City Airlines는 예고 없이 운송인 또는 항공기 기종을 변경 대체할 수 있다.

   나. Inter City Airlines는 아래와 같은 경우 예고 없이 항공편, 후속 항공편 또는 예약을 취소, 중지, 변경, 연기 또는 지연시킬 수 있으며 또한 이착륙 여부를 결정할 수 있다. 이 경우 Inter City Airlines는 본 운송약관의 정하는 바에 따라 항공권의 미사용 부분에 대한 운임 및 요금을 환불하는 이외의 여하한 책임도 부담하지 아니한다. 단, Inter City Airlines의 고의, 과실로 인한 운송의 불이행 및 지연의 경우, Inter City Airlines는 관련 약관 규정, 태리프 및 법규에서 정한 기준에 의거 배상을 행한다.

1) 실제 발생하고 있거나 또는 발생할 우려가 있거나 혹은 발생이 보고된 것으로서, 운송인의 통제능력 하에 있지 않은 사실,(기상조건, 천재지변, 예상치 못한 정비 상황, 불가항력, 파업, 폭동, 소요, 출입항금지, 전쟁, 적대행위, 동란 또는 국제관계의 불안정 등을 포함하지만 이에 한정되지 아니한다.) 또는 그러한 사실에 직접 혹은 간접적으로 기인하는 지연, 요구, 조건, 사태 또는 지시

2) 예측, 예기 또는 예지하지 못한 사실

3) 정부의 규정, 명령, 요구 또는 지시

4) 노동력, 연료 혹은 설비의 부족, Inter City Airlines 또는 타사의 인력상의 난점 등의 경우

다. 여객이 Inter City Airlines가 요청한 운임의 전부 또는 일부의 지불을 거절하거나, 또는 여객의 수하물에 대해 요청된 요금의 지불을 거절하는 경우 Inter City Airlines는 해당 여객 및 수하물의 운송권 또는 후속 항공권을 취소할 수 있다. 이 경우 Inter City Airlines는 본 운송약관의 정하는 바에 따라 여객이 지불한 운임 및 요금의 미사용 부분을 환불하는 이외의 여하한 책임도 지지 아니한다.

제12조 환불

1. 총칙

미 사용된 항공권, 그 쿠폰 또는 MCO의 Inter City Airlines에 의한 환불은 제6항에 정해진바 이외의 사항은 아래 조건에 따라 행한다.

가. 환불 신청은 해당 항공권이나 MCO의 유효기간 이내에 행해져야 하며 항공권 또는 MCO 유효기간 만료일로부터 30일이 경과한 후 환불이 신청되는 경우에는 Inter City Airlines가 해당 환불 신청을 거절할 수 있다.

나. 환불을 신청하는 자는 항공권의 모든 미사용 탑승용 쿠폰 또는 MCO를 Inter City Airlines에 제출해야 한다.

다. 환불은 항공권 또는 MCO에 여객으로서 성명이 기재된 자에게 행하되 아래 경우는 제외한다.

1) 항공권 또는 MCO가 아래에 의거 발행된 경우에는 다음과 같이 환불한다.

가) 선불 항공권 통지(PTA: PREPAID TICKET ADVICE 이하 "PTA"라 한다)에 의한 경우에는 Inter City Airlines에 운임을 지불한 자에게,

나) 크레디트 카드(CREDIT CARD)에 의한 경우에는 해당 크레디트 카드에 명기된 자의 구좌에,

다) 정부 운송 청구서(GTR: GOVERNMENT TRANSPORTATION REQUEST 이하 "GTR"이라 한다)에 의한 경우에는 해당 GTR을 발행한 정부 기관에,

2) 구입자가 구입 시에 환불 받을 자를 지정한 경우에는 환불은 지정된 자에게 행한다.

라. 환불을 위하여 제출한 서류상에 기재된 또는 지정된 명의인, 회사 또는 대리점임을 표명하는 자에게 본 규정에 의하여 행하여진 환불은 적법한 환불이며, Inter City Airlines는 이후 진정한 권리자에 대하여 재 환불해야 할 책임을 지지 않는다.

마. 출국 의사를 증명하기 위하여 정부 기관 또는 Inter City Airlines에 제출된 항공권에 대하여 Inter City Airlines는 해당 여객이 해당국가 체재허가를 받았거나, 다른 운송인 또는 기타 교통편에 의하여 출국할 것임을 충분히 입증하지 못할 경우 환불을 거절할 수 있다.

2. 통화

환불은 항공권 또는 MCO가 최초로 구입된 국가 및 환불이 행하여지는 국가의 법령, 규정 또는 명령에 따라 행한다. 상기 규정에 따라 환불은 운임 지불시 사용한 통화, 한국 또는 환불이 실행되는 국가의 법정 통화, 또는 항공권 또는 MCO가 구입된 국가의 통화로 하되 운임이 당초 징수된 통화 금액에 상당하는 액으로 한다.

3. 환불 절차

Inter City Airlines는 당사의 각 지점 또는 영업소를 통하여 환불을 행하며 환불 신청 시는 여객이 작성한 소정의 환불 신청서를 필요로 한다.

4. Inter City Airlines 사정에 의한 환불

가. 본 항에서 말하는 "Inter City Airlines 사정에 의한 환불"이란 항공편의 취소, 예약된 좌석이 Inter City Airlines에 의해 제공이 불가한 경우, 항공편의 연기 또는 지연, 예정된 도중체류지의 생략 또는 제9조 1항에 따른 조건에

의한 운송 거절로 인하여 여객이 그의 항공권에 명시되어 있는 운송을 제공받지 못한 경우에 행하여지는 환불을 말한다.

나. Inter City Airlines 사정에 의한 환불시 환불액의 산정은 아래와 같이 한다.

　1) 항공권의 일부도 사용하지 아니한 경우는 지불한 운임의 전액

　2) 항공권의 일부를 사용한 경우에는 아래 방법에 따라 산출한다.

　　가) 운송이 중단된 지점으로부터 항공권에 기재된 목적지나 도중 체류지 또는 운송이 재개된 지점까지의 미사용 구간에 적용되는 편도 운임(왕복 또는 주회 여행 항공권의 경우에는 왕복 운임의 반액) 및 요금에 상당하는 금액 (운임 계산에 할인이 적용된 경우에는 적용된 할인율에 상당하는 금액을 공제한 금액)

　　나) 지불한 운임과 운송된 구간의 운임과의 차액

5. 여객 사정에 의한 환불

　가. 본 항에서 말하는 "여객 사정에 의한 환불"이란 전항 "가"호에서 말한 "Inter City Airlines의 사정에 의한 환불"외의 항공권 또는 MCO의 환불을 의미한다.

　나. 여객 사정에 의한 환불시 환불액은 아래와 같이 산출한다.

　　1) 항공권을 일부도 사용하지 아니한 경우는 지불한 운임에서 적용한 서비스 요금 또는 위약금 등을 공제한 차액

　　2) 항공권의 일부를 사용한 경우는 지불한 운임 총액과 항공권이 사용된 구간의 적용 운임 및 서비스요금 또는 수수료 등을 공제한 차액

6. 분실 항공권

　분실 항공권 또는 그 미사용 부분에 대한 환불은 아래에 정하는 바에 따른다.

　가. Inter City Airlines는 항공권분실 사실에 대해 충분한 증거의 서면 환불신청 및 접수가 있은 후에 분실된 항공권 또는 쿠폰에 대하여 환불한다. 환불 신청은 분실 항공권의 유효기간 만료일로부터 30일 내에 행해져야 한다. 환불은 환불되기 전까지 해당 분실 항공권 또는 쿠폰이 타인의 운송을 위하여 사용되었거나 환불 또는 재발행 되지 않아야 이루어지며, 나아가서 환불을 행함으로써 또는 사후에 해당 분실 항공권이 운송, 환불 기타 사용을 위해서 제시됨으로써 Inter City Airlines가 입게 될지도 모르는 변호사 비용을 포함한 손

실, 손상, 손해, 배상 청구 또는 기타 비용(이에만 국한되지 않음) 등 일체의 손해에 대하여 Inter City Airlines는 면책되며, 여객 스스로가 Inter City Airlines에 대하여 배상한다는 조건에 여객이 동의하는 경우에 한하여 환불을 행한다. (Inter City Airlines의 태만으로 인하여 제3자에 의해 사용, 환불 또는 재 발행된 경우는 제외 함)

 나. 환불은 여객이 분실을 증명하는 증거를 Inter City Airlines에 제시하고 적 절한 수수료를 지불하는 경우에 아래에 해당하는 기준에 따라 행한다.

  1) 항공권이 일부도 사용되지 않은 경우

   가) 여객이 대체 항공권을 구입하지 아니한 경우는 지불된 운임 전액을 환불 한다.

   나) 여객이 분실 항공권과 동일한 좌석등급, 유효기간, 여정, 발행 조건으 로 별도의 대체 항공권을 구입한 경우에는 여객이 해당 항공권 구입을 위하여 지불한 운임을 환불한다.

  2) 항공권의 일부를 사용한 경우

   가) 여객이 대체 항공권을 구입하지 않았을 경우에는 지불된 운임 총액과 항 공권이 실제로 사용된 구간에 적용되는 운임 및 요금의 총액과의 차액

   나) 여객이 분실 항공권과 동일한 등급, 유효기간, 여정, 발행 조건으로 별 도의 대체 항공권을 구입한 경우에는 여객이 해당 항공권 구입을 위하여 지불한 운임을 환불한다.

  3) 상기 1) 및 2)의 규정에 의한 환불은 해당 항공권 분실의 결과로 Inter City Airlines가 부담한 모든 비용을 여객이 지불하는 조건으로 행한다.

 다. Inter City Airlines 또는 대리인이 항공권의 전부 또는 일부를 분실한 경우 Inter City Airlines가 항공권의 재발행 또는 환불에 대하여 책임을 진다.

 라. 본 항의 규정은 분실된 MCO에도 동일하게 적용된다.

제13조 지상 운송 서비스

적용 태리프에 별도 규정이 없는 한, Inter City Airlines는 공항지역 내, 공항과 공항간 또는 공항과 시내간의 지상 운송수단을 보유, 운행 또는 제공하지 않는다. 지 상 운송 수단이 Inter City Airlines에 의해 직접 운행되는 경우를 제외하고는, 해

당 운송은 Inter City Airlines의 대리인이나 고용인이 아니며 그렇게 간주될 수도 없는 독립된 업체가 행하는 것으로 간주한다.

해당 지상 운송 수단의 수배를 위해 여객을 돕는 과정에서 Inter City Airlines의 직원, 대리인 또는 대표자가 행하는 여하한 행위도 해당 독립된 운행 업체의 작위 또는 부작위에 대해 Inter City Airlines는 책임지지 않는다.

Inter City Airlines가 여객을 위하여 해당 지상 운송 수단을 보유하고 운행할 경우, 여객의 항공권, 수하물 영수표 및 수하물 가격에 대한 협약에 표기 또는 언급된 것을 포함하여 Inter City Airlines의 운송 조건, 규정 등은 지상 운송에도 적용되는 것으로 간주한다. 상기의 경우, 여객이 지상 운송수단을 이용하지 않을 경우에도 Inter City Airlines는 운임의 일부를 환불하지 않는다.

제14조 숙박 및 기내식

1. 숙박

　가. 숙박비는 여객 운임에 포함되지 아니한다.

　나. 직행편의 스케줄에 따른 숙박 또는 여타 체류 시 Inter City Airlines는 그의 재량에 따라 여객의 숙박비를 부담할 수 있다.

　다. 여객의 요청에 따라 Inter City Airlines 여객의 편의를 위하여 대신하여 숙박 시설에 대한 예약을 신청할 수 있으나 해당 예약의 확실한 이용을 보증하는 것은 아니다. Inter City Airlines 또는 그 대리인이 예약을 위한 수배 또는 조치 과정에서 발생하는 모든 비용은 여객의 부담으로 한다.

2. 기내식

　Inter City Airlines의 운항노선 및 운영정책에 따라 기내식은 유료나 무료로 제공되며 제공되지 않을 수 있다.

3. Inter City Airlines에 의한 알선

　여객의 호텔 및 기타 숙박시설의 알선 행위에 있어서 Inter City Airlines는 이에 요하는 비용이 Inter City Airlines 부담 여부와 상관없이 Inter City Airlines는 여객의 편의를 위한 대리인으로서 행위에 불과하다. 여객에 의한 해당 숙박시설의 사용 결과로써, 또는 그와 관련하여, 또는 Inter City Airlines 이외의 제삼자 (타인, 회사 또는 관계 당국)가 여객에 대하여 사용을 거절함으로써 여객에

게 발생되는 여하한 손해에 대하여 Inter City Airlines는 책임을 지지 않는다.

제15조 세금

여객의 출발지, 경유지 및 목적지 정부 당국 또는 공항 운영자에 의하여 부과되어 여객으로부터 징수하는 세금, 이용료 및 요금은 공시 운임 및 요금에 추가하여 징수한다. 항공권 발행 후 새로운 세금, 이용료 및 요금이 부과되는 경우 여객은 이를 지불해야 한다.

제16조 출입국 수속

1. 법령의 준수

   여객은 출발지, 경유지 또는 목적지 국가의 법령, 규정, 명령, 요구, 여행 요건 및 Inter City Airlines의 규정 및 지시에 따라야 한다. 구두, 서면 또는 기타 방법으로 필요한 서류의 취득과 관련하여, 또는 해당 법령, 규정, 명령, 요구, 요건 또는 지시의 준수와 관련하여, Inter City Airlines의 직원이나 대리점이 여객에게 구두나 서면으로 제공한 조언 또는 안내에 대하여 Inter City Airlines는 책임을 지지 않는다.

   또한 여객이 여행을 위해 해당 서류를 취득하지 못하거나, 해당 법령, 규정, 명령, 요구, 요건 또는 지시를 준수하지 못해서 발생하는 결과에 대해서 Inter City Airlines는 책임지지 않는다.

2. 여권 및 사증

   가. 여객은 출발지, 경유지 또는 목적지 관계국의 법령, 규정, 명령, 요구 또는 요건에 의거 요구되는 일체의 출입국 서류 및 기타 서류를 제출해야 한다. Inter City Airlines는 적용 법령, 규정, 명령, 요구 또는 요건에 따르지 않거나 서류가 미비 된 여객의 운송을 거절한다. Inter City Airlines는 여객이 이 규정에 따르지 아니함으로써 입은 손해 또는 비용에 대하여 일체 책임을 부담하지 아니하며, 나아가 여객이 이 해당 규정을 따르지 아니함으로써 Inter City Airlines에 손해를 초래한 경우 여객은 Inter City Airlines에 해당 손해를 배상해야 한다.

   나. 경유지 국가 또는 목적지 국가에서 여객의 입국 불허로 인하여 Inter City Airlines가 정부의 명령에 의거 여객을 그의 출발지 또는 타 지점으로 송환해

야 할 경우, 적용 법령 및 규정에 위배되지 않는 한, 여객은 송환에 관련된 운임을 Inter City Airlines에 지불해야 한다. 미 탑승 구간의 운송을 위해 여객이 Inter City Airlines에 지불한 금액 또는 Inter City Airlines가 보유하고 있는 여객 소유의 금전을 Inter City Airlines는 해당 운임지불에 사용한다. 입국 거절 또는 추방 지점으로의 운송을 위해 징수된 운임은 환불 되지 않는다.

3. 세관 검사

여객은 세관 또는 기타 정부 관리의 요구에 따라 위탁 수하물 또는 휴대 수하물의 검사에 참관해야 한다. Inter City Airlines는 여객이 본 조건을 따르지 아니한 경우, 여객에 대하여 책임을 부담하지 않는다. 여객이 본 조건을 따르지 아니함으로써 Inter City Airlines에 손해를 끼친 경우 여객은 해당 손해를 Inter City Airlines에 배상해야 한다.

4. 정부의 규정

Inter City Airlines가 적용 법령, 정부 규정, 요구, 명령 또는 요건에 의거 여객의 운송을 거절해야 한다고 선의로 타당한 결정을 하여 여객 운송을 거절한 경우 Inter City Airlines는 이에 대한 책임을 부담하지 아니한다.

제17조 운송인의 책임

1. 연결 운송인

1개 항공권 또는 그와 연결하여 발행된 연결 항공권에 의하여 둘 이상의 운송인이 연결하여 행하는 운송은 단일 운송으로 간주한다.

2. 적용 법규

가. 본 약관에서 정하고 있는 국제운송과 관련한 Inter City Airlines의 책임은 와르소협약 또는 개정 와르소협약 또는 몬트리올협약 중 적용되는 협약에서 정하는 책임과 제한에 관한 규정을 적용한다.

나. Inter City Airlines가 행하는 모든 운송 및 기타 서비스는 상기 "가"호에 정하는 바에 저촉되지 아니하는 범위 내에서 아래 사항에 따른다.

1) 적용 법규(협약을 시행하는 국내법 또는 협약에서 정하는 "국제운송"이 아닌 운송에 대하여 협약의 규정을 준용하는 국제법 포함), 정부의 규정, 명령 및 지시

2) Inter City Airlines의 영업소 및 Inter City Airlines 정기편이 운항 되고 있는 공항 사무소에서 열람할 수 있는 본 운송약관 및 적용 태리프, 기타 제 규정 및 시간표(해당 시간표에 기재되어 있는 출발, 도착 시간 그 자체는 포함되지 않음)

다. 운송인의 정식 명칭과 약어 명칭은 적용 태리프에 표기되어 있으며 운송인의 명칭은 항공권상에 약어로 표기될 수 있다. 운송인의 주소는 항공권상에 운송인의 최초 약어 명칭과 동일한 행에 표시된 출발지 공항이다. "협약"의 목적상 합의된 도중 기착지란, 항공권 및 동 항공권과 연결되어 발행된 연결 항공권에 명시된 출발지와 목적지를 제외하고 항공권에 명시된 지점, 또는 여객의 경로상 계획된 도중 착륙지로서 운송인의 운항 시간표에 표기된 지점이다.

3. 책임범위 및 구상권

협약 또는 기타 적용 법령에 별도로 정하는 바를 제외하고 운송인으로서 Inter City Airlines의 책임은 아래와 같다.

가. Inter City Airlines가 운송 또는 그에 부수하여 행하는 기타 서비스로부터 또는 그에 관련하여 발생하는 사망, 상해, 지연, 분실, 훼손 또는 기타 여하한 성질의 배상 청구 (이하 본 운송약관에서는 "손해"라 총칭 한다)에 대하여 Inter City Airlines는, 그 손해가 Inter City Airlines의 태만 또는 고의적인 과실에 기인하여 발생하였다는 사실이 입증되고 해당 손해에 여객의 과실에 기인하지 않았다는 것이 판명된 경우 외에는 책임을 부담하지 아니한다.

나. Inter City Airlines는 Inter City Airlines의 과실로 인한 것이 아닌 한, 여하한 경우에도 휴대 수하물에 대한 손해에 대하여 책임을 지지 아니한다. 휴대 수하물의 탑재, 하기 또는 환적 시 Inter City Airlines 직원의 여객에 대한 도움은 다만 여객에 대한 예우상의 서비스로 간주한다.

다. Inter City Airlines가 법령, 정부규정, 명령 또는 요건을 준수함으로써, Inter City Airlines가 관리할 수 없는 사유로 인하여, 또는 여객이 이들 법규에 따르지 않음으로써 직접 또는 간접으로 발생한 손해에 대하여 Inter City Airlines는 어떠한 경우에도 책임을 지지 아니한다.

라. Inter City Airlines가 행한 운송과 관련하여, 제삼자 또는 그의 대리인에 의한 손해배상청구가 아닌 Inter City Airlines의 승객 또는 그 가족에 의하

여 제기되는 손해배상청구에 한하여 아래와 같이 적용한다.

1) Inter City Airlines는 여객의 사망, 부상 또는 기타 신체상해에 대한 일체의 손해배상 청구에 대하여 협약 제22조 (1)항에 따른 책임한도를 주장하지 아니한다.

2) Inter City Airlines는 여객의 사망, 부상 또는 기타 신체상해와 관련된 손해배상청구와 관련하여 SDR 100,000 이하의 부분에 대해서는 와르소 협약 제20조 (1)항, 개정 와르소 조약 제22조 (1)항의 규정을 적용하지 아니한다.

3) Inter City Airlines는 소송상의 청구이거나 소송이외의 청구이거나를 불문하고 위 1)항 및 2)항에서 정한 경우를 제외한 협약에서 정해진 일체의 권리를 가지며 제삼자에 대한 모든 종류의 구상권을 보유한다.

4) Inter City Airlines는 사회보장기관 또는 기타 유사기관에 의한 손해배상 청구에 대하여 협약 제20조 (1)항 및 제22조 (1)항의 권리를 행사할 수 있다.

5) 상기 2)항의 SDR (SPECIAL DRAWING RIGHTS)이라 함은 국제통화기금이 정한 특별 인출권을 말한다. SDR로 표시된 금액을 각국 통화로 환산하는 경우, 소송의 경우에는 법원의 최종 판결일에 유효한 해당 통화와의 환율을, 소송 이외의 경우에는 지불해야 할 손해배상금액이 합의된 날에 유효한 해당 통화와의 환율을 적용한다.

마. 위의 라. 1)항 및 2)항의 규정에도 불구하고 고의적으로 손해를 야기하여 여객의 사망, 부상 기타 신체상해를 일으킨 사람 또는 그의 대리인으로부터 제기된 손해배상 청구에 대하여 Inter City Airlines는 협약 및 기타 법규에서 정하고 있는 운송인으로서의 모든 권리를 행사할 수 있다.

바. Inter City Airlines는 여객의 지연에 대하여 여하한 경우에도 협약에 명시된 한도를 초과하여 책임지지 않는다.

사. 위탁수하물의 지연 혹은 파손, 분실의 경우 Inter City Airlines의 배상책임한도는 아래와 같다.

1) Inter City Airlines의 위탁 수하물에 대한 책임은 킬로그램(Kg)당 250 프랑스 골드 프랑 또는 그 상당액(미화 20불), 휴대수하물 또는 기타 소유

물의 경우, 1인당 5,000 골드 프랑 또는 그 상당액 (미화 400불)로 한다. 여객에게 위탁 수하물 전부가 아닌 일부만 인도하는 경우, 또는 위탁 수하물 의 일부에 손해가 발생하는 경우에는 그 인도하지 못한 부분 또는 손해 부분 에 대한 Inter City Airlines의 책임은 그 위탁 수하물의 부분 또는 내용 품의 가격에 상관없이 중량에 기초하여 비례적으로 산출한다.

2) 몬트리올 협약이 적용되는 운송의 경우 Inter City Airlines의 책임한도 는 위탁수하물과 휴대수하물에 대하여 1인당 1,000 SDR로 한다.

3) 여객이 운송인에게 사전에 상기 책임한도 보다 높은 가격을 신고하고 적용 태리프에 의거 종가요금을 지불한 경우에는 Inter City Airlines의 책임 한도는 해당 높은 신고 가격으로 한다. 여하한 경우에도 Inter City Air-lines는 여객이 입은 실제손해를 초과하여 책임지지 않는다. 모든 손해 배상 청구 시에는 실 손해액을 증명해야 한다.

아. Inter City Airlines는 여객 자신의 수하물과 타인의 수하물 내용품에 기인 한 수하물의 손해 및 여객의 부상에 대해서는 책임지지 않는다. 여객은 자기 물품에 의하여 타 여객의 수하물 또는 Inter City Airlines의 재산에 손해를 초래한 경우, 해당 여객은 이에 따라 Inter City Airlines 및 타 여객이 입은 일체의 손실 및 비용을 Inter City Airlines 해당 여객에 배상해야 한다.

자. 여객의 위탁 수하물에 포함되어 있는 파손되기 쉬운 물건(휴대전화, 카메라, 캠코더, 노트북 컴퓨터, 태블릿 PC, MP3 플레이어, 게임기 등 개인 휴대용 전자제품, 휴대 데이터 저장장치 등) 보석류, 귀금속제품, 현금, 유가 증권, 증권, 기타 귀중품, 서류 또는 견본의 분실, 손상 또는 인도의 지연에 대하여 Inter City Airlines는 책임을 부담하지 아니한다.

차. Inter City Airlines는 본 약관의 규정에 따라 수하물로 간주되지 않는 물품 의 위탁을 거절할 수 있다. 그러나 Inter City Airlines가 접수한 그러한 물 품들은 수하물 가격 및 책임 한도의 적용을 받으며 또한 Inter City Airlines 의 공시 요율 및 요금의 적용을 받는다.

카. Inter City Airlines가 타 운송인의 노선상의 운송을 위하여 항공권을 발행 하거나 수하물을 위탁받는 경우, 이는 Inter City Airlines가 해당 운송인 의 대리인으로서만 행위를 하는 것이다. Inter City Airlines는 Inter City

Airlines가 운항하는 노선 이외에서 발생한 여객의 사망, 상해, 지연 및 위탁 수하물 또는 휴대 수하물의 분실, 손상, 또는 지연에 대하여는 책임지지 아니한다. 또한, Inter City Airlines가 운항하는 노선 이외에서 발생하는 위탁 수하물의 분실, 손상 또는 지연에 대하여 책임을 지지 아니한다. 그러나 Inter City Airlines가 운송계약상 최초 운송인 또는 최종 운송인인 경우에 해당 위탁 수하물의 분실, 손상 또는 지연에 대하여 본 약관에 정해진 조항에 따라 여객은 Inter City Airlines에 손해 배상을 청구할 권리를 가진다.

타. Inter City Airlines는 본 운송약관 및 적용 태리프에 의거하여 행하는 운송으로부터 발생하는 간접 손해 또는 특별 손해에 대하여 손해의 발생을 사전에 알고 있었는지의 여부에 관계없이 어떠한 경우에도 책임지지 않는다.

파. 본 약관 및 적용 태리프 상에 설정된 Inter City Airlines의 면책 또는 책임 한도에 관한 제반 규정은 Inter City Airlines의 대리인, 종업원 및 대표자 그리고, 운송을 위해 Inter City Airlines가 사용하는 항공기의 소유자, 그의 대리인, 종업원 및 대표자 모두에게도 적용된다.

4. 제소 원인

여객 및 수하물 운송과 관련한 손해 배상 청구 소송은 청구의 원인이 계약 불이행, 불법행위 또는 기타 사유로 인한 것이든지, 그 청구 원인 여하를 불문하고, 협약에 정한 조건과 제한 하에서만 제기될 수 있다. 그러나 협약은 손해 배상 청구권자 및 청구권자의 권리 결정에는 영향을 미치지 않는다.

제18조 손해 배상 청구 기한 및 제소 기한

1. 손해 배상 청구 기한

여객은 위탁수하물에 손상이 있었을 경우, 손상을 발견한 후 즉시 또는 늦어도 수하물을 인도받은 날로부터 7일 내에 Inter City Airlines의 사무소에 이견을 제출하지 않는 한, 또한 지연 또는 분실의 경우에는 해당 수취인이 수하물을 처분할 수 있게 된 날(지연의 경우) 또는 수하물을 처분할 수 있게 되었어야 할 날(분실의 경우)로부터 21일 이내에 Inter City Airlines의 사무소에 이의를 제출하지 않는 한, 여하한 손해 배상 청구도 인정되지 아니한다. 모든 이의는 상기 기한 내에 서면으로 제출 되어야 한다. 운송이 "협약"에서 정의한 "국제운송"이 아닌 경우에는 손해 배상 청구자가 아래 사항을 증명할 때에는 해당 이의 통지가 없는 경우에도 손해배상에 대한 소송의 제기가 가능하다.

가. 해당 통지가 정당한(합리적인) 이유로 불가능한 경우

나. Inter City Airlines의 사기에 의하여 해당 통지가 불가능한 경우

다. Inter City Airlines가 여객의 위탁수하물의 손해를 알고 있는 경우

2. 제소 기한

Inter City Airlines에 대한 책임에 관련한 손해배상에 관한 제소는 목적지에 도착한 날로부터, 항공기가 도착되었어야 하는 날로부터, 또는 운송이 중지된 날로부터 2년 이내에 제기되어야 하며 그 기간 이후에는 여객의 Inter City Airlines에 대한 제소권은 소멸된다.

제19조 법령 우선

항공권, 본 운송약관 또는 기타 적용 태리프에 정하는 규정이 법령, 정부의 규정, 명령 또는 기타 요건에 위반되는 경우에 본 규정은 그에 저촉되지 않는 범위 내에서 유효하다. 어느 규정이 무효로 되어도 타 조항에 영향을 주는 것은 아니다.

제20조 수정 및 포기

Inter City Airlines의 대리인, 피고용인 또는 대표자는 운송계약, 본 약관 또는 기타 적용 태리프의 여하한 규정도 변경 또는 수정하거나 포기할 수 없다.

Reference
참고문헌 및 자료출처

ICA 국내여객 운송약관

ICA 국제여객 운송약관

ICA 도입절차

ICA 사고처리절차

ICA 사업계획서

ICA 항공기 임대계약서

ICA 항공기계약

ICAO 공항업무편람 제 7장 "공항비상계획(AEP)"

ICAO 협약 Annex 13 "항공기 사고와 준사고 조사"(1994.7)

U.S Vision 100-Century of Aviation Re-authorization
Act(PL-108-176) (2003.12.12)

국도교통부 Slot 배정절차

국토교통부 노선권 배분기준

항공사업법

항공정보 포털 시스템(Air Portal)

김 성 년

- e-mail : mustapaya@naver.com
- 한국항공대학교 기계공학과 졸업

❙군 경력
- 공군학사장교 64기 공군기술학교 교육계장 (중위 예편)

❙항공사 경력
- 대한항공 정비본부 기술부 엔지니어
- 경영기획실 장기계획팀장
- 운항정비공장 부공장장(임원)
- 정비본부 정비계획부 기획팀장
- 정비본부 기술부장
- 정비본부 품질보증부 담당임원

❙항공관련 경력
- 항공대학교부설 항공기술교육원장
- 주)인터씨티에어라인즈 대표이사 (국제항공운송사업 추진)
- 현재 사)한국항공객실안전협회 이사장 (설립자)

❙해외 근무경력
- 미국 BOEING사 대한항공 주재반장
- 프랑스 AIRBUS사 대한항공 주재반장

❙기타 경력
- Airbus "AWARD" (Airbus Worldwide Airlines Representative Dynasty) V.P. 역임
- 프랑스 Toulouse 지역 한인회 설립 및 초대 한인회장 역임

❙저서
- 항공기 지상조업

항공사 설립 실무

초판 인쇄 2018년 10월 15일
초판 발행 2018년 10월 20일

저   자 김성년
펴 낸 이 임순재
펴 낸 곳 (주)한올출판사
등   록 제11-403호
주   소 서울시 마포구 모래내로 83(성산동, 한올빌딩)
전   화 (02)376-4298(대표)
팩   스 (02)302-8073
홈 페 이 지 www.hanol.co.kr
e - 메 일 hanol@hanol.co.kr

ISBN 979-11-5685-728-0